見知らぬ者への贈与

贈与とセキュリティの
社会学

Giving to Strangers:
Sociological Essays on Gift and Security

小幡正敏

Masatoshi Obata

武蔵野美術大学出版局

目次

Ⅱ部　セキュリティ　157

Ⅲ部　保険　255

はじめに

この本のテーマは贈与とセキュリティである。贈与には、社会のなかでどれだけ重要なはたらきをする可能性があるのか。そして、そのはたらきを具体化する手段として、セキュリティ、とりわけ社会保障に目を向けることがいかに大切か。これらについて論じようとした。

公的年金保険や医療保険のような社会保障の仕組み。わたしたちはそこにおいて、みずから納める保険料を社会に対し、いわば贈与している。それは、見知らぬ者の巨大な集合としての社会のなかで、わたしたちみずからのセキュリティを保つためだ。タイトルの「見知らぬ者への贈与」とは、だいたいそのような意味である。

ただその一方で、この本では、贈与やセキュリティの美徳について手放しの肯定はしなかった。新自由主義による統治の流れが未だ続くなか、贈与という振る舞いがどれだけ美しく見えようと、さすがにそれでことが済むとは思えないし、また、セキュリティの柱となっている保険という仕組みがわたしたちの日常的連帯の足場を蝕む面をもつことも、この本では何度か強調した。それが置かれた文脈次第で、贈与が一方的な収奪に、セキュリティが強権的な治安維持に姿を変えることは、十分にあり得るからである。贈与とセキュリティには注意しなければならない。この本では贈与とセキュリティに対し、そうした両義的な姿勢をとろうとつとめた。

ところで、美術大学で社会学を教えているという理由からではとくにないのだが、近現代美術の研究を専門とする元同僚に、あるときこんな質問をしてみたことがある――「アート関係者が使う〈社会〉という言葉はそもそも何を意味してるんですか」。返ってきたこたえは素っ気なくも、なんとなく予期はしていたものだった――「それこそ、アート以外のすべてじゃないですか」。面倒な質問にこたえてくれた元同僚の「それこそ」といういい方に、「ああ、またその質問か」というニュアンスと、「それについては正解がないんですよね」というニュアンスの両方が感じられたのを憶えている。

なぜそんなことを訊いたかというと、アートと社会のかかわりが近年盛んに論じられつつあるなかで、「社会」という言葉の使われ方、とくにアート関係者による使われ方にどこか違和感を覚えていたからである。たとえばアートによる社会貢献やアートで社会を変えられるか、といったいい方。それらが指している「社会」は、たしかに「アート以外のすべて」にすぎないように思われた。

違和感はどこから来るのか。それはたぶん――こんなことをいうと元同僚に叱られそうだが――アートと社会という問題設定の背後に、アートはもっぱら美的価値をつくり出し、社会は市場価値をつくり出すという単純な図式が、いまでも想定されているように思えたことである。この図式の背景にあるのが、アーティストに与えられた天賦の才という、ある種古典的な観念であるのは想像に難くない。神から才能を贈与された者が、そうではない者たちに美しい作品を贈与する。才能というギフトを与えられた者による、ギフトの創造としてのアートという考え方である。もちろん、こうしたロマン主義的ともいえる考え方はいまでは時代遅れとされているが、それでも、アートによる社会貢献やアートは社会を変えられるかといった近年のいい方には、そうした図式が未だに根強く生き残っているように思われた。

この本で示したいのは、この違和感がすぐれて社会学的なものだということである。というのは、この図式——何かを与えられるという特権に恵まれた者が、そうでない者たちに何かを贈与する——は、美的価値ならぬ市場価値をめぐって日々競争がおこなわれる近現代の市場社会にこそ当てはまるからである。どういうことか。

あえて極端にいうとであるが、近現代の市場社会では、競争参加者にあらかじめ与えられた条件に差があるのは自明とされる。つまり、初期条件として経済資本や文化資本というギフトを与えられた者と、与えられていない者がいるのは当然とされる。それらがともに競争し、勝敗が決まり、結果としての不平等が正当化される（近年ではそこに自助努力や自己責任といった正当化の理由がつけ加えられる）。同時にそこで勝者は不安にもかられる。結果に不満を抱いた敗者たちがいっせいに反旗をひるがえし、セキュリティを乱してしまうのではないか。勝者は考える。ならば敗者にも富の一部を与えよう。そうすればかれらもおとなしくなり、セキュリティは維持されるだろう。

経済資本や文化資本を天賦のごとく与えられた勝者が、セキュリティ維持を目的として敗者たちに贈与をおこなう。皮肉なことにこの考え方は、ギフトを与えられた者による、ギフトの創造としてのアート、というロマン主義的観念とよく似ている。先のアートと社会の関係に覚えたのと同じような違和感を、ここに覚えざるを得ない。贈与とセキュリティに対する両義的な姿勢というのは、こうした違和感が要請するものである。

違和感は次のようにも言い換えられる。特権的に与えられた才能や資本を贈与（ギフト）と呼ぶのはおかしいのではないか。治安のみを目的にした贈与は、贈与というより単なる慈善ではないのか。そうした慈善がもたらすのは、セキュリティというより単なる強権的な秩序維持ではないのか。贈与は慈善とは異なるし、セキュリティは秩序維持とは異なると考えるべきではないのか。そして、そもそも贈与とは、セキュリティとは、いかなる事柄を指しているのか——いささか遠回りになってしまったが、この本で考えてみたいのは、こうした問いについてである。

このようなことについて考えてみようとしたきっかけの一つは、フランスの民族学者マルセル・モースが一九二〇年代に書いた「贈与論」を何十年ぶりかに再読し、そのなかでモースがアルカイックな社会の贈与慣行と現代の社会保障制度とを結びつけて理解しようとしているのに気づいたことである。「贈与論」の結論部でモースは、二〇世紀初頭に西欧諸国で整備され始めた各種の社会保険に大きな期待を寄せていることを表明している。モースはまた同書で、贈与が純粋な行為でも慈善でもないことについて何度も言及している。思い出せば、若い頃、構造主義の原点らしいからという動機で読んだときには、そうした部分はほとんど気にもならず、簡単に読み飛ばしていた。再読したときにはまったく違う印象だった。贈与とセキュリティの現代社会における意義を問うことの大切さ。本文でも述べたように、モースは第一次世界大戦後、当時のボリシェヴィズムと資本主義の欠陥をともに避ける道を探るべく、アルカイックな社会を対象とする「贈与論」にとり組んだ。こうした姿勢には、いまだからこそ学ぶべき点が多いように思う。

さて、この本はおよそ二〇年という長いあいだに書かれた論考をまとめたものである。モースの「贈与論」を再読してみたのが一〇年ほど前。それ以後の論考がⅠ部（贈与）に、それ以前の論考がⅡ部（セキュリティ）に収められている。Ⅲ部（保険）はその前後にわたる。その意味で、モースの「贈与論」を軸に、贈与のテーマとセキュリティのテーマを結んだ本ともいえる。この本が、社会に対する一片の贈与とまではゆかなくとも、小さな踏み石のようなものになれたならば、幸いである。

・引用文中の〔　〕は著者による補足である
・引用した外国語文献の訳文は可能な限り既訳にしたがったが、一部改訳した箇所もある
・文献の書誌情報（書名）は各書の奥付にしたがった

デザイン◎寺井恵司

I

贈与

Ⅰ部に収められた文章は二〇一六年から二〇二二年にかけて書かれた。各章のテーマはいずれも「贈与」である。書き下ろしの章を除く三つの章の執筆時期は、二〇一二年から二〇二〇年まで続いた長期安倍政権（第二次―第四次内閣）の真っ只中にあたる。いわゆるアベノミクスにより大企業の内部留保が大幅に増す一方、勤労者の実質賃金は減り続け、「格差社会」が流行語からすでに日常語となっていた時期である。

執筆の動機について少しだけ触れておきたい。贈与あるいは贈与と交換というテーマにはかつて少なからぬ関心を抱いていた。一九八〇年代初頭の頃である。だがいわゆるポスト・モダン思想が流行するなか、ジョルジュ・バタイユやジャン・ボードリヤールといった名前とともに贈与や交換が新たな脚光を浴びるようになるにつれ、自分の関心は贈与と交換から離れてしまった。

贈与と交換への関心が自分のなかで再燃したのは、それから三〇年が経過してからのことだった。理由は、Ⅱ部で展開したような二〇〇〇年代以降の自分の問題関心に、この三〇年前の関心がつながったことである。新自由主義による強引な統治手法を前に途方に暮れるのでなく、贈与と交換という視点を用いて新しい方途を探ることができないだろうか。現代の格差社会の行き詰まりのなかで「見知らぬ者」への贈与はあり得ないのだろうか。慈善でも純粋贈与でもない、現代社会のなかでしぶとく生命力を保ち続ける贈与の行為を構想できないだろうか。そういったことが思い浮かんできたのである。

一章「見知らぬ者への贈与」（二〇一六）はこうした問題関心をまとめてみるつもりで書かれた。マルセル・モースの「贈与論」を導きの糸としつつ、贈与という行為の政治性やハイブリッド性、アルカイックな贈与と現代の社会保障との連関などを確認したうえで、現代の献血制度を贈与として論じたリチャード・ティトマスの議論と、モース思想の現代的展開を目指す運動――社会科学における反功利主義運動（MAUSS《モース》）――の議論を検討した。

二章「不純な贈与」(二〇一七)では、アルカイックな贈与は見返りを目的とする功利的贈与でも見返りを目的としない純粋な贈与でもなく、そのハイブリッドであるとするモースの考え方に立ち、贈与の純粋さと不純さについて考えた。

三章「無償の愛と社会喪失」(二〇一九)では、見返りを求めない無償の贈与を「無償の愛」という視点から見直し、そこにフランスの社会学者ロベール・カステルによる「社会喪失者」という視点を絡めながら、現代の社会喪失者としてホームレス生活者やワーキングプアたちの生の条件について考えた。

四章「アルカイックな贈与——クラとポトラッチ再考」(書き下ろし)は、モースのいう〈アルカイックな贈与〉とは何かをあらためて掘り下げるために、よく知られた二つの民族誌——フランツ・ボアズによる北米先住民族とブロニスワフ・マリノフスキーによるメラネシア島嶼社会の研究——の見直しを通して、贈与という行為の多義性について考えた。

五章「贈与という賭け」(書き下ろし)では、贈与され交換される〈価値〉をめぐり、人類学における価値の語り方に二つの対立する立場があること、贈与という第三のパラダイムがその対立を乗り越える可能性をもつこと、さらには贈与がコミュニケーションの歪みや対立を修正し、新たな社会的つながりをつくり出すための〈賭け〉であることを論じた。

六章「贈与、この社会的なもの」(書き下ろし)では、一章の問題関心に立ち返り、マルセル・モースの政治性あるいは同時代性について考えるため、モースの社会主義論を検討するとともに、モースの目指した社会主義の本質が〈アソシエーション〉にあったこと、さらにはその考え方が現代における「社会的なもの」の再構築につながる可能性をもつことを論じた。

1

見知らぬ者への贈与

現代社会における贈与のあり方について考えてみたい。そうすることの背後には、現代の福祉国家が直面する困難やそれを乗り越えようとするいくつかの試み——たとえばベーシックインカム論やソーシャルキャピタル論など——について、基礎的な視点から考えてみたいという意図がある。そのための手がかりとしてここでは、人文社会科学における贈与研究に大きな影響を与えたマルセル・モースとリチャード・ティトマスの著作に目を向けることにしたい。前者は前近代の、後者は現代の贈与を研究対象としているが、両者はそれぞれ「経済と倫理」という一貫した問題意識において思考を展開していると思われるからである。

1 ― 贈る義務 ―― アルカイックな贈与

フランスの民族学者マルセル・モースの「贈与論――アルカイックな社会における交換の形態と理由」は政治的な著作である（以下、本書では「贈与論」と略す）[1]。モースの主著である論集『社会学と人類学』[2]のなかでも白眉とされるこの論文は、南太平洋と北米のいわゆる未開社会と、ローマ法や古典ヒンドゥー法、ゲルマン法などの古代法を対象に、人類社会における贈与と交換の普遍性について論じた、一見するときわめて学術的な印象を与えるテキストである。だがその一方でこの論文が、単なるペダンティックな学術論文にはとどまらない、当時の時代背景を強く意識して書かれた「政治的なもの」であることもまた強調されるべきである。

「贈与論」はもともと一九二三年から二四年にかけ、フランスの社会学年報 *L'Année sociologique, seconde série, 1923-24.* に掲載された。現代の文化人類学者モーリス・ゴドリエは、その当時の歴史的状況を踏まえ、「贈与論」についてこう述べている。

> そこでは、第一次大戦で友人の半分を失ったばかりの一人の男、一人の社会主義者が、ボルシェヴィズムに対しては、**市場の存続**を敢然と主張し、自由資本主義に対しては、**国家介入**を要求し、社会が「商人、銀行家、資本家の**非情な動機**」の中に閉じこもらないように、古代ケルトやゲルマンの族長の気前のよさを金持ちが思いだすことを願って、同時に両方に対立する姿がみられた。[3。傍点引用者]

第一次世界大戦とロシア革命がもたらした伝統的秩序のゆらぎという状況のなかで、「社会主義者モース」は、ボリシェヴィズムと自由資本主義の両方に批判的なまなざしを向けるようになっていった。「贈与論」はそのような状況下で、また、そのような状況の打開を念じつつ書かれたのである［4］。ここではまず、そうした歴史的・政治的含意を踏まえつつ、「贈与論」の概略を振り返ってみたい。

「贈与論」のなかでモースがいっていることは一見するとシンプルである。古今東西の人類にとって普遍的な義務がある。与える義務、受け取る義務、お返しをする義務の三つである――以上。

だがこの三つの義務はそれほど普遍的でシンプルなのだろうか。たとえば「お返しをする義務」。たしかにわれわれはこの義務が当たり前であることを経験的に知っている。けれど、お返しをしないほうが望ましい、あるいはしてはいけない場合があることもまた、われわれは知っている。たとえば、お返しをすることで相手の気持ちを損ねてしまいかねない場合などだ。では「受け取る義務」はどうか。これも普遍的な義務のように見えて、実はそうでもないことをわれわれは知っている。われわれは何かを与えられようとしたとき、それを拒むこともできるし、拒まなければならないこともある。たしかに拒めば与え手とのあいだに緊張や亀裂が生じるかもしれない。だが、否応なしに受け取らねばならないとしたら、賄賂のような不正が横行しかねないし、また、与え手とのあいだに不本意な上下関係ができてしまうこともある。受け取らないほうがよい場合も少なくないのである。

そして「与える義務」はどうだろうか。というより、そもそも、なぜ与えなくてはならないのだろうか。たしかに、誰かが欠乏状態にあるのを目の当たりにしたり、救いを求められたりした場合、われわれは「与える義務」を負うように感じるかもしれない。しかしそれはたとえば災害のような非常時においてのことであり、平時における普遍的義務とはいい難いのではないか。そして何より、与えることがかりに義務であるとしても、自発的でなく義務的におこなわれる贈与を、贈与と呼ぶことはそもそも妥当なのだろうか。贈与は自発的になされるとき、はじめて贈与たりうるのではないだろうか。こうして三つの義務一つひとつに目を向けるとき――われわれ近代人の脳裏には――いくつかの疑念が浮かんでこざるを得ない。

モースは、しかし、これら三つの義務こそが古今東西の人類社会の基底をなしており、そしてとりわけ「アルカイックな社会」［5］においてはこれらの義務がきわめて大きな意味をもつことを「贈与論」の全体を通して力説した。どういうことか。

モースによれば、アルカイックな社会において、この三つの義務のどれか一つだけを切り離して論じることはナンセンスである。与える、受け取る、お返しをするという三つの義務は、それぞれ切り離すことのできない「同じ一つの複合体」を構成しているからだ［6］。言い換えると、「与える」は「受け取る」であり、「受け取る」は「お返しをする」であり、「お返しをする」は「与える」なのである［7］。アルカイックな社会では、この三つの義務があるからこそ、人や集団のあいだのコミュニケーションが可能となる。与え、受け取り、返し、与え、受け取り、返し……。この際限のない繰り返しが、社会生活のリズムを生み出し、コミュニケーションを接続させてゆく。「同じ一つの複合体」をなすとされるこれらの義務は、いわばアルカイックな社会の構造なのである。それを、行為者の感情から説明することはできなくはないとはいえ――社会の基底を見誤ることにつながる。三つの義務の普遍性をめぐる先述の疑念は、この三つを切り離し、それぞれを感情により説明しようとしたことで生じたといえるだろう［8］。

アルカイックな社会の特徴をとりあえず以上のように考えてみるとき、次の二つのことが明らかになるだろう。第一に、与えることには必ずお返しが伴うゆえ、贈与はまた交換でもあるということである（「贈与論」の副題が「アルカイックな社会における交換の形態と理由」であることを想起されたい）。たしかに贈与に対するお返しは、物々交換のような「いま、ここ」での財の移転ではない。だがそれは、一定の時間を挟んだ二者間における財の相互移転であり、その意味で「贈与＝交換」という交換様式の一つと考えることができるのである［9］。

第二に、「与えること」が、それに先行する贈与への「お返し」でもあるということである。なぜ「与える義務」があるのか。それは、与える前に、すでに与えられているから（受け取っているから）だ。そもそも世界そのものが与えられている。森も川も食べ物もみずからの命も、人がつくり出したものではなく、すべて何ものかによって与えられたものだ。だからたとえば、よく知られた北米先住民におけるポトラッチの慣行も、従来解釈されてきたような「気前よさ」と「消費の過剰」による地位や権力の誇示と維持という現実的機能だけでなく、というかそれ以上に、世界を与えてくれた何ものかへの「お返し」なのである［10］。

これをかりに、人から神聖な存在への「垂直的な贈与」と呼ぶとすれば、一方で、「水平的な贈与」の例として想起されるのは、婚姻のはたらきによって親族集団間で維持されてきた、集団間での人や財のやり取りのシステムであろう。クロード・レヴィ＝ストロースが分析した「交叉いとこ婚」のシステムが鮮明に示しているように［11］、親族集団は他の親族集団からつねにすでに嫁や婚資を受け取っている。それに対して、同じように嫁や婚資をお返しすることで、集団間のコミュニケーションが接続されていく。つまり「社会」が存立することになる。社会、とりわけアルカイックな社会は、こうした垂直的・水平的な贈与＝交換の連鎖により、みずからの「かたち」をつくりあげるとともに、その社会生活の内容を満たしてゆくのである。モースはいう。与えるのを拒むこと、招待し忘れることは、受け取るのを拒むことと同様に、戦いを宣するに等しいことである。それは、連盟関係《アリアンス》と一体性《コミュニオン》を拒むことなのだ［12］。

だがここで注意しなければならない。贈与が交換であるならば、アルカイックな社会と近代社会の違いはどこにあるのか。近代社会もまた、いや近代社会こそ、市場を介したさまざまな財と情報の交換によって存立しているシステムではないのか。言い換えると、モースのいうアルカイックな贈与＝交換と近代社会の市場交換はどのように異なっているのか。

モースはいう。「市場というのは、これまでに知られているどんな社会にも存在する人類的な現象」である［13］。その意味において、アルカイックな贈与＝交換と近代の市場交換は区別し難い。だがモースによれば、アルカイックな社会における市場は、「商人が生まれる以前の市場」「本来的な意味での貨幣が生まれる以前の市場」［14］であるという点で、近代の市場交換と決定的に異なっている。商人と貨幣が生まれる以前の市場。それを、利潤の発生しない、あるいは利潤獲得を唯一の目的としない市場と言い換えることもできるだろう。そこに見られるのは、財の移転という点で近代の市場交換と似たかたちをとりながら、利潤獲得ではなく「連盟関係と一体性」を目的とする、「人間存在の基底の一つ」としての「倫理と経済」［15］である。モースが「贈与論」において一貫して追求したもの、それこそ、この「倫理と経済」なるものの本質であった。

このことと関連して重要な点を一つ確認しておかねばならない。モースのいう「倫理と経済」が、市場交換におけるような利潤獲得を単一の目的としたものでないことは先に見たとおりだ。だがそれは、いっさいの見返りを求めず、また、誰からも強制されず自発的におこなわれる「純粋贈与」のようなものでもない。英国の社会人類学者メアリ・ダグラスもいうように、モースにとって純粋な贈与という考えはナンセンスなのである［16］。モースによれば、贈与とは「純粋に自発的で、純粋に見返りを求めない給付という観念ではなく、また、純粋な損得勘定にもとづいた有用物の生産と交換という観念でもない（中略）

これらが混ざり合った一種の混合物〔hybride〕」にほかならない〔17〕。

こうした表現には、アルカイックな贈与＝交換に対するモースの考えの核心があらわれている。贈与＝交換は、それが贈与である限り自発的になされる。その一方で、贈る・受け取る・お返しをするという三つの義務が規範とされていることにより、贈与は強制的になされるという面をもつ。アルカイックな贈与は、一見すると無私の精神あるいは利他的精神においてなされる。しかしそこで贈り手は、お返しをする義務が受け手側にあるという規範をつねに知りながら与えている。こうして、そこに何らかの損得勘定がもぐり込む可能性が生じる。先に述べた、贈る・受け取る・返す義務の「普遍性」に対して近代人が抱く疑念と混乱は、贈与＝交換がそうした「混合物《ハイブリッド》」であるのを見誤ったことにもまた起因するのである。

さて、以上を踏まえたうえで、モースの「贈与論」がもつ政治性（あるいは現在性）に目を向けてみよう。結論部のなかでモースは次にようにいっている。「今日《こんにち》では、古いさまざまな原理が抵抗を起こし、現代のわたしたちの法規範がもつ冷厳さや抽象性や非人間性に抗している。」〔18〕。

ここでいわれている「今日」とは、第一次世界大戦が終わり、ゴドリエのいう「自由資本主義」と「ボルシェヴィズム」が台頭していった一九二〇年代はじめである。この時点で、モースの目にこの二つの体制は冷厳で抽象的で非人間的に見えた。そして、これらの体制に対して「抵抗」を起こしているとモースの考えた「古いさまざまな原理」こそ、贈与＝交換の三つの義務を軸とするアルカイックな「倫理と経済」であった。

アルカイックな「倫理と経済」が現代の「法や習慣」のなかに甦りつつある、とモースは考えていた。その具体的例としてモースは、知的財産権、社会保険、団体＝結社の三つをあげている。いずれも興味深い制度だが、本章での問題関心からみて重要なのは社会保険と団体＝結社である。ここで社会保険とは、国家が「共同体を代表=代行《ルプレザンタン》するものとして、労働者の雇用主とともに、それに労働者自身の参与も得て、労働者の生活にある一定の保障をなす義務を負う」ことである[19]。失業保険や健康保険、年金保険などがこれに当たる。もう一つの団体=結社associationとは、簡単にいうと同業組合のようなものであり、国家の介入しない、つまり国家による財の強制的徴収を伴わないかたちでの互助組織、ないしは共済組織を意味する。具体的には、労働者と使用者が出資し合うことで、失業や疾病、老齢などのリスクに備える仕組みである。自由資本主義とボリシェヴィズムに批判的な「社会主義者モース」にとり、こうした社会民主主義的な制度に期待をよせることは当然のことであったのかもしれない。モースはいう。

> わたしには、このような倫理も、このような法制度も、何らかの動揺を示しているのではなく、あげて法への回帰を示しているように思われる。第一に、職業倫理と同業組合法が芽生え、現実のものとなっているのが見られる。補償金庫や互助組合は、産業者の団体が何がしかの同業組合事業のために形成するものであるけれども、純粋に倫理的な見地から見ると、いかなる欠陥もまぬかれている。(中略)わたしたちはしたがって、集団倫理へと再び立ち戻っているのである。[20]

こうした考え方に、モースの叔父である社会学者エミール・デュルケームの影響を見ることは自然であろう。ただし、デュルケームが団体=結社を未来に向けて立ち上げるべきものと考えていたのに対し、モースは過去のアルカイックな原理を再びとり戻すことに可能性を見出していたともいえる。ほかならぬこのアルカイックな原理を掘り起こそうとした研究が「贈与論」であった。

だが残念ながら、アルカイックな原理が現代においてどのようなかたちをとり得るかについて、モースは「贈与論」のなかで多くを語っていない。自由資本主義とボリシェヴィズムを克服するものとして、「社会主義者モース」はアルカイックな原理のいかなる現代版を考えていたのだろうか。現代社会においてわれわれは、モースの見出したアルカイックな原理をどのようにして具現化し得るのだろうか。そうしたことについて考えるために、ここで一度アルカイックな社会からモダンな社会に目を向けることにしよう。

2 ― 血を贈る ―― モダンな贈与

英国の社会学者リチャード・ティトマスが一九七〇年に上梓した「贈与の関係――血液から社会政策へ」[21]は、現代社会における贈与のあり方を考えるうえでとても意義深い著作である。この本のなかでティトマスは、とくにイギリス（ただしスコットランドと北アイルランドを除く）とアメリカ合衆国の血液事業を比較し、ヴォランタリーな贈与を土台とするやり方と、市場における血液の売買を土台とするやり方ではどちらが安全か、さらにはどちらが効率的かを考察している。

ただし、半世紀近く前の研究ということもあり、同書で示されたデータや知見をそのまま現代に適用するのは難しいかもしれない。当時と現在とでは各国の血液事業のあり方や、血液に関する医療分野での知識、技術も様変わりしているからである。だが、そのことを差し引いたとしても、「アルカイックではない社会」における贈与関係をテーマにした研究として、ティトマスのこの著作の意義は現在において少しも失われていないと考えられる。なぜなら、この著作においてティトマスは、現代社会を対象としつつ、先に見たモースの「贈与論」の結論部分を、具体的な事例やデータを用いながら実証しようとしているからである。現代社会において「与える義務」はどのようなあり方をしているのか。現代社会における「倫理と経済」とは何か。そこで展開されているのは、このようなまさにモース的なテーマである。以下、内容を簡単にフォローしてみよう。

ティトマスが同書で研究対象としたのは、イギリス、アメリカ、旧ソヴィエト連邦、南アフリカ共和国、および日本における血液事業である。なかでも重点を置いたのは、先に見たように、アメリカとイギリスの比較であった。血液が市場でやりとりされるアメリカ社会と、そうしたいわゆる「売血」がほとんどなく大部分を「献血」に依存するイギリス社会を比較し、血液事業という社会政策（政治）に内在するアメリカ的な「経済」という契機と、イギリス的な「道徳」という契機に目を向けてみること——ごくごく単純化すれば、比較の目的はそこにあった。

ティトマスはいう。「利他的精神は現代社会のなかでどんな役割をはたしているのか——この研究で明らかにしたかったのはそれである。（中略）福祉という政治問題と、個人の道徳心とを結びつけてみたかったのである」［22］。

こうしたいい方からわかるように、ティトマスが力点を置いたのは「道徳」であった。そのようなティトマスの立場から見たとき、血液の供給を市場にゆだねるというアメリカ的な「経済」に対しては、おのずと批判的なまなざしが向けられることになる。この批判のまなざしが、かつてモースが自由資本主義に向け、現在、MAUSS《モース》（社会科学における反功利主義運動。［4］を参照）が新自由主義やグローバリズムに向けているものと同じであることは、あらためて強調してよいかもしれない。いずれにせよ、ティトマスの目にアメリカの血液事業は批判されるべきものとして映った。それはどういうものだったのか。

アルカイックな贈与＝交換と近代的市場交換という区別を用いるならば、ティトマスから見たアメリカ合衆国の血液事業は、まさに近代的市場交換によって成り立つ巨大なカオスのようなものであった。

そこでは大量の血液が必要とされ、また供給されている。だが、それら大量の血液の採取、流通、分配などを管理する全国レベルの公的プログラムは存在しない。広大な国土、州ごとの制度の違い、輸送ルートの複雑さなどがそうした公的プログラムの成立を妨げているという事情もあった。また、大量の血液需要の背景には、人口の高齢化、医療技術の高度化、交通事故等による被害患者の増加、さらにはヴェトナム戦争の影響などがあった。加えて、血液は採取後三週間から長くて四週間しか保存できないため、廃棄される血液もかなりの量になっていた。また、季節による需給のばらつきなどもあり、安定した需要と供給のバランスを保つことはきわめて困難であった。そうした状況においてアメリカ社会では、医療に用いられる血液のかなりの部分が民間の市場を介して供給され、流通し配分されるようになっていった。そこでは、血液は商品であり、ドナー（実際は売り手なので呼称としては不適当だが）と受け手との関係も、売買や契約というかたちで商業化されていくことになったのである［23］。

ある意味でそれは合理的な選択ではあったかもしれない。ヴォランタリーなドナーの「善意」というつかみどころのない何かに頼るよりは、血液を必要とする者とそれを提供しようとする者の関係、言い換えると、買う側と売る側の需給バランスを、市場価格を通して調整することで必要なときに必要な量の血液が調達できると考えるのは、当然といえば当然のことだからだ。たとえばある時期に血液が不足することが予測されたら価格を上げる。だぶつきが予測されるようであれば下げる。あるいは、Rhマイナスのような希少な血液の価格は恒常的に高く設定する。こうした価格メカニズムにより、血液という資源は「最適配分」を達成できるというわけである。
だがその結果どのようなことが起きたか。少し長くなるが、結論部分におけるティトマス自身のまとめを引用しよう。

米国の民間血液市場を研究してわかったこと、それは、血液が商品となりドナー関係が商業化されたせいで、利他的精神が失われ、コミュニティ意識がなし崩しにされ、医学研究のスタンダードが劣化し、個人としての自由や専門家としての自由が制限され、病院や研究機関の営利活動が野放しにされ、医師と患者の関係が訴訟問題として険悪化し、医薬品の主要部分が市場の論理にゆだねられるようになり、貧困層や病人など負担能力がなくうまく生きていけない者たちへの社会的負担がふくらみ、各所の医療研究者や医療従事者が不正をはたらく危険性が高められた。その結果、血液の供給は、貧困層や手に職のない者、失業者、黒人など、低所得で不当な扱いを受けてきたがゆえに売血を繰り返すしかない者たちによって担われる、という状況がますます悪化してきたのだ。血液と製剤が貧困層から富裕層に再分配される。こうした事態をもたらした大きな元凶の一つは、米国の血液バンクのあり方にあった。[24]

見てのとおり、かなり強い調子でアメリカの血液事業が批判されている。ここでティトマスが強調しているのは、経済的な効率性を優先させたことによる、信頼と公正の感覚の喪失である。ドナーと受け手、医師と患者、富裕層と貧困層のあいだで、お互いを信頼し、あるいは不正を防止しようとする態度や価値意識が弱まっていった。それはアメリカ社会のコミュニティにもともと備わっていた、人びとの利他的精神を衰弱させることでもあった。「経済」が「道徳」を蝕んでいったのである。

さらに、とティトマスはいう。アメリカ流の血液事業のやり方は「経済」にとってもけっして効率的ではなかった。ティトマスによるまとめの続きを引用しよう。


さらにいえば、道徳とは無関係に証明できる四つの基準からみても、血液を商業市場にゆだねるのは望ましいことではない。経済効率でみると、無駄に廃棄される血液が多すぎる。慢性的あるいは突発的に不足するのが血液需給の特徴であって、需給が均衡するという考えは錯覚である。行政管理の面でも非効率的である。行政の事務仕事は減らないどころか増える一方であり、コンピュータにかかる費用も増える。患者(ないし消費者)に提供される血液の単位価格でみると、米国のそれはヴォランティアに依拠する英国のそれにくらべて五倍から十五倍も高価である。そして血液の質についてだが、市場で売買される血液は何かに感染している可能性がとても高い。患者がそれで感染したり死亡したりするリスクは相当に大きいのである。[25]

経済的な効率性を優先させようとしたにもかかわらず、結果的に非効率的でリスキーな事態を招いてしまうという、いわば合理性の非合理がここには見られる。「経済」は「道徳」を蝕んだだけでなく、「経済」自体をも隘路に追い込んでいったのである。

以上がティトマスの議論の骨子である。これを踏まえ、ここで、モースが示唆した「法と倫理」への回帰という問題に立ち戻ってみよう。「法と倫理」への回帰。先に見たとおり、モースにとってそれは、利潤ではなく連盟関係と一体性を目的とした「人間存在の基底」としての「倫理と経済」に帰ることであった。

それは、ティトマスの言葉でいえば、「経済」のなかに「道徳」を、つまり「利他的精神」や「個人の道徳心」を注入することを意味するだろう。一見するとそのことは、モダンな市場交換のなかにアルカイックな贈与の原理をとり戻すことであるようにみえる。だが、ことはそれほど簡単なのだろうか。

ティトマスは、モースが「贈与論」の結論部で現代社会における贈与と社会政策のテーマに言及していることに触れ、そこでのモースの問題提起が現代の、たとえば血液事業のような社会政策のあり方に、どれだけ有意味に関連するものなのかを問うている。モースはこういっていた。「贈与、ならびに贈与における自由と義務というテーマ、気前のよさというテーマ、そして贈り物をすることの利得というテーマ、これらがわたしたちのところに再び戻りつつあるのだ。」[26]。

これに対しティトマスは、モースのいう、贈与のこうした「混合物」としての特徴を想起しつつ、「〔アルカイックな贈与と現代の血液ドナーシステムのあいだには〕その形態と機能において類似点がある。たとえば、気前よさと利己心の混合、自発性と強制の混合、といった点である。だがそこにはまたはっきりとした相違点もある。それらの相違点はかなりの程度、血液のドナーシステムがもつ独特なあり方によるものであり、くわえて、ドナーシステムとドナー本人との間で社会的、経済的にかたちづくられた関係によるものである」と述べている[27]。

では具体的にどんな相違点なのか。ティトマスは一一の相違点をあげている。だが、ここでは本章の論点にとって重要と思われる五つの点にまとめておきたい。すなわち、現代の血液ドナーシステムにおいて贈与は、①匿名の状況でなされる（受け手と与え手は面識がない場合がほとんどである）、②与える義務は誰にもない、③受け手にはお返しをする義務がない、④与え手はお返しを期待できない、⑤受け手になるのを拒むことができる（すなわち受け取る義務はない）、の五点である[28]。ドナーは自分の提供した血液が誰のために使われるのかを知らない。献血は誰もがしなければならない義務ではない。輸血や血液製剤の恩恵を受けた患者がドナーに何かお返しをする必要はないし、ドナーが自分の血液の受け手からお返しをもらえると期待することもない。また、利用者は信仰や政治信条等の理由で輸血や血液製剤の利用を拒否することもできるのである。

先に見たとおり、アルカイックな社会ではこれとまったく反対のかたちで贈与がおこなわれる。そこにおいて贈与は、①互いに面識のある者同士でおこなわれ、②まず何よりも与える義務があり、③受け手にはお返しをする義務があり、④与え手はお返しを期待することができ、⑤受け手になるのを拒むことはできない（すなわち受け取る義務がある）。アルカイックな社会における贈与がまさに贈与＝交換であり、その核心に、与える・受け取る・お返しをする、の三つの義務があったのは、前節で繰り返し見たとおりである。

この対比からわかるように、血液ドナーシステムに見られるようなモダンな贈与の原理と、アルカイックな贈与の原理とは、一見似ているようでありながら、「匿名性」と「与える・受け取る・お返しをする義務」の二点に関してまったく異なっている。アルカイックな贈与原理の特徴が「非匿名性」と「義務」であるのに対し、モダンな贈与原理の特徴は「匿名性」と「義務の不在」である［29］。

ここで「社会主義者モース」を思い出そう。社会保険や団体＝結社といったモダンな制度の興隆にアルカイックな贈与原理の復活を感じとったモースだが、かれが血液ドナーシステムを知ったなら（モースの時代にこの仕組みは未整備だった）、いったいどんな感想を抱いただろうか。アルカイックな原理とは正反対だという理由で、モダンな原理を否定しただろうか。いや、おそらくそうではあるまい。なぜなら、モースが称揚した社会保険や団体＝結社こそ、「匿名性」と「義務の不在」というモダンな贈与原理のうえに成り立つものだからである。社会保険は「匿名性」を条件とする（たとえば自分が老いたり失業したりしたとき給付される保険金は、「見知らぬ誰か」の保険料の集合である財源プールから支払われる)。一方、団体=結社は「義務の欠如」を条件とする(そもそも強制加入のアソシエーションをアソシエーションと呼ぶことは語義上できないだろう)。つまりモースが復活させようと考えた贈与原理は、アルカイックなものである必要はなく、モダンなものであっても十分だったのではないか。というより、モダンなものでなければならなかったのではないか。

3 見知らぬ者への贈与——小さなカワウソの神話

「贈与論」のなかで、モースは、ポトラッチの祭宴における「招く義務」の例証として、北米先住民ツィムシアン族 **Tsimshian** のある神話を紹介している。次のような話である。

あるときツィムシアンの姫が「小さなカワウソ」を産んだ。その「小さなカワウソ」が魚を何匹も釣りあげたので、村の首長はほかのすべての部族の首長を招き祭宴を開いた。首長はその子をみなに紹介し、その子がカワウソの姿でいるときに出会っても、どうか殺さないでいてくれるよう頼んだ。そのあとも「小さなカワウソ」はたくさんの獲物を村にもち帰り、そのつど首長は祭宴を開き、客がお返しに贈ってくれる財のおかげで首長はますます裕福になった。だが実は招き忘れていた部族があった。ある日、その部族の者がアザラシをくわえた「小さなカワウソ」に遭遇し、「小さなカワウソ」を殺してアザラシを奪ってしまった。それを知らされた姫は悲しみのあまり亡くなり、知らずに子の命を奪うことになった部族の首長は、償いとしてたくさんの贈り物を贈った。

神話の結びはこうである。「だから、首長に息子が生まれ、名前を授かるときには、どんな人々でも大きな祭宴を開くようになったのです。そのことを知らない人が一人もいないように」[30]。

裕福な者には祭宴を開く義務がある。そのように教えるこの神話について、モースはこう述べている。「財の分配であるポトラッチは「認知＝識別＝承認《ルコネサンス》」（reconnaissance）という根源的な行為なのだ。（中略）人々は、首長なりその息子なりを「認知＝識別＝承認する《ルコネ》」（reconnait）。そして、その首長なりその息子なりに対して「感謝の念をいだく《ルコネサン》」（reconnaissant）ようになるのである。」[31]。

「小さなカワウソ」は食べ物を村に贈与し、そのことでポトラッチの祭宴を可能にしてくれるゆえ、感謝の対象であり続けた。だが、首長が不注意にも「招く義務」を怠ったため、かれは、招かれなかった人びとにとっては「認知＝識別＝承認」されざる者、すなわち「見知らぬ者」にとどまらざるを得なかった。アルカイックな社会においては贈与が見知らぬ者を「認知＝識別＝承認」させ、さらには「感謝」の対象にさせることを、この神話は教えてくれる。

一方、モダンな社会ではどうか。そこでは匿名性が支配し、見知らぬ者は見知らぬ者のままである。先のティトマスによる血液ドナーシステムの説明が明らかにするように、互いに面識のない者同士の関係しかない。もちろん、たとえば血液製剤を投与された患者が、そのもとになった血液が誰かの提供によるものであると想像し、その誰かに感謝の念を抱くことはありうる。けれどもその「誰か」はあくまで「誰か」にすぎず、その「誰か」に対し贈与をおこなうことで、その「誰か」を認知＝識別＝承認することなど不可能である。また、感謝の念が当の「誰か」に届くことももちろんない。したがって端的にいうならば、モダンな社会における贈与は「見知らぬ者への贈与」でしかあり得ず、そこには「承認」と「感謝」が入り込む余地はない、ということになる。

もちろん、すぐに反論がなされるだろう。モダンな社会にも面識のある者同士の贈与はたくさんあるではないか。たとえば誕生日やクリスマスのプレゼントなどは、面識のあるどころかとても身近な者同士のあいだでおこなわれているではないか。そこではまぎれもなく「承認」と「感謝」がやり取りされているではないか、と。たしかにそれは事実である。しかし注意したいのは、アルカイックな社会の贈与と違い、これらモダンな社会でやり取りされるプレゼントが、前者におけるような、社会システムの構成原理とはなっていないことである。先に見たようにアルカイックな社会では、贈与＝交換はとりもなおさずその社会の形式であり内容であった。あるいは構造であり過程であった、と言い換えてもよい。これに対し、モダンな社会におけるプレゼントは、政治（国家）と経済（市場）という近代的な構成原理のいわば「残余カテゴリー」として、あるいは単なる〈わたくしごと〉として機能するにすぎない。あまつさえ、さまざまなプレゼントはギフト産業によって商品化され、市場における利潤獲得の恰好の手段となっている。

以上を踏まえ、ここであらためて次のように問うてみよう。モダンな社会において、見知らぬ者への贈与はそもそも可能なのか。見知らぬ者を承認し、感謝することはできるのか。〈わたくしごと〉でしかなくなった贈与行為に、かつてのような社会の構成原理としてのはたらきをとり戻すことはできるのか。

こうした問いについて考えるうえでとても啓発的なのが、MAUSS《モース》（社会科学における反功利主義運動）の中心的担い手の一人であるカナダの社会学者ジャック・ゴドブーによる議論である。ゴドブーはその主著

「贈与の精神」［32］において、アルカイックな贈与とモダンな贈与を比較検討するとともに、現代社会における贈与を市場と国家という構成原理に対置させ、功利主義的な市場経済と福祉国家の桎梏から脱するための方向を示唆しようとした。ここで、見知らぬ者への贈与は可能か、という本章の問題意識から見たとき、とりわけ興味深いのが、アルカイックな贈与からモダンな贈与への転換をめぐるゴドブーの考察である。

アルカイックな贈与からモダンな贈与への転換はいきなりなされたわけではない、とゴドブーはいう。もともとアルカイックな社会においては「一次的関係」（家族・親族・共同体）が支配的であり、そうした関係においてアルカイックな贈与＝交換も、変更不可能な義務として反復されていた。そのような社会において、アルカイックな贈与からモダンな贈与への転換が起きる可能性はほとんどなかったといえるだろう。

ゴドブーによると、モダンな贈与の原点は、アルカイックな社会ではなく封建社会に求められる。身分制と支配－従属関係を土台とする封建社会では、土地を所有する領主が貢租や賦役のかたちで農奴から強制的に財をとり立てる。つまり強制的に贈与させる。こうした封建社会の強制力から個人や共同体を解放したのが、「二次的関係」としての市場だった。封建的人間関係を市場が解体したことで、商品交換という新しいコミュニケーション・モードがその社会の全域に広がっていった。アルカイックな義務的贈与も、封建的な強制的贈与も脇に追いやられ、対等な契約関係にもとづいた等価交換の原理が支配する社会が立ち上がる。モダンな贈与は、そのような社会のなかで形成されてゆく。

だが注意したい、とゴドブーはいう。市場が解体したのは封建的人間関係だけだった。つまり市場は、家族・親族・共同体という「一次的関係」には長いあいだ手をつけずにきたのである。市場と国家（福祉国家）

という「二次的関係」が「一次的関係」の義務（たとえば扶養や介護）から人びとを解放するのは、ずっとあとになってからのことだった。そしていうまでもなく、完全な解放はあり得ない。モダンな社会においても、家族・親族・共同体は残り続けるからだ。問題は、市場と国家が支配するモダンな社会の成立に際し、二つの「断絶」rupture が生じたことである。

一つ目の「断絶」は、市場経済における生産者と使用者のあいだに生じた。アルカイックな社会や封建社会では、人びとのあいだに張りめぐらされた義務関係や支配‐従属関係により、生産者と使用者の関係は明確に定められていた。特定の誰かが、特定の何かを、特定の誰かのためにつくっていたのである。ところが、市場経済の浸透とともに、消費者という匿名で不確定な他者に向け生産がおこなわれるようになると、生産者と使用者のあいだに亀裂が入るようになる。そして、この亀裂のなかで、過剰生産や売れ残りのリスクをとる者として、商人という仲介者の存在が重要性を増していくことになる。

二つ目の「断絶」は、国家の介入により、サービスの供給者と受給者のあいだに生じた。先に見たように、もともと市場は一次的関係（家族・親族・共同体）にはほとんど影響を与えてこなかった。たとえば子育てや介護は、相互扶助のかたちで一次的関係のなかで一貫しておこなわれてきたのである。ところが国家という仲介者が介入することにより、扶助や介護といったサービスの提供者と受益者の関係が切り離されることになった。納税者としての市民が、さまざまな福祉サービスを、行政から委託された専門家という「見知らぬ者」から受け取ることになったのである。

ゴドブーはいう。「このふたつのプロセスによって人間関係のただなかに亀裂が生じ、溝は大きく広がっていく。生産者は使用者から、サービス提供者は受益者から徐々に切り離され、切り離された者はそれぞれ別個の相対立するシステムに組み込まれるようになる。仲介者への依存が当たり前になることにより、結局はあらゆる社会関係が見知らぬ者同士の関係となり、流通するサービスのための道具となる」[33]。

いわずもがなの問いではあるが、こうして切り離された生産者と使用者、サービス提供者と受益者のあいだに、ツィムシアンの神話が教えてくれたような、贈与による「承認」と「感謝」の契機が入り込む余地はあるのだろうか。

こう問いかけてみるとき、先述の現代社会におけるプレゼントの意味が少し見えてくる。現代のプレゼントとは、人間関係が「断絶」していくなか、市場が解体しきれなかった一次的関係の残滓が繰り広げる「承認」と「感謝」の儀式である。子育てや親の介護(の一部)を市場や国家の提供する第三者のサービスに任せ、サービス労働から自分たちが解放されたあとも、自分たちが子や親を愛している事実に変わりはない。そこに残されるのは、義務や強制から解放された「無償の」「純粋な愛」だけである。「こうしてわれわれは「ユートピア」にたどり着く。すべての物質的ないし実利的な面から解放されるという意味において、また、情緒以外の何ものもやり取りされないという意味において、無償であるという、この不思議な感情的絆にたどり着くのである」[34]。

このような「無償の」「純粋な」関係において親密な者同士が「承認」と「感謝」をやり取りする。だがそこで「承認」は公的におこなわれることなく、「感謝」に「物質的ないし実利的な面」が伴うこともない。

一方に市場と国家があり、もう一方に親密で純粋な感情的絆があるという構図。それは言い換えると、一方に過剰な二次的関係の極があり、もう一方に過剰な一次的関係の極があるということである。市場と国家はますます人と人の関係を見知らぬ者同士の関係に変え、社会に亀裂を生じさせていく。それと並行して、ドメスティックな領域では、親密な感情的絆がますます密度を高めていく。

このような構図を、モースであればどう理解したであろうか。自由資本主義とボリシェヴィズムを同時に批判したモースの目に、現代の二次的関係（市場と国家）の過剰はおそらく悪夢のごとく映ったのではないか。また、純粋贈与は存在せず、贈与は利己心と利他心の混合物であると考えたモースにとり、一時的関係（家族・親族・共同体）の過剰、あるいは無償の愛にもとづく純粋な贈与なる観念は、ともすれば密室内部での支配‐従属関係にも転じかねない危険な劇薬のように見えたかもしれない。いずれにせよ、こうした構図が、「贈与論」の結論部でモースが構想した、現代人が回帰すべき「法と倫理」と似ても似つかぬものであったことは間違いない。

以上を踏まえてみるとき、ある問いが見えてくる。すなわち、モダンな贈与を、この両極のあいだに位置するものとして考えることができないだろうかという問いである。言い換えると、モダンな贈与はこの両極のあいだにあって、一次的関係の過剰と二次的関係の過剰を、いわば緩和する力をもつのではないかという問いである。

ここで、ティトマスが論じたモダンな贈与、すなわち血液ドナーシステムを思い出したい。献血による血液の贈与は、見知らぬ者に対する「ヴォランタリーな贈与」であった。モダンな贈与は、それがヴォランタリーな「贈与」であることにより、市場や国家という二次的関係に道徳的契機をもたらす可能性をもつ。また、それが「ヴォランタリー」な贈与であることにより、親密性という一次的関係に支配‐従属関係の契機が入り込むのを抑止する手立てとなりうる――そう考えることはできないだろうか。

こうした可能性を考えるとき、モースが論じたアルカイックな贈与と、ティトマスが論じたモダンな贈与とが、実は通底する部分を多くもっていたことが見えてくる。モースは一九二〇年代前半という時代に、ティトマスは一九六〇年代後半という時代に、それぞれの立場から、「贈与」という視座において、「市場と国家と親密性」に対し批判的な考察をおこなった。両者ともに「贈与」を、「市場と国家と親密性」に対するいわば「解毒剤」として用いようとしたのである［35］。この二人の著作に挟まれた四〇数年が、ケインズ主義的福祉国家の時代、あるいはフォーディズムの時代と呼ばれているのは、おそらく偶然ではない。ケインズ主義的マクロ経済政策による需要管理と完全雇用が可能にした（可能にしたかに見えた）、豊かで幸福な家庭生活。「市場と国家と親密性」は、この時代において一つの強力なセットとして機能し続けたからである。

モダンな贈与とは、見知らぬ者への贈与である。モダンな社会に生きるわれわれはみなツィムシアンの小さなカワウソなのである。モースはいう。「わたしたちに非常に近い時代の法システムにいたるまで、そしてわたしたちの経済システムからさして遠くない時代の経済システムにいたるまで、人が「つきあい」を取り結んできたのは、いつでもよそ者と（たとえそれが連盟関係にある者であろうとも、よそ者と）である。」［36］。アルカイックな社会であれ、「わたしたちに非常に近い時代の」モダンな社会であれ、人びとが贈与を通して承認と感謝の関係をとり結んできたのは、つねに「よそ者＝見知らぬ者 étrangers」とであった。ゴドブーも次のようにいう。「宗教的な動機を必ずしも前提としない、すべての社会層を巻き込んだ、知られざる相手にたいする、知られざる贈与。これこそ、見知らぬ者同士による贈与の圏域なのであり、じっさいにその重要性は日増しに高まっているのだ」［37］。

ところで最後に、そもそも「見知らぬ」とはどういう関係をいうのだろうか。あるいは、匿名の存在同士、見知らぬ者同士が、何ものかを贈り合うような関係とはいかなるものか。ティトマスの示した血液ドナーシステムがその一例であることはいうまでもないが、こうした関係の本質をより鮮明にしてくれる事例はないだろうか。

その例ないしイメージとしてゴドブーがあげているのが「アルコホーリクス・アノニマス」Alcholics Anonymous（通称ＡＡ）の活動である［38］。一九三〇年代のアメリカで始まり、日本も含め多くの国に広まっていったアルコール依存症者によるこの自助グループの活動は、参加者が互いに本名を明かさず、それぞれがみずからの依存症体験を順番に語り合うことを主要な特徴としている。話し手は一方的に話し、聞き手は聞くだけ、というのがルールである。それぞれは互いを愛称でしか知らず、匿名がそこでは厳守される。また、グループには原則として国家も資本も専門家も関与せず、運営もほぼすべてが参加者の手でおこなわれることになっている。つまり発話から運営資金まで、いっさいが贈与によって成り立っているのである［39］。

こうしたＡＡのあり方が現代における贈与システムの「モデル」になりうるかもしれないとゴドブーはいう。ＡＡ参加者たちは家族のような一次的関係にも、国家や市場のような二次的関係にもとり込まれることなく、言い換えると親密性と市場と国家のすきまに身を置きながら、互いに何ものかを贈り合う。こうしたあり方を社会の全域に拡大し、モースのいう「法と倫理」にまで練りあげていくこと。「見知らぬ者への贈与」とは、そういうことを考えるためにつけられた、とりあえずの符牒である。

註

1 Marcel Mauss. "Essai sur le don: forme et raison de l'échange dans les sociétés archaïques." *Sociologie et Anthropologie.* PUF. 1950 (1923-24)（「贈与論——アルカイックな社会における交換の形態と理由」『贈与論 他二篇』森山工訳、岩波文庫、二〇一四年）

2 マルセル・モース『社会学と人類学Ｉ』『社会学と人類学Ⅱ』有地亨・伊藤昌司・山口俊夫訳、弘文堂、一九七三年

3 Maurice Godelier. *L'énigme du don.* Librairie Arthème Fayard. 1996. p.11.（『贈与の謎』山内昶訳、法政大学出版局、二〇〇〇年、五頁）

4 「社会主義者モース」という側面については『マルセル・モースの世界』（モース研究会、平凡社新書、二〇一一年）を参照。モーリス・ゴドリエは、また次のようにも述べている。「彼は、持てる者が寛大であり、国家が一層正義の社会建設のほうへときっぱり歩んでいる世界を夢想し、そのために二つの敵対者、ボルシェヴィズムとブレーキなき資本主義、自由主義と戦ったのである。／今日ではもはやわれわれはその地点にはいない。」（Godelier. op. cit., p.292.　前掲訳書二九二頁）。「今日ではもはやわれわれはその地点にはいない」とゴドリエがいうように、現在、「二つの敵対者」の一方（ボリシェヴィズム）がいなくなり、残りの一方（ブレーキなき資本主義、自由主義）だけが猛威を振るうようになっている。そうしたなか、モースの故国フランスを中心に、モースの精神をあらためて召還することで「ブレーキなき資本主義、自由主義」（グローバリズムや新自由主義）を批判し、乗り越えようとする運動が展開されるようになっている。アラン・カイエを中心とするＭＡＵＳＳ《モース》（Mouvement Anti-Utilitariste en Sciences Sociales 社会科学における反功利主義運動）である。この運動の中心理念の一つとなるのが「贈与のパラダイム」による功利主義批判である。こうしてモースの「政治性」は現代にまで確実に引き継がれている。アラン・カイエ『功利的理性批判——民主主義・贈与・共同体』藤岡俊博訳、以文社、二〇一一年。

5 モースは「アルカイックな社会」société archaïque という言葉を、「古風な社会、古代社会」という本来の意味だけでなく——モースにとって同時代の——いわゆる「未開社会」をも意味するものとして用いている。実際モース自身が明らかにしたように、古代社会と未開社会には贈与の慣行について共通する点が少なくない。イギリスの歴史家Ｍ・Ｉ・フィンリーは『オデュッセウスの世界』で、貝殻などを象徴として贈り合う未開民族は多いが、それと比較し、古代ギリシアの「オデュッセウスの世界は未開世界ではなかった」としつつ、「人の真価の一つの尺度は、財産の中からどれだけを与えることができるか、ということだった。英雄たちは彼らが受け取った贈物を自慢したと同時に、人に与えた贈物をも自分の力量のしるしとして自慢の種にした。」と述べている（M. I. Finley. *The World of Odysseus.* The New York Review of Books. 1982. p.123.『オデュッセウスの世界』下田立行訳、岩波文庫、一九九四年、二二九〜二三〇頁）。また、古代ギリシアでは富の獲得はもっぱら収奪によっていたが、平和を求めようとする場合、「交換の機構が収奪に代わる唯一の手段となり、その基本的な方法は贈物の交換だった。これはことさらギリシア人の発明というわ

けではなかった。それどころかトロブリアンド諸島におけるように多くの未開民族のあいだでは贈物の交換が社会を組織立てるための基本的な機構なのである。」と述べている。(ibid., p.60. 同訳書二二頁)

6 Mauss. op.cit., p.161.(前掲訳書一〇一頁)

7 よく知られているように、比較言語学者エミール・バンヴェニストは、印欧語で「与える」を意味する語根(dō)が、同時に「受け取る」を意味する語でもあったことを指摘している(『一般言語学の諸問題』岸本通夫ほか訳、みすず書房、一九八三年、三〇七〜八頁)

8 ロドニー・ニーダムは、未開社会において母方交叉いとこ婚が父方交叉いとこ婚に比べ多く観察される事実をめぐり、クロード・レヴィ゠ストロースがシステムの安定性という「構造」の視点から説明したのに対し、それに反論したジョージ・ホマンズとデヴィッド・シュナイダーが具体的人間関係における「感情」という心理的要因によってこれを説明しようとしたことを、比較検討している。ニーダムはレヴィ゠ストロースによる説明が妥当だとする。ニーダムによれば、社会制度を「感情」というたった一つの動力因によって因果論的に説明することには必然的に無理や危険が伴うのである。

・ロドニー・ニーダム『構造と感情』三上暁子訳、弘文堂、一九七七年

・Claude Lévi-Strauss. *Les structures élémentaires de la parenté*. PUF. 1949.(『親族の基本構造』福井和美訳、青弓社、二〇〇〇年)

・ジョージ・C・ホーマンズ、デヴィッド・M・シュナイダー、青柳真智子訳「交叉イトコ婚と系譜——レヴィ゠ストロース学説批判」『文化人類学リーディングス』祖父江孝男編訳、誠信書房、一九六八年

9 実際、「贈与論」においてモースは「贈与゠交換」échange-donation (Mauss. op. cit., p.178. 前掲訳書一四七頁)や「贈与゠交換」échange-don (ibid., p.227. 同訳書二九九頁)という表現を各所で用いている。

10 モースは、ポトラッチにおける財の破壊に戦争と供犠という二つの動機があるとしたうえで、「通常の供犠の場合と同じく、重要なのは物を破壊して、それを霊に引渡すことである。とくにこの場合には、クランの祖先に引渡すことである」と述べている(ibid., p.202. 同訳書二二〇頁)。この世界を与えてくれたのは霊や祖先であり、ポトラッチとはそれら霊や祖先に対する「お返し」にほかならない。

11 Lévi-Strauss. op. cit.

12 Mauss. op. cit., pp.162-3.(前掲訳書一〇三頁)

13 ibid., p.148.(同訳書六二頁)

14 ibid.

15 ibid., p.148.(同訳書六三頁)

16 Mary Douglas. "No Free Gifts: Introduction to Mauss's Essay on *The Gift*." *Risk and Blame*. Routledge. 1992. p.156.

17 Mauss. op. cit., p.267. (前掲訳書四一八〜九頁)

18 ibid., p.398.(同訳書三九八頁)

19 ibid., p.261.(同訳書四〇一頁)

20 ibid., pp.261-2.(同訳書四〇二〜三頁)

21 Richard M. Titmuss. *The Gift Relationship: From Human Blood to Social Policy*. George Allen & Unwin. 1970.

22 ibid., p.12.

23 もちろん、当時のアメリカにおいて医療用の血液すべてが売り買いによって供給されていたというわけではない。一九六五年から六七年の推計によると、全米で集められた血液全体のうち、売り買いされたものの割合は二九%であった。だが一方で、支払いやお返しを求めない「ヴォランタリーなドナー」の割合は九%にすぎず、言い換えると、売血はヴォランタリーな献血の三倍におよんでいたことになる。最も割合が高かったのは、過去に本人や家族が輸血や血液製剤による治療を受けたことのお返しとしての献血、および将来本人や家族が治療で輸血等のサービスを受ける権利を得るためにドナーとなる場合で、両者を合わせると五二%であった(ibid., p.94.)。大都市の場合、売血の割合はぐんと高くなる傾向にあり、たとえば一九六六年のニューヨーク市では、血液ドナーの半数以上が支払いを受けていたという(ibid., p.63.)。

24 ibid., pp.245-6.

25 ibid., p.246.

26 Mauss. op. cit., p.262.（前掲訳書四〇四頁）

27 Titmuss. op. cit., p.73.

28 ibid., p.74.

29 香西豊子は次のように述べている。「たとえば、「血液は贈り物か商品か」という問いがたてられ、議論されることがある。R・ティトマスの著名な研究や、それを介してM・モースの議論が引きあいにだされ、「贈与の霊」が召喚される。そして互酬性や連帯といった主題が、血液事業を事例として展開されるのだ（そうした議論の場合、答えは、問いが出された瞬間にすでに決まっている。血液は、まちがいなく「贈り物」なのだ）。血液の「安全性」や「安定供給」とは切りはなされたかたちで、血液を贈り受けとり贈りかえす円環が想像され、のぞましき血液共同体が語られるのである。」（傍点香西）。香西のこの指摘は、善意で贈られた血液は安全だ、という「信憑」や「倫理性」を批判するためになされており、批判それ自体はまさしく正当といえる。が、それはさておいて、血液事業を「事例として」見たとき、血液が間違いなく「贈り物」であるとはむしろ簡単にいえなくなるのである。香西豊子『流通する「人体」――献体・献血・臓器提供の歴史』勁草書房、二〇〇七年、二六六頁

30 Mauss. op. cit., p.209.（前掲訳書二四二～三頁）

31 ibid., pp.209-10.（同訳書二四三頁）

32 Jacques T. Godbout and Alain Caillé. *L'esprit du don*. La Découverte. 1992.

33 ibid., p.225.

34 ibid., p.227.

35 ドイツ語で「贈り物」Giftという言葉が「毒」をも意味することについて、モースは何度か言及している。贈り物はさまざまな意味で危険でもある。お返しの義務はこの「毒」を消すためにも必要とされる（Mauss. op. cit., p.255.　前掲訳書三八六頁）。ドイツの社会学者ウルリッヒ・ベックの言葉を借りるなら、贈与という危険な毒には解毒剤 Gegengift が必要なのである。

36 ibid., pp. 277-8.（同訳書四四八頁）

37 Godbout. op. cit., p.114.

38 ibid., pp. 98-105.

39 アルコホーリクス・アノニマス（AA）については、グレゴリー・ベイトソンによる卓越した分析を参照されたい。ベイトソンはそこで、アルコール依存症者が「自己の強さ」を過信するあまり、逆に再びアルコールに手を出してしまうプロセスについて、サイバネティクスの見地から鋭い分析を展開している。ここでベイトソンが示した対称的関係と相補的関係という視点、さらには分裂生成 schismogenesis という視点は、社会システムと贈与の関係を考えるうえでもきわめて刺激的なヒントを与えてくれる。ベイトソンによれば、AAは自己と他者との関係が分裂生成的になるのを抑止するはたらきをするが、アルカイックな社会における贈与にもそれと同じはたらきがあるのではないだろうか。Gregory Bateson. “The Cybernetics of the‘Self’: A Theory of Alcoholism.” *Steps to an Ecology of Mind*. University of Chicago Press. 2000（「〈自己〉なるもののサイバネティクス――アルコール依存症の理論」『精神の生態学』佐藤良明訳、新思索社、二〇〇〇年）

2

不純な贈与

贈る、という振る舞いについて考えてみたい。年賀状や贈答品を贈る、受け取る、そしてお返しをする。そういうことを私たちはする。

もちろん年賀状や贈答品を贈らなくても私たちは生きていける。けれども私たちはそれをする。なぜそんなことをするのか。おそらくは、そうしなければいけない、あるいはそうしたほうがよい、ということを生活史のなかで刷り込まれてきたからだ。私たちの社会は何かを贈り、受け取り、返す、ということを義務として私たちに課す（その義務を拒むことが「個性」のアピールとして機能することも往々にしてあるけれど）。よくよく考えると不思議なことだ。

それともう一つ不思議なこと。そもそも義務としておこなわれる贈与を贈与と呼んでよいのだろうか。義務という気持ちなどもたず、しかも相手からのお返しなど期待しないでなされる贈与こそ、贈与という名で呼ばれるにふさわしい振る舞いなのではないだろうか。そうした「純粋」な贈与こそ贈与の名に値するのであって、賄賂とまではいわないにせよ、何かのお返しを期待してなされる贈与はいわば「不純」な贈与ではないだろうか。

本章は、贈与に関するそうしたことがらについて思いをめぐらせ、そこからさらに「社会」あるいは「社会的なもの」とはいったい何であるかを考えようとする、ささやかな試みである。

1 ―「社会などというものはないのです」

一見すると贈与とは無関係にみえるエピソードから始めたい。イギリスの元首相マーガレット・サッチャーが「社会などない」といい放ったある有名なインタビューについてである。そのインタビューでサッチャーはこう語ったとされる。

> 社会などというものはないのです。あるのは男と女、それに家族だけなのです(一九八三年一〇月三一日)。

新自由主義宣言とでも呼ぶべきこの発言で、サッチャーがいいたかったことはもちろん明らかだ。いわゆる英国病に苦しむ当時のイギリスを何とかしたい、そのためには社会保障費を何としても削減したい、ということである。この発言の前に彼女はこういっている。「自分は生活が苦しいのだから給付金をもらえるだとか、政府は自分たちホームレスに住居を提供する義務があるだとかいう人たちはみな、自分の問題を社会に押しつけているのです」。

実際に彼女が社会保障費を大幅に削減することは——支持率を維持したいということもあり——なかったが、サッチャーの立場が「下には薄く、上には厚く」、あるいは「悔しかったら頑張りなさい」という、「反福祉主義」だったことは間違いない［1］。

この発言の裏にはまた、多くのことがらは「市場」にゆだねればうまくいく、という彼女の強い信念があったこともたしかである。実際、サッチャーは新自由主義の旗手として、さまざまな規制緩和や国営企業の民営化に心血を注いだ。その結果、それまで長いあいだ放置されてきた英国病が「市場の活力」によって次第に快方に向かうように見えたことも事実であろう。こうしたサッチャーの「実績」により、新自由主義は一九八〇年代以降支持者を増やし、それ以来、「小さな政府」を目指すことが先進産業諸国の流行となっていく。

だがここで注意したいのは「小さな政府」という言葉である。市場に任せられることは市場に任せ、財政支出はできる限り少なくしようというのがこの言葉の意味だが、そのことは必ずしも国家権力の縮小を意味しない。たとえばデヴィッド・ハーヴェイが注意を促しているように、「小さな政府」を目指す新自由主義の経済政策が歴史上最も早くおこなわれたのは、アジェンデ社会主義政権を一九七三年のクーデタで乗っ取ったピノチェト軍事政権下のチリであった。ピノチェトはミルトン・フリードマン流の「小さな政府」志向によるネオリベラルな経済政策を導入する一方、「あらゆる社会運動と左翼の政治組織が暴力的に弾圧され、民衆の機関はすべて解散させられた」［2］。このエピソードが物語るように、小さな政府は大きな国家権力を志向する。サッチャー政権についていえば、一九八二年のフォークランド紛争における強硬な対応や、一九九〇年の強引な人頭税導入にそうした強大な国家権力の片鱗を見ることができるだろう。ハーヴェイのいうように、「ピノチェトが国家暴力の強権をもってしたことを、サッチャーは民主的合意の組織化によってなしとげたのだ。」[3]。いずれにせよサッチャーが目指したのは、アンドリュー・ギャンブルの卓抜なサッチャリズム論のタイトルが示すように、自由経済と強い国家の二つを同時に実現することであった[4]。

そのことを踏まえたうえで、新自由主義者サッチャーの「社会などないのです」発言における「社会」とは何であったのかをあらためて考えてみよう。重要なのは、サッチャーがここでいっている「社会」が実は「社会」ではないということである。サッチャーの示したそれは、「社会」というより、むしろ「国家」である。もう少し正確にいうと、国家の有する富の再分配機能である。

この発言の背景に社会保障費の削減という意図があったことからも、それは明らかであろう。サッチャーが語ろうとしたのは、いわば「ただで貰えると思うな」であり、逆にいうと、サッチャーがそこでいっていた「社会」というのは、困った人にお金や住まいを惜しげもなく「ただで」与えてくれる「大きな政府」のことを指していたのである。「社会などない」というとき、それは「大きな政府」はいらないという意味であり、サッチャー発言にはもともと「社会」という概念の入り込む隙すらなかったのである。

このようにサッチャーは「大きな政府」という意味での「社会」を否定した。しかしまた、先の発言において次のようにもいっていた。「あるのは男と女、それに家族だけなのです」。つまりサッチャーは家族という社会までも否定しているわけではないように見える。だがおそらく、社会を否定するサッチャーにとり、家族は社会の範疇に入っていなかったのではないか。彼女の考えでは、家族とは共同体、それも市場や国家にとっては無害な（経済や政治とは無縁な）単なる共同体にすぎなかったのではないか。あくまで重要なのは自由市場と強い国家であって、家族という共同体はただ放っておけばよいようなものだったに違いない。

そうしたことを踏まえ、サッチャーの好きな「市場」と「国家」の二つをとくに経済システムの視点から整理しておこう。経済システムとして、「市場」の本質は財やサービスの交換にある。これに対し、「国家」の本質は富の再分配にある。市場は利潤の獲得を目的として財やサービスを交換する場であり、国家は権力と国力の維持を目的として国民から富を吸い上げ、のちにそれを再分配する機関である。新自由主義とは、国家のそうした再分配機能を最小限に抑え、生活領域の大部分を市場に、言い換えると交換にゆだねようとするやり方であった。

かつて経済人類学者のカール・ポランニーは太古から近代までの人類社会の経済システムを贈与・互酬（交換）・再分配という三つの形式に分類し、それによって近代資本主義システムの相対化を試みた［5］。それによれば、アルカイックな社会（＝共同体）においては支配的だった贈与が、次第に再分配へ、さらには互酬（交換）へととって代わられ、その結果、近代社会（あるいは近代資本主義社会）において交換の原理が贈与の原理を圧倒するようになった。国家の再分配機能を極力抑え、市場交換に生活領域の多くをゆだねようとするサッチャーのやり方は、まさにこの流れのうえにあったのである。共同体から市場へ、贈与から交換へという流れ。それを市場と国家による「社会的なもの」の抑圧としてとらえ直すことができるだろう。それは、サッチャーが嫌った福祉国家や社会国家の再分配機能という「社会的なもの」の抑圧であり、さらにはそれ以前に遡るアルカイックな社会における贈与慣行という「社会的なもの」、あるいは「原・社会的なもの」とでも呼べるものの抑圧であった。

ではそうした流れのあと、ポランニーのいう共同体における贈与は現在どのようなことになっているのか。贈与はもちろん現代社会においてもある。だが、現代において贈与は単なる私事でしかなくなっているように見える。そこでおこなわれる贈与は、まさにサッチャーの演説がいうような「男と女」や「家族」のあいだでとり交わされる私的プレゼントという矮小化されたかたちをとらざるを得ない。たしかにそうした意味においては、サッチャーのいうように、現代社会にはもはや「社会などというものは」存在しないのかもしれない。贈与の原理が弱まり、交換の原理が君臨することになった現代社会において、「社会」あるいは「社会的なもの」は消失する運命にあるのだろうか。

2―ハイブリッドとしての贈与

同じことをポランニーとは異なる角度から考えたのが、フランスの民族学者マルセル・モースであった。モースは「贈与論」（原書刊行は一九二四年）において、古今東西のアルカイックな社会に遍在してきた贈与の原理をめぐり、きわめて示唆的な考察をおこなっている。人類社会には、与える・受け取る・お返しをする、という三つの普遍的義務が見られること、そして贈与には必ず反対贈与が伴うこと、したがって贈与は交換にほかならないことなどを、膨大な量の民族誌や史料を渉猟しつつ論証しようとした。「贈与論」はまた、民族学の体裁をとりつつも、市場と国家――具体的には産業資本主義とボリシェヴィズム――が影響力を強めつつあった一九二〇年代にあって、その両方に抗いながら、贈与原理を現代社会にとり戻そうとする試みでもあった。その意味で「贈与論」は、市場と国家の力が増し、その結果「社会など存在しない」かに見え始めた時代に、「社会」あるいは「社会的なもの」を再びとり戻すことを夢みて書かれた書物だったといえる。

「贈与論」にはさまざまな論点を見出しうるが、なかでも興味深いのは、そこでモースが「純粋な贈与」はない、といっている点である。より正確には、人類社会とりわけアルカイックな社会における贈与慣行の多くが、反対贈与を求めない「純粋な贈与」という面と、反対贈与を計算してなされる「不純な贈与」という面のハイブリッドという特性をもつと、モースは述べているのである。たとえばモースはこういっている。

> わたしが論述してきたさまざまな経済的行為の、そのすべてを鼓吹しているのは、ここでもまた一つの複合的な観念である。それというのもこの観念は、純粋に自発的で、純粋に見返りを求めない給付という観念ではなく、また、純粋な損得勘定にもとづいた有用物の生産と交換という観念でもないからである。トロブリアンド諸島で盛んにおこなわれているのは、これらが混ざり合った一種の混合物〔hybride〕なのだ。［6］

ここでモースが参照しているのは、社会人類学者ブロニスワフ・マリノフスキーの手になる民族誌『西太平洋の遠洋航海者』（原書刊行は一九二二年）［7］で知られるようになった、メラネシアのトロブリアンド諸島における儀礼的な贈与慣行である。ニューギニア島南東部のトロブリアンド諸島においては、ソウラヴァと呼ばれる赤い貝の首飾りとムワリと呼ばれる白い貝の腕輪が、それぞれ時計回りと反時計回りで、島から島へと贈与されていく習慣があった（現在もあるらしい）。

クラと呼ばれるこの儀礼的贈与慣行は、有用物を互いに調達し合う商品交換とは異なる。クラは贈り手と受け手の絆を確認し、また、贈り手の名誉を確認するためになされる儀礼的行為である。つまり損得勘定にもとづいた「不純」な贈与ではない。だが、かといって、それは贈ることそれ自体を目的とした「純粋」な贈与というわけでもない。ソウラヴァとムワリは併せてヴァイグアと呼ばれるが、「〔ヴァイグアは〕それ自体が富であり、富の表徴であり、交換と支払いの手段」である。「すでにヴァイグアは貨幣の表徴としての役割も果たすようになっているため、新たにヴァイグアを所有できるためには、今あるヴァイグアを商品やサービスに転化させて与えるのがよいということになる。転化した商品やサービスが、やがて今度は貨幣へと再転化することになるからである。」［8］。このように、ヴァイグアは貨幣ではないが、貨幣の表徴として機能しており、商品交換のシステムとも接続する可能性を有しているのである。

トロブリアンド諸島におけるクラ交換は儀礼的行為という側面と経済的行為という側面を併せもっている。あとの議論を先取りしていうならば、それは、儀礼的贈与によって諸島間の絆を「円環」として確認する象徴的行為であるとともに、諸島間における日用品やサービスの交換という「エコノミー」を生成させる経済的行為でもあるのだ。

トロブリアンド諸島に限らず、いわゆるアルカイックな社会は近代的な市場と国家を有していないため、そこには「純粋」な贈与原理のみが支配しているかのイメージをわれわれは抱きがちである。だがモースのいうように、そこでの贈与は純粋な贈与と不純な贈与のハイブリッドである。さらにいうなら、贈与における純粋さと不純さという区別がアルカイックな社会にはそもそも存在しない、と考えたほうが事実に近いだろう。市場と国家に支配されたモダンな社会に身を置いたときにはじめて、モダンな社会の不純さとアルカイックな社会の純粋さという図式が仮構されるのである。

純粋でもあり不純でもある、あるいは利他的であるとともに利己的でもある。こうしたハイブリッドな考え方は、モースの思考全体を特徴づけるものである。フランス語圏でMAUSS《モース》（Mouvement Anti-Utiliariste en Sciences Sociales 社会科学における反功利主義運動）という運動を牽引する社会学者アラン・カイエは、こうしたモースの思考スタイルについて、それが聖と俗、象徴と効用、利他心と利己心、義務と自由、等々といった従来の二元論を乗り越える「第三のパラダイム」を指し示すものだとしている［9］。それを社会学（あるいは社会科学）の文脈において言い換えるならば、モースの思考は、人間の行為を方法論的個人主義の立場から理解するか、方法論的集合主義の立場から説明するかという、長く論争の的となってきた二つのパラダイムの対立を乗り越えるものだ、ということになるだろう。カイエにならうなら、「社会」あるいは「社会的なもの」とは、聖と俗、象徴と効用、利他心と利己心、義務と自由のいずれをも内包する概念なのである。

モースによれば、贈与は義務としてなされる利他的で聖なる出来事であるとともに、自発的かつ利己的になされる営利行為でもある。言い換えると、贈与は「円環」という象徴として機能するとともに、「エコノミー」という効用の追求手段としても機能する。さらに言い換えるなら、「社会」あるいは「社会的なもの」は、こうした「円環」と「エコノミー」の両者によりはじめて存立するのである。

3―純粋な贈与の可能性

モースにとり、贈与は同時に交換でもあった。繰り返すなら、それは純粋な贈与と不純な贈与のハイブリッドであった。では、「純粋な贈与」はそもそもあり得ないのだろうか。ひたすら利他的精神だけに駆られ、いっさいの見返りを求めない、聖なる出来事としての純粋贈与というものを考えることはできないのだろうか。

教育学者の矢野智司は、純粋贈与を主題とする稀有な書物において、そうした純粋贈与という出来事があり得ることを論じている[10]。矢野によれば、純粋贈与とは見返りを求めない無償の贈与であり、その意味で交換とは峻別されるべき何かである。交換が一定の共有されたルールにしたがって物や言葉がやり取りされる、いわば共同体内部の出来事であるのに対し、純粋贈与は、共同体の外部からやってくる他者性を帯びた存在に不意打ちされるような、共同体の外側で生じる出来事である。それは単なる財やサービスや知識といった「有用性」ではなく、「溶解体験」としての「死＝エロス＝非‐知の体験」を受け手にもたらし、またそれによって受け手に「生の技法」を教える崇高な実践である。

こうしたバタイユ的な純粋贈与の具体例として、矢野は、宮澤賢治の『銀河鉄道の夜』におけるカムパネルラとジョバンニの関係、あるいは夏目漱石の『こころ』における「先生」と「私」の関係をあげている。ジョバンニや「私」は、カムパネルラや「先生」の死を介したみずからの「溶解体験」を通し、「生の技法」を贈与されるのである。矢野によれば、こうした出来事は閉じられた共同体の内部ではけっして生じ得ない。共同体とはただ有用性が交換される場にすぎないからである。

そのように考えるとき、交換によって存立する共同体のあり方をもっぱら論じたモースの思考に純粋贈与という主題が入り込む余地がなかったのは、当然といえば当然といえるかもしれない。だが、モースは純粋贈与について何も考えなかったわけではない。そうではなく、純粋な贈与と不純な贈与という二分法に疑義を呈したのである。ここにモースの議論の斬新さと難しさがある。

そこで、モースと純粋贈与という主題について考えるために、ジャック・デリダの議論を参照してみたい。デリダは、モースが実証レベルにおいて純粋贈与が観察されないと述べたのとはまったく異なる水準で、純粋贈与の可能性（＝不可能性）を論じているからである。一九八三年秋に日本（京都日仏学館）でおこなわれたゼミナール「時間を――与える」においてデリダは、贈与を主題とするきわめて刺激的な議論を展開している［11］。そこでデリダはモースの「贈与論」をとり上げ、モースの考え方にラディカルな批判を加えている。

デリダの議論のポイント、それは、そもそも贈与は――あるいは純粋な贈与は――不可能だということである。モースが贈与には反対贈与が伴う、つまり贈与と交換は相即不離のものであると考えたのに対し、デリダは、贈与と交換はまったく異なる出来事であると考えた。交換とは、自分から相手に送られた何かが、お返しや売買のようなかたちで自分のもとへと回帰することである。そうした回帰をデリダは「円環」あるいは「エコノミー」と呼んでいる。これに対し贈与は、そのような「円環」や「エコノミー」とは徹底して無縁の出来事でなければならない。つまり、自分から相手に送られた何かが自分のもとへ回帰することはけっしてあってはならない。だからこそ、贈与は不可能なのだ、とデリダはいう。どういうことか。

贈与は受け手からの反対贈与を伴ってはいけない。反対贈与により、それは交換になってしまうからだ。同時にまた、贈与は受け手にそれが贈与であると知られてもいけない。なぜなら受け手がそれを贈与と認知した瞬間、受け手は贈り手に対し、必ず何らかの感謝の念や債務の意識を抱くことになるからである。そのことにより、贈り手のもとに受け手の「負い目」が必ず回帰してくる、つまり贈与が「円環」と「エコノミー」に回収されてしまうのである。「極限においては、贈与としての贈与はそれの受贈者に贈与として現われてはならないでしょう。それは贈与として現前《プレザン》しないことによってしか、贈与としての贈与ではありえないのです。」[12]。言い換えると、「贈与があるためには、贈与は現われさえしてはならず、贈与として知覚されてはならず、取られたり保有されたりさえしてはならないのです。」[13]。贈与はなされねばならないが、それがなされた刹那、贈与の痕跡は跡形もなく消え去らねばならないのである。

こうした不可能性、あるいはダブル・バインド性を贈与は運命づけられているわけだが、にもかかわらず、デリダによれば、世界のすべては贈与から始まる。たとえば「〜がある Es gibt 〜」というドイツ語の語法がはからずも示すように、世界はそれ（Es）が何かを「与える geben」ことで存立する。「もし贈与がある〔il y a〕とすれば、それはおそらく、時間を、つまり何ものでもないもの〔rien〕を、しかしおそらくはまた存在そのものを（存在は何ものかではないのですから）与えるという贈与より以外ではありえないでしょう。」[14]。そのように考えるデリダは、モースについて、「『贈与論』ほどに記念碑的な本はあらゆることについて語っているが、しかし贈与についてだけは語っていないことになる」と語る[15]。モースは贈与を、まさにトロブリアンド諸島のクラを典型とするような「円環」と「エコノミー」として語ったがゆえに、贈与の本質についてはいっさい触れていないことになるのである。

先に見たように、モースは一九二〇年代に産業資本主義とボリシェヴィズムが台頭し、市場と国家の力によって「社会的なもの」が浸食されていく状況で、「社会的なもの」の再興を意図しつつ「贈与論」を書いた。モースにとり「社会的なもの」とは、贈与交換によって可能となる「円環」と「エコノミー」

以外の何ものでもなかった。これに対しデリダはいう。「あの本は、エコノミーについて、交換について、契約について（*do ut des*）、せり上げ、犠牲、贈与、反対‐贈与について、要するに、事柄そのものにおいて贈与へと、そして贈与の廃棄へと導くものすべてについて語っている」［16］。デリダによれば、円環とエコノミーは贈与の廃棄へと導く。つまり、モースの考えた「社会的なもの」は贈与とはいっさい無縁の概念だということになる。

モースとデリダのどちらが正しいか、それをここで判断するのは難しい。贈与をめぐるモースの社会学的（あるいは社会科学的）思考を、デリダの議論はある意味で無効にしてしまうからだ。ここでは、デリダが抗おうとした円環／エコノミーと、モースが抗おうとした国家／市場（具体的には一九二〇年代のボリシェヴィズムと産業資本主義）とが、ある意味で同じものを指していた可能性はないだろうか、とだけいっておきたい。モースが国家と市場に贈与という原理を対置しようとしたこと、デリダが円環とエコノミーの罠に純粋贈与を対置しようとしたこと、この二つは、一方が近代社会批判、他方が現前の形而上学批判という文脈の違いにもかかわらず、どこかで通底しているようにも思えるのである。サッチャーが目指した自由経済と強い国家に対し、あるいはそうした思考を支える形而上学に対し、二人はそれぞれ異なる場において抵抗していたのではないか。

4——不純な贈与

ここで純粋贈与から離れ、日本社会と贈与という主題について少し考えてみたい。純粋な贈与をめぐる以上のような議論を踏まえるとき、日本社会における贈与慣行の特徴がよく見えてくるのではないだろうか。つまり「不純」だということである。

周知のように、日本社会はさまざまな贈答の習慣に縛られた社会である。日本社会の贈与慣行について長く研究してきた人類学者・民俗学者の伊藤幹治はいう。「毎年、中元や歳暮の季節が訪れると、贈答品が全国各地を頻繁に往き来する。子どもの誕生、結婚、葬式などの改まったハレの日、あるいは病気、地震や洪水などの自然災害、旅行、転居、新築などの折にも、見舞いやお祝いといってはモノが贈られ、お返しがされる。この国の人びとは、毎年こうした贈りもののやりとりを繰り返している。」[17]。

これらの贈答習慣は自由意志によるプレゼントではなく、必ずしなくてはならない義務であり、贈り方や返し方、贈答品の価値や量なども慣わしによる約束事が事細かに決められている。そうした意味で、とても煩わしいものである。もちろん、こうした虚礼はなくすべきだという意見も近代化の過程で繰り返し語られてきた。伊藤は、このような悪習を改めようとする生活簡素化運動が明治期以降ずっと繰り広げられてきたことを指摘している[18]。だが、にもかかわらず、この習慣は伊藤の書名が示すように、まさに「日本文化」であり続けた。

日本文化としての伝統的な贈答習慣が、共同体外部からの「溶解体験」などいっさいもたらさないこと、また、共同体内部の円環とエコノミーの罠にまるごと捕らえられたものであることは、いうまでもなく明らかだ。その意味で、日本社会の贈答習慣は不純な贈与の典型である。そうした日本の贈答文化の歴史的特質について考えるとき、日本中世史を専門とする桜井英治の考察はとても興味深い［19］。桜井によれば、日本の贈答文化のルーツは中世にあるとみられるが、その時代において、贈与は「日本史上、いやおそらくは世界的にも例をみない、極端な功利的性質」を帯びたという［20］。中世の人びとは贈答に伴う損得勘定や釣り合いにきわめて敏感であり、いつ、どれだけの価値のある贈り物を、どのような書状とともに与え、どれだけのタイムラグをおいて、どれだけの価値のあるお返しをするかなど、さまざまな作法が「例」としてこと細かに決められていた。桜井はいう。「これらの作法には、すべての物事を数量化して考える中世人の思考様式がよくあらわれているように思われる。年始の進物が夏に届くこともめずらしくなかったように、中世とは、一年中さまざまな事由の贈答品がかなりのタイムラグをともないながら飛び交っていた時代である。そのような時代に交際を円滑に続けるためには、今日届いたこの贈り物の事由がいつどこで発生したのか、そしてその品目はどのようなもので、数量はどのくらいあったのか、さらにはそれを持参したのが本人であったか、使者であったか、使者のばあいにはどの程度の身分の者をよこしたか等々の情報を正確に記録しておくことが不可欠であった」［21］。また贈り物はしばしば嘱託や賄賂としても堂々とおこなわれた。そうしたきわめて功利的で非人格的な特徴を、中世の日本社会における贈与はもっていたのである。

このような功利性や非人格性は、ポランニーにしたがうなら、贈与ではなくむしろ交換（市場）や再分配（国家）の特徴である。ところが中世の日本社会においては、近代的な市場や国家が成立する以前に、人間関係を数量化し、損得勘定をするような文化が成立していたのである。再び桜井によれば、「中世の人びとは、さまざまな経済関係や、ときには人間関係に近いものでさえ、文書化しさえすれば自由に譲渡できると考えていたふしがある。前後の時代の人びとに比べてさまざまなモノやコトを権利化、不動産化することに長《た》けていたといえるのである」[22]。つまり信用経済のシステムすら中世には機能していたことになる。

さて、このような「不純」な贈与の世界が近代以前には存在した。だが、ここで考えてみたい。このような世界は「不純」なのだろうか。

文化人類学者でありアクティヴィストでもあるデヴィッド・グレーバーの大著『負債論——貨幣と暴力の5000年』[23]は、そうしたことを考えるためのヒントを数多く与えてくれる。たとえば中世の日本社会にすでに信用経済が存在したこと。このことは、グレーバーの考えにしたがえば、まったく不思議なことではない。現代人が盲信しがちなあのおなじみの経済学の物語をグレーバーは批判する。すなわち、大昔には物々交換がおこなわれていた。それが社会関係の拡大に伴って貨幣が発明され、遠隔地や未来での交換が可能になった。そしてそこから銀行や信用経済が発達していった——という物語である。グレーバーによれば、しかし、いわゆる未開社会で物々交換がおこなわれていたという証拠はほとんど見つからない。未開社会ではむしろ信用によるやり取りが一般的である。つまり、はじめに信用経済があり、続いて貨幣が登場し、最後に物々交換がおこなわれるようになったというのが事実なのだ。

物々交換がことさら古い現象ではないこと、真に普及したのは近代においてはじめてであること、実のところ、そう考えるには正当な理由がある。知られているほとんどの事例において物々交換の起きるのは、貨幣の使用に親しんでいるが、なんらかの理由でそれをふんだんにもちあわせていない人たちのあいだにおいてなのだ。手の込んだ物々交換のシステムの出現するのは、しばしば国民経済が崩壊するときである。最近の例では、一九九〇年代のロシア、そして二〇〇二年のアルゼンチンである。[24]

こうした指摘から見てとれるように、原初において素朴で純粋なやり取りがあった、それが近代になって洗練され抽象化されていったとする考え方には問題がある。先に見た桜井もいうように、「過去が現在よりもつねに素朴だと思うのは、過去にたいする見くびりであり、現代人の傲慢《ごうまん》である」[25]。そうであるならば、かつては純粋な贈与がおこなわれていたが、現在に近づくにつれて不純なそれへと転化していったとする考え方も捨てなければならない。あるいは、モースがそうしたように純粋な贈与と不純な贈与という二分法を疑わねばならない。

グレーバーはカール・ヤスパースのいう「枢軸時代」に、貨幣と哲学がユーラシア大陸を横断するようにして出現したと述べる。「枢軸時代」Axial Ageとは、紀元前八〇〇年から後六〇〇年までの一四〇〇年間に相当し、「世界の主要な哲学的潮流すべてのみならず、ゾロアスター教、預言者的ユダヤ教、仏教、ジャイナ教、ヒンドゥー教、儒教、道教、キリスト教、そしてイスラーム教という、今日の主要な宗教すべての誕生を目の当たりにした時代」[26]である。この枢軸時代において、利他的精神や純粋な贈与といった理念を追求する宗教的・形而上学的思考が生まれ、同時に鋳貨が生まれたとグレーバーはいう（デリダの思考がこうした枢軸時代に生まれた西洋形而上学を乗り越えようとする試みであることもまた明らかである）。

グレーバーによれば、貨幣と哲学を生んだこの時代を特徴づけていたのが「軍事＝鋳貨＝奴隷制複合体」という制度であった。どういうことか。枢軸時代は哲学と貨幣という文明を生んだ時代であるとともに、すさまじい暴力の時代でもあった。大規模な軍隊が組織され、富の強奪がおこなわれた。奪った戦利品は兵士への支払いに充てられた。支払いはやがて戦利品から貨幣へと変わる。貨幣と市場はこうして生まれた。貨幣の鋳造に必要なのは鉱山であり、そこで強制労働させられる奴隷である。それらの奴隷は敗れた敵軍の兵士から調達された。「貨幣、市場、国家、軍事が、すべて内的に結合している時代にあっては、貨幣はなによりもまず軍隊への支払いに必要だった（中略）。貨幣を生産するための金《きん》が必要である、金を採掘するには奴隷が必要である、奴隷を捕獲するためには軍隊が必要である、その支払のためには貨幣が必要である、というわけだ。」［27］。軍事と貨幣と奴隷制のこうしたループにおいて、市場経済が発達していったのである。

先に見た哲学や世界宗教はこうした暴力と市場経済の時代に生まれた。元来これらの思想や宗教は市場経済的なものに対しておおむね批判的であった。とりわけ利子や利益は強くタブー視された。たとえばトマス・アクィナスは利子を不正な売買として否定している。だが、グレーバーによれば、そうした哲学や宗教を生んだものこそ、ほかならぬ暴力と貨幣というシステムだったたである。グレーバーによれば（というよりグレーバーが依拠する歴史学者リチャード・シーフォードによれば）「硬貨に形象化される黄金は、抽象でもある物質的実体である。それは金属塊であり、かつ金属塊以上のなにかでもある。」［28］。こうした知覚可能な何か（実体）であるとともに、それ以上の知覚不可能な何か（価値）でもあるという考え方。これこそが枢軸時代の哲学と宗教の鍵であったとグレーバーはいう。実体と価値の二元論という意味で、貨幣と形而上学は同じシステムのなかにあるのである。

これらの思想はまた、暴力に対しても批判的であった。暴力よりも慈愛を、というわけである。だがグレーバーはいう。

いずれにせよ枢軸時代の宗教が、それ以前には存在しないも同然だった慈愛《チャリティ》の重要性をおしなべて強調したことは、まちがいなく重要である。純粋な貪欲と純粋な寛大とは相補的な概念なのである。どちらも他方抜きでは想像することすらできない。双方とも、そのような純粋かつ目的の限定されたふるまいを要求する制度的文脈においてのみ生じえたのだ。そして、双方とも、非人格的で物理的な銭貨が姿をあらわす場所であればどこでも、そろって出現しているようにおもわれる。［29。傍点引用者］

暴力と貨幣の支配する不純な時代に、慈愛と純粋贈与という美しい理念は生まれたのである。

以上のようなことを考え合わせるとき、日本社会における中世や現代の贈与慣行がけっして「不純」なだけではないことが見えてくる。グレーバーのいうように、枢軸時代の宗教や哲学が称揚した「純粋な慈愛」という観点から見たときにのみ、それは不純なものに見えてくるのではないか。それを不純とみなすようになった当時の西洋社会がいかに暴力的であったか。グレーバーによれば枢軸時代に続くのは中世であるが、「世界的な基準からすれば、極西［Far West］は異常に暴力的な場所であっただけでなく、カトリック教会も極端に不寛容であった。［これに対し］中世の中国、インド、イスラーム世界において、たとえば「魔女」を焼き殺したり異端者たちを虐殺したりといったことに匹敵する事例を多くみつけるのはむずかしい。」［30］。純粋な贈与という概念はきわめて不純な社会において構想された。したがって、繰り返すが、モースのいうように、純粋な贈与と不純な贈与という二分法は捨て去るべきなのである。

さて、「社会的なもの」に戻ろう。「社会的なもの」の本質は「贈与」である。自由な経済と強い国家を目指す新自由主義者サッチャーはそれを否定した。あるいは無視しようとした。これに対し、市場と国家が猛威をふるい始めた一九二〇年代に、モースはそれらに対する対抗原理として贈与という「社会的なもの」を掲げた。

モースにとり、贈与とは両義的な現象であった。先に見たように、それは、聖と俗、象徴と効用、利他心と利己心、義務と自由の両方にまたがる出来事であった。そのように考えるとき、新自由主義における「自由な経済」が、これらにおける後者、すなわち俗・効用・利己心・自由への一方的な偏向を、そしてまた新自由主義における「強い国家」が、これらにおける前者、すなわち聖・象徴・利他心・義務への一方的な偏向を、それぞれ基盤に置いていることがわかる。新自由主義は贈与の両義性を否定するところに成立するのである。

「社会的なもの」の生命はその両義性にある。純粋な贈与と不純な贈与のハイブリッドが生成させる円環とエコノミー——そこにある両義性に可能な限り敏感でありつつ、ねばり強くそれと向き合っていくこと。自由な経済と強い国家に抗うためには、そうしたことが必要である。

註

1 森嶋通夫『サッチャー時代のイギリス』岩波新書、一九八八年、一三七頁

2 デヴィッド・ハーヴェイ『ネオリベラリズムとは何か』本橋哲也訳、青土社、二〇〇七年、一一頁

3 同訳書一七頁

4 アンドリュー・ギャンブル『自由経済と強い国家――サッチャリズムの政治学』小笠原欣幸訳、みすず書房、一九九〇年

5 カール・ポランニー『人間の経済I――市場社会の虚構性』『人間の経済II――交易・貨幣および市場の出現』玉野井芳郎・栗本慎一郎・中野忠訳、岩波書店、一九八〇年

6 Marcel Mauss. "Essai sur le don: forme et raison de l'échange dans les sociétés archaïques." *Sociologie et Anthropologie*. PUF. 1950 (1923-24). p.267.(「贈与論――アルカイックな社会における交換の形態と理由」『贈与論 他二篇』森山工訳、岩波文庫、二〇一四年、四一八～九頁)

7 Bronislaw Malinowski. *Argonauts of the Western Pacific: An Account of Native Enterprise and Adventure in the Archipelagoes of Melanesian New Guinea*. Routledge & Kegan Paul. 1978.(『西太平洋の遠洋航海者』増田義郎訳、講談社学術文庫、二〇一〇年)

8 Mauss. op. cit., pp.268-9.(前掲訳書四二二～三頁)

9 Alain Caillé. *Anthropologie du don: Le tiers paradigme*. La Découverte. 2007. pp.33-41.

10 矢野智司『贈与と交換の教育学――漱石、賢治と純粋贈与のレッスン』東京大学出版会、二〇〇八年

11 ジャック・デリダ『他者の言語――デリダの日本講演』高橋允昭編訳、法政大学出版局、一九八九年

12 同訳書七五頁

13 同訳書七六～七頁

14 同訳書八四頁

15 同訳書七九～八〇頁

16 同訳書八〇頁

17 伊藤幹治『贈答の日本文化』筑摩書房、二〇一一年、一三頁。日本の風俗社会における贈与交換の文化的特徴については、同『贈与交換の人類学』(筑摩書房、一九九五年)、伊藤幹治・栗田靖之編著『日本人の贈答』(ミネルヴァ書房、一九八四年)も参照。

18 伊藤、前掲書『贈答の日本文化』二九～三五頁

19 桜井英治『贈与の歴史学』中公新書、二〇一一年

20 同書ii頁

21 同書九二頁

22 同書一六八～九頁

23 David Graeber. *Debt: The First 5000 Years*. Melville House. 2011.(『負債論――貨幣と暴力の5000年』酒井隆史監訳・高祖岩三郎・佐々木夏子訳、以文社、二〇一六年)

24 ibid., p.37.(同訳書五七～八頁)

25 桜井、前掲書iv頁
26 Graeber. op. cit., p.224.(前掲訳書三三七頁)
27 ibid., p.239.(同訳書三五七頁)
28 ibid., p.245.(同訳書三六六頁)
29 ibid., p.249.(同訳書三七三頁)
30 ibid., p.297.(同訳書四四二頁)

3

無償の愛と社会喪失

「社会的なもの」の本質は贈与だ、と前章で論じた［1］。そこでの議論を踏まえ、本章では、純粋な贈与が社会的なものの喪失をもたらすということについて、そして、社会的なものの喪失により、いわば剝き出しの存在となった個人が、現代において、いかなる生の条件のもとに生きざるを得ないかについて、考えてみたい。

まずとりあげるのは「トリスタンとイゾルデ」の物語である［2］。ケルト伝説を起源にもつとされる西欧中世の愛の物語。そこに描かれるのは、死へと至る男女の情熱的な、そして無償ともいえる愛の姿である。死へと至る無償の愛。それを、いっさいの見返りを求めない純粋な贈与の行為とみることは可能だろう。

無償の愛は、しかし、その代償として社会的なものの喪失をもたらす危険を孕んでいる。ゲオルク・ジンメルのいうように「社会」が三人関係から始まるとすれば、二人関係への埋没としての無償の愛は、人を「社会」から遠ざける可能性をもつからである。同様な見地から、この愛の物語のなかに「社会喪失」のテーマを読み取ったのは、現代フランスの社会学者ロベール・カステルであった[3]。カステルによれば、トリスタンとイゾルデは現代の社会喪失者——たとえば長期失業者やワーキングプアなど——の原型ということになる。

路上生活者やネットカフェ難民のように、現代の社会喪失者は「剝き出しの個人」として生きることを強制される。社会的なものによる支えを欠いたかれらは、いかにしてその日々を生きているのだろうか。現代のトリスタンとイゾルデの生の条件とはいかなるものなのだろうか。カステルの議論を導きの糸としつつ、そうしたことについて考えてみよう。

1 ― トリスタンとイゾルデ

「トリスタンとイゾルデ」の物語を西欧精神史のなかに位置づけ詳細に論じたのは、周知のようにスイスの思想家ドニ・ド・ルージュモンである。ルージュモンは『愛について——エロスとアガペ』(原題「愛と西欧」)のなかで、西欧中世のある時期、「情熱的な愛」に対する西欧人の態度が変化したことを論証している[4]。

もともと西欧社会において、「情熱的な愛」は一種の「病」のようなものとみなされていたといわれる。それがこの時期なぜ、いかにして、人びとに好意的に受け入れられるようになったのか。

ルージュモンがそこに見たのは「異教的なもの」の侵入であった。中世になり、いつの頃からか、「情熱的な愛」という「異教的なもの」が東方から西欧社会に入り込む。たとえばその一つはイランのマニ教に端を発し、イスラームにおけるスーフィーの神秘主義へ、キリスト教における異端カタリ派へ、さらにはトルバドゥール（宮廷恋愛詩人）へと伝えられる。トルバドゥールたちが歌う「情熱的な愛」の物語は宮廷で、やがては民衆のあいだに受け入れられていく。こうして「病」は「理想」へと変わる。時期はおそらく一二世紀から一三世紀にかけてであった。

かくして理想へともち上げられるようになった「情熱的な愛」の一例として、ルージュモンがとり上げたのが、この「トリスタンとイゾルデ」の物語である。物語の舞台となるのはブリテン島の南西コーンウォール、アイルランド島、フランスのブルターニュであり、そこで繰り広げられるのはおおむね次のような話である。

生前に父を失い、生後すぐ母をも失うことになった孤児トリスタンは、小国コーンウォールを治める叔父マルク王に引き取られる。その地でトリスタンは立派な若者へと成長する。

その頃コーンウォールは、アイルランドからの理不尽な――金銀や処女を供出せよとの――要求に苦しんでいた。要求を強めるべくアイルランドは、巨人モルオルトをコーンウォールに派遣する。巨人に立ち向かったのは一人トリスタンのみだった。決闘の末トリスタンはモルオルトを倒す。が、みずからも敵の毒刃に傷つく。

死を覚悟したトリスタンは「櫂も帆もない」小舟で海に出る。一週間の漂流後、漂着したのはなぜか敵国アイルランドだった。そこにいたのは伯父モルオルトの死を嘆き悲しむ黄金の髪

のイゾルデ。母ゆずりの秘薬の術を心得るイゾルデは、それが伯父殺しの張本人だとも知らず、この手負いの若者の手当をする。癒えたトリスタンは何も知ることなくコーンウォールに帰還する。

数年後、マルク王のもとに一本の黄金の髪をくわえたツバメが飛来する。独り身の王はこの黄金の髪のもち主こそ来たるべき妃であると考え、妃探しの旅にトリスタンを送り出す。そしてトリスタンが着いたのはなぜかまたもアイルランドだった。その地で、人びとを苦しめていた怪物をトリスタンは退治する。が、その際またも傷を負う。手当をすることになったのはまたもイゾルデであった。手当のさなかイゾルデはこの若者こそが伯父の殺害者と知るが、結局トリスタンを赦す。一方トリスタンは、この黄金の髪の娘こそがマルク王の探し求める妃と確信し、おのれの使命をイゾルデに明かす。隣国の王との婚姻をイゾルデは受け入れ、かくしてトリスタンはイゾルデを伴いコーンウォールへの帰途につく。

だがコーンウォールへの船旅の途上、二人は偶然一緒に「葡萄酒」を口にしてしまう。この「葡萄酒」こそ、隣国の王に嫁ぐ娘の結婚生活を気遣ったイゾルデの母親が用意し、侍女に託しておいた愛の秘薬（媚薬）だった。異変に気づいた侍女があわてて二人に目をやる。「二人は錯乱したように、酔い痴《し》れたもののように、黙ったままお互いの顔を見つめている」［5］。侍女は秘薬の壺を海に投げ捨て、叫ぶ。「イズー〔イゾルデ〕さま、トリスタンさま、あなたがたのお飲みになりましたのは、それは死なのでございますよ！」［6］。

二人の物語はここから始まる。イゾルデはマルク王に嫁ぐ。が、トリスタンとの不義は知られることとなりトリスタンは宮廷から追放される。けれどもその後、トリスタンはイゾルデを計略によってとり戻し、二人は森に隠棲する。二人きりの生活は三年に及んだ。が、そこで秘薬の効能が切れる。

われに返ったトリスタンは、マルク王にイゾルデを返すと申し出る。王は二人を赦す。が、トリスタンは再び追放される。しかし、その後も二人はつかの間の逢瀬を重ねる。そして、その後、何度かの不幸な行き違いと冒険のあと、二人の物語は結末に至る。そこに待っていたのは、侍女の予言どおり二人の死であった。


この物語にはたしかに西欧社会に広がった、純粋で情熱的な無償の愛に対する当時の人びとの嗜好が深く刻み込まれている。だが、ここで興味深いのは、よく知られたこの「愛の物語」において、主人公の二人が実は「相思の仲ではない」、つまりは愛し合っていないのだ、というルージュモンの指摘である。トリスタンとイゾルデの二人は互いに惹かれ合い、性的に結ばれる。悲運により引き裂かれたあとも、二人は互いを隔てる障壁を乗り越えようと苦闘し続ける。そこに観察されるのは、まぎれもなく愛である。けれども二人は愛し合っていない、とルージュモンはいう。どういうことか。

それは、物語のなかの二人が「愛するという事実そのもの」しか愛していないからだ、とルージュモンはいう。「秘薬」の呪力によって愛し合うことになったトリスタンとイゾルデだが、二人がひたすら執着するのは、愛し合っているという「関係」だけである。俗にいう「愛を愛する」二人というわけだ。では、その「関係」はいかにして確認されるのか。「関係」を阻害する要因をそのつど乗り越えることによって、である。ルージュモンはいう。「彼らは、愛をはばむものこそは、二人の心の中にしっかと愛を植えつけてくれる事情を、こころえているといわぬばかりの振舞いをする。」[7]。

こうしてこの物語には、始まりから終わりまで「愛をはばむもの」がつきまとうことになる。たとえばイゾルデにとり、もともとトリスタンはおのれの伯父を殺した憎むべき敵であったし、一方のトリスタンにとっても、イゾルデはおのれの主君たるマルク王の妃となるべき存在であった。「愛をはばむもの」は「秘薬」によっていったん乗り越えられるが、その後も、物語を通していくつもの障壁が二人の前に立ちはだかる。そして物語の終末において、絶対的な障壁が二人を分かつことになる。いうまでもなく「死」である。

遍歴ののち、海を隔てたブルターニュに移り住んだトリスタンは、イゾルデがもはや自分を愛していないと思い込む。そして「白い手のイゾルデ」という、たまたま名を同じくする別の女性と結婚する。その後、ブルターニュの地でトリスタンはまたしても瀕死の重傷を負う。トリスタンを救えるのはいうまでもなく「秘薬の術」を心得る「黄金の髪のイゾルデ」のみ。トリスタン危篤の知らせを受けたイゾルデは急いでコーンウォールからブルターニュへと船出する。イゾルデの到着を瀕死のトリスタンは待つ。船がいましもブルターニュに到着せんとするとき、陸から見えるのはイゾルデ到着を告げる合図の白い帆である。だが瀕死のトリスタンには見えない。そして、嫉妬にかられた妻「白い手のイゾルデ」が、黒い帆が見えます、と夫に告げる。絶望のなかでトリスタンは絶命する。到着したイゾルデはトリスタンの亡骸を抱きしめ、みずからも絶命する。

この結末をめぐり、二人は「悲願成就として、勝利として死を求めている。」のだ、とルージュモンはいう［8］。なぜ二人にとり死は勝利なのか。それは、二人の死によって、二人が求め続けたもの、すなわち「純粋な関係」が完成するからである。先に見たように、二人が求め続けたのは、愛し合っているという「関係」のみであった。このような態度にとり、他者とのやり取りはむしろ余計なものとなる。「純粋な関係」以外の何ものも求めない「無償の愛」。それは、死という「純粋な贈与」によって完成する。

こうした「無償の愛」なる観念に、中世のある時期、西欧人は強く惹かれるようになったのではないか、というのがルージュモンの考えである。ルージュモンによれば、その頃、「西欧人の魂」と「情熱」と「死への嗜好」の三者が結びつき、その連関は近代へともち越されることになった。その結果、近代人は「無償の愛」に強くこだわるようになったというわけである。

ところで、トリスタンとイゾルデは結婚しなかった。無償の愛にとり、結婚という制度は余計なものだからである。無償の愛は見返りを求めない。それに対し、トリスタンとイゾルデが生きた前近代社会において、一般的に結婚は当事者に何らかの利益（生活の糧や財産、子孫など）をもたらすべきものと考えられていた。無償の愛が可能となるのは、したがって、結婚制度の外側、つまり不倫関係においてのみであった。近代社会になり、愛と結婚は恋愛結婚というかたちで結びつく。だがそこにおいても、無償の愛は不倫というかたちをとりがちである。たとえば、近代のいわゆる「姦通小説」。その多くが──「ボヴァリー夫人」から「武蔵野夫人」まで──「情熱」や「死」といった「無償の愛」を描いている（ように見える）。ルージュモンによれば、トリスタンとイゾルデの物語は、西欧におけるそうした「姦淫の神話」の原点にほかならない。それは結婚の規則がゆらぎ、姦通が社会問題となった近代社会においても「すかし模様」のようにあらわれる「もっとも複雑な苦悩の原型」なのである［9］。

ところが、社会学者ロベール・カステルは、こうしたルージュモンのとらえ方に異を唱える。カステルはいう。この物語を、無償の愛を描いた姦通の物語とだけみるのは「こじつけめいた解釈」にすぎない。「トリスタンとイゾルデ」は姦通の物語ではない。それは何よりも「社会喪失の物語」なのだ、と。

物語においてたしかにトリスタンとイゾルデは結婚と姦通の規則を侵犯し、恍惚と苦悩のはざまをさまよう。そこで演じられるのは、なるほど姦通の物語だ。だがカステルによれば、そうした二人の振る舞いの背後にあるのは「社会的なもの」の解体である。つまり、姦通という二人の具体的な行動は「根源的な社会喪失の態度の特殊な表れ」なのである。根源的なのは「社会的なもの」が失われたことなのだ。二人は何よりも「社会喪失者」であり、したがって「トリスタンとイズーの死は、社会的な死でもある。」[10]。

ではカステルのいう「社会喪失」とはどういうことを指すのか。カステルによれば、それは「社会からの撤退」であり、「社会生活を再生産・再定義するための手段である規制から身を引き離すこと」である[11]。実際、物語のなかでトリスタンとイゾルデは、結婚と姦通をめぐる規則をたえず混乱させ、社会の再生産と再定義のゲームから繰り返し逸脱する。あるいはゲームの規則を無効なものとし続ける。二人は「再生産のための結合の規制」にも、「両性間の習慣的な社会関係」にも組み込まれることがない。

この世に生を受けたとき、両親をすでに失っていたトリスタン。かれは最初から家族という結合関係への参入を拒まれていた。その後もトリスタンは、庇護者のもとから誘拐され、あるいは追放され、あるいはみずから出奔し、家族の外に身を置き続ける。物語の結末近く、ブルターニュの地で「白い手のイゾルデ」を妻にむかえ、家族に参入したかに見えたトリスタンだが、「黄金の髪のイゾルデ」への想いから逃れられないかれは、妻と関係をもとうとしなかった。トリスタンは最後まで家族に参入することはなかったのである。

一方、イゾルデは故郷アイルランドの家族のもとに生まれ育った。だが、ここにトリスタンがやってきて以来、彼女は家族の外へ放り出されることになる。結婚により、妻や母として家族に包摂される可能性は十分にあったにもかかわらず、トリスタンの子もマルク王の子もいずれも宿さなかったイゾルデは、再生産のゲームの規則を表向きは遵守するふりをしつつ規則を破り続け、家族の外に身を置いたまま死をむかえる。

このように、二人は社会喪失者だったのである。二人の無償の愛が意味していたのは、社会に埋め込まれていることの否認であり、「社会的な現実原則からの離脱」であり、ひとことでいえば「世界からの撤退」であった［12］。カステルはいう。「自分たちのお互いの愛を除いて、何ら後世に残すものはなく、子供もいない。彼らはただ、帰属なき二つの存在が鏡像関係のなかでもつ関係にしか依拠しない結合の悲劇を、死ぬまで生きるのが自分たちの使命であると理解しているかのように、すべては過ぎていく。」［13］。

カステルはこうした二人の生き方のなかに、現代社会における個人の状況を見出している。社会学者カステルがこの中世の物語に着目するのは、それが現代の物語でもあるからだ。われわれもまた社会喪失者ではないか。純粋な関係や無償の愛にこだわるあまり、社会から撤退していく二人のあり方は、現代社会に生きるわれわれのあり方そのものではないか。

2―個人であることの強制

無償の愛にとらわれたトリスタンとイゾルデは、社会の外にとどまり続けた。そのことはまた、かれらが個人として生きたということでもある。愛し合う二人は、誰もが自由を謳歌できるようになった近代的な「個人」の先駆者でもあった［14］。

だが、社会の外で個人として生きるということは、いわば「剝き出しの」個人として生きるということでもある［15］。カステルはいう。「たんに個人であることは、恐ろしい経験」である。それは、たとえば「前工業社会の浮浪者」のように、生活の支えを何ももたず「悲劇的な運命」を待つだけの存在として生きるというようなことである［16］。

このように、個人として生きることには、自由を謳歌して生きるという面と、生活の支えを失って生きるという面がある。こうした二面性を踏まえ、カステルは、現代社会における個人を二つのタイプに分類している。一つは「超過する個人」l'individu par excès、もう一つは「欠乏する個人」l'individu par défaut である。この二つのタイプは互いに対照的な関係をなすが、いずれも「社会喪失者」であるという点で共通している。

両者のタイプについてみる前にまず、人がいかにして「個人」となったかについて考えてみよう。社会学では、人びとが「個人」となるプロセスを、文字どおり「個人化」individualisation と呼ぶ。エミール・デュルケームやゲオルグ・ジンメル以来、個人化は、社会学における重要なテーマの一つであった。社会の分化や分業が進むにつれ、個人は伝統的人間関係の拘束から次第に解放されるとともに、みずからの行為の選択可能性を増大させていく。たとえば居住や結婚、職業をめぐる選択の自由などである。近代化とはそういうことを意味した。

デュルケームやゲオルグ・ジンメルが個人化を論じる際に参照したのはかれらが生きた一九世紀末から二〇世紀初頭にかけての西欧社会だったわけだが、そこに生まれた個人化の流れは、第二次世界大戦後になり一段と強度を増していく。一九五〇年代から七〇年代初頭にかけての、いわゆる「資本主義の黄金時代」である。

この時代に進行した現代的な意味での個人化について先駆的な考察をおこなったのが、ドイツの社会学者ウルリッヒ・ベックである［17］。チェルノブイリ原発事故の年に上梓され多大な反響を呼んだ、リスクをテーマとする著作 ***Risikogesellschaft***（一九八六）において、ベックは、個人化を「伝統的人間関係や生活様式からの個人の離脱」ととらえた。もちろんこのような把握自体に目新しさはない。デュルケームやジンメルもおおむねそうしたことを考えていたからである。ただ、ベックの議論において注目に値するのは、そのような個人化を支える「土台」にかれが目を向けていることである。

ベックのいう「土台」とは何か。それは、戦後の先進産業諸国における生活水準の向上と社会保障制度の整備である。言い換えると、ケインズ主義による完全雇用政策、ベヴァリジ主義による福祉国家体制、さらには、それらを支えるフォーディズムの大量生産・大量消費システム。この三つが現代的な個人化の土台となったのである。たとえば、フォード・モーターの工場でそれなりにきつい仕事をこなせば、それなりの賃金が得られる。その収入でフォードの車が買える。労災や年金もある。このように、この三つが一つのシステムとしてうまく機能したことにより、「伝統的人間関係や生活様式からの個人の離脱」は可能となった。つまり、ベックによれば、個人化を可能にしたのは市場と国家だったのである。

安定した「労働市場」がこの時代に形成されたことが重要だった、とベックはさらにいう。ベックによれば、この時代になり、先進産業諸国の労働市場は教育・移動・競争という三つの要素のバランスのうえに成り立つようになった。どういうことか。

教育は、戦後の産業社会において、労働市場参入への不可欠な条件となった。教育が、さらには教育を介した選抜が、その人の労働市場における位置を決定するようになったのである。教育はまた、人びとをそうした競争原理のもとに置くとともに、啓蒙を通し、人びとを伝統的思考様式や生活様式から解放していった。

一方、教育の場や労働市場において競争にさらされるようになった人びとは、みずからの「個性」や「比類のなさ」をライバルに対してつねにアピールしなければならなくなった。そして人びとの多くはそれらの競争の過程で、あるいは競争の結果、地理的移動や階層間移動を余儀なくされるようになった。まさにそうした移動の経験において、「伝統的人間関係や生活様式からの個人の離脱」が可能となった。「個人」として生きることを、このようにして人びとは「強制」されていったのである。

だが、ここまでの過程で――すなわち一九五〇年代から七〇年代初頭までの「資本主義の黄金時代」にあらわれた「個人」は、まだカステルのいう「社会喪失者」ではなかった。かれらは伝統的共同体という故郷を失った。しかし、それに代わって福祉国家という、新しい共同体のなかに位置づけられたからである。そこにはまだ、企業福祉や社会保障という姿の「社会」があり、個人はそのなかにそれぞれの場所をもつことができた。カステルのいう社会喪失者としての個人が登場するのは、そこから先の話である。同様に、ベックの論じる「リスク社会」もまた、そこから先の話であることはいうまでもないだろう［18］。

カステルは、一九七〇年代のある時期以降、つまり「資本主義の黄金時代」が終わりをむかえ、労働市場と福祉国家が機能不全を起こすようになって以降、新たな個人化が進行したと考える。その現象をカステルは「再個人化」、あるいは「脱集団化」と呼んでいる［19］。

それは、個人化を可能にする土台が完成した時点、あるいはその土台が崩れ始めた時点から進行していった、個人化に続く新たな現象である。この新しい動きのなかで、二つのタイプの個人があらわれたとカステルは考える。すなわち「超過する個人」と「欠乏する個人」である。先に見たように、この二つは互いに対照的であるが、いずれも社会喪失者という点では性格を同じくする。どういうことか。

まず「超過する個人」から見ていこう。「超過する個人」とは、労働市場と福祉国家の恩恵を受けつつも、それを意識することなく、自由を享受して生きている人びとである。かれらは伝統的人間関係から解放されているだけでなく、それに代わる新しい集団や社会への帰属意識をもたない。何らかの集団に帰属する場合、必ず求められるのは、そこに帰属する個人の「責任」の感覚である。だが、集団への帰属から身を引いたかれらは「責任」の感覚をもたない。かれらが追求するのはただ一つ、「自分という固有の存在を大切に育てる」ことだけである［20］。

こうした「自己中心的人間」については、世界で最初の「豊かな社会」となったアメリカ合衆国の社会学者たちが――たとえばデヴィッド・リースマン『孤独な群衆』（一九五〇）からリチャード・セネット『公共性の喪失』（一九七七）、クリストファー・ラッシュ『ナルシシズムの時代』（一九七九）まで――繰り返し論じてきた。そうした人間の特徴はかつて、たとえば「ミーイズム」というような言葉で表現された。そして、そのような人間類型は一九七〇年代のある時期以降、他の先進産業諸国においても観察されるようになった。日本でいえば、七〇年代から八〇年代に論じられた一連のいわゆる若者論――たとえば小此木啓吾『モラトリアム人間の時代』（一九七八）や栗原彬『やさしさのゆくえ――現代青年論』（一九八一）、中野収『ナルシスの現在――自愛と自虐の倫理』（一九八四）など――にみられる人間類型がそれに当たるかもしれない。それはかつてたとえば「新人類」というような言葉で表現された。

繰り返せば、かれら「超過する個人」は自分にしか、あるいは自分の愛するものにしか関心がない。かれらは「自分の主観性のなかに完全に浸りきるあまりに、他への関心からまったく切り離され」ている［21］。かれらが没頭するのはたとえば趣味であり自分探しであるが、そこにあるのは自分自身との関係だけである。「超過する個人」とは、こうした「主観性の過剰」［22］において生きる人びとであり、いわばナルシシズムという合わせ鏡のなかに生きる社会喪失者、あるいは現代のトリスタンとイゾルデである。

中世のトリスタンとイゾルデは、「愛を愛する」過程においてナルシシズムを、あるいは「主観性の過剰」

を生きた。そのことにより、二人が「社会に埋め込まれていることの否認」と「社会的な現実原則からの離脱」を、ひとことでいえば「世界からの撤退」を余儀なくされていったのは先に見たとおりである。現代のトリスタンとイゾルデたちもまた同様に「世界からの撤退」のなかで生きている。だがここで注意したい。中世のトリスタンとイゾルデと、現代のかれらとのあいだには生き方における一つの違いがあるのではないか。それは、生活の糧をどうやって得るか、である。

トリスタンとイゾルデがどうやって生活の糧を得ていたか、物語に詳細な記述はない。だが少なくとも中世期の話であり、賃金労働によるものでなかったことは明らかである。カステルによれば、身分制階梯の上層に生きていたトリスタンとイゾルデは、いわば「上からの社会喪失者」であった［23］。そんなかれらにとり、みずからの労働を頼りに日々を送る必要は——森での隠遁生活を除けば——なかったであろう。

これに対し、現代のトリスタンとイゾルデたちは、賃金労働によって生活の糧を得る。つまり忘れてならないのは、「超過する個人」としての生き方もまた、市場と国家という土台によって可能となるという事実である。「個人化」を可能にしたのが市場と国家であったなら、「再個人化」を可能にしたのも市場と国家であった。逆にいうと、労働市場と福祉国家が機能不全に陥った一九七〇年代以降、「超過する個人」として悠々と生きることができたのは、比較的恵まれた人びとであったといってよい。その意味で、かれら恵まれた人びともまた「上からの社会喪失者」である、とカステルはいう［24］。

ところで、ほんとうに考えなくてはいけない問題、それは「下からの社会喪失者」である。「資本主義の黄金時代」が終わり、市場と国家はうまく機能しないようになった。完全雇用政策は過去のものとなり、社会保障は財政的に行き詰まるようになった。こうした市場と国家の機能不全を背景に、一九八〇年代以降、新自由主義が台頭し始める。そうしたなかで「下からの社会喪失者」が生まれた。カステルはそうした人びとを「欠乏する個人」と呼ぶ。

3―社会喪失者たち

カステルによれば、「超過する個人」がみずからの自由を積極的に享受する者であるのに対し、「欠乏する個人」は、そうした自由をネガティヴなかたちで経験せざるを得ない者である。その違いは、他者へのかかわり方にもあらわれる。前者が他者への関心を欠いた存在であるのに対し、後者は他者とのかかわりを奪われた存在である。つまり、「欠乏する個人」とは、「個人の自由を積極的に引き受けるのに必要な資源に欠けている者」［25］である。

たとえば、長期にわたる失業者、ワーキングプア、路上生活者など。かれらは伝統的人間関係や生活様式から距離を置いている点において「超過する個人」と変わるところはない。だが、「超過する個人」が「主観性の過剰」によって個人であるのと対照的に、かれら「欠乏する個人」は「帰属の欠如」によって個人となる［26］。あるいは個人であることを強制される。

ここでいう「帰属」とは、伝統的人間関係への帰属だけを指すのではない。それは総じて「社会的なもの」、具体的にいえば、あとで見るように、労働者の団結や相互扶助、さらには社会保険や公的扶助といった諸制度へのアクセス可能性を意味している。それらの「社会的なもの」を奪われた「欠乏する個人」は、それぞれが互いに無関係な、ばらばらの人生を送ることになる。

カステルは長期失業者を例にあげる。「失業経験は失業者をネガティヴな意味で個人化します。失業する前、彼はポジティヴな意味で個人であることができました。というのは社会的権利や社会保障の制度を利用することができたからです。ところが失業し、それらの権利や制度の外に置かれたとたん、彼は、個人として生きる、というゲームに興ずることがほとんどできなくなるのです」[27]。

こうした「欠乏する個人」は昔からいたともいえる。かつて一九世紀にカール・マルクスが述べた「二重の意味で自由な労働者」。つまり、封建時代の人格的隷属関係から解放され、同時に生産手段の所有からも見放された（言い換えると、生産手段をもたず、みずからの労働力を売ることしかできない）プロレタリアート。かれらは、伝統的人間関係から解放され資源をもたない点で、カステルのいう「欠乏する個人」であったかもしれない。だが、当時のかれらは少なくとも団結することができた。言い換えると「階級」を構成することができた。つまり、そこには「社会的なもの」があり得たのである。

これに対し、ときにアンダークラスとも呼ばれる、現代の「欠乏する個人」は、団結して一つのクラスとなることができない。まさに「プレカリテ」（不確実性、不安定性）のなかで、ばらばらの個人として生きるほかないのである。かれらも一九世紀のプロレタリアートのように「二重の意味で自由」ではある。だがその自由を使用することができない。そのために必要な「社会的なもの」という資源を欠いているからだ。かれらは不確実で不安定な雇用条件において、みずからの労働を切り売りする孤立した「プレカリアート」として生きることしかできない[28]。

なぜそうした事態が生じたのか。カステルの把握は明解である。一九世紀の自由主義から二〇世紀前半の連帯主義へ、さらには二〇世紀後半の新自由主義へ、という流れのなかで「欠乏する個人」は生まれることになったのである。

一九世紀のプロレタリアートの時代を動かしていたのは自由主義であった。個人は生まれながらにして自由である。ゆえに、個人は互いに自由な競争のなかに置かれる。その結果、所有する者と所有しない者とが二分され、そこでは所有関係がそのまま支配関係となる。さらには、かつてジョン・ロックが説いたように、独立した個人であるためには――あるいは「個人として生きるというゲーム」に参加するためには――何よりも所有者でなければならない。財を所有する者だけが自己を所有することができる、あるいは個人として生きることができるのである。

このような自由主義、あるいは所有的個人主義（C・B・マクファーソン）の時代は、一九世紀の末から二〇世紀のはじめにかけ終焉をむかえる。個人であるために「私的所有」が不可欠だった時代に代わり、「社会的所有」を土台とする時代が始まる（ここでカステルのいう社会的所有は、いわゆる共産制における社会的所有ではなく社会保障制度を指す）。年金・医療・労災などの社会保険や生活保護などの公的扶助。そうした社会保障 social security の支えにより、財を所有する者もしない者も、生活上のさまざまなリスクに対するセキュリティの手段を手にすることができるようになった。これにより、多くの人が「個人として生きるというゲーム」に参加できるようになった。

しかし、先に見たように、「資本主義の黄金時代」の終焉とともに、社会的所有の時代、あるいは社会的連帯の時代は陰りを見せ始める。それに代わって新自由主義が幅をきかせるようになり、社会保障制度の持続可能性に対する疑義が語られるようになる。疑義の根拠はいうまでもなく財源の問題である。社会保障の財源となる税と保険料は安定した賃金労働によって可能となるが、グローバル化によって加速された非正規雇用の増加とともに、安定した財源の確保は困難となった。非正規雇用の増加と社会保障財源の悪化。この悪循環のなかで「欠乏する個人」は生まれたのである。

クラスからアンダークラスへ。プロレタリアートからプレカリアートへ。こうして「社会的なもの」は解体され、多くの社会喪失者が生まれることになった。では、現代の社会喪失者はどのような生の条件のもとで暮らしているのか。

東京の山谷でホームレスの支援ボランティアと調査研究に長年携わってきた社会学者の麦倉哲は、路上生活者について貴重なケーススタディをおこなっている。たとえば次のようなケースである［29］。

◉Kさん・五九歳男性

隅田川沿いのブルーシート小屋で暮らすKさんは、北海道M市出身の五九歳（一九九五年の調査時）の男性。地元の中学を卒業し、父と同じ屋根葺き職人になった。職人として一人前になったKさんは、二五歳のとき単身上京する。東京オリンピックを数年後にひかえた頃である。上京後、Kさんが職人としての腕前を発揮することはなかった。就いたのは墨田区にある建設会社での日雇い仕事。内容はもっぱら建設や道路工事あるいはトビなどだった。その頃、同棲もしている。トビの仕事は一〇年以上続けた。その後、山谷暮らしとなる。

山谷に来たあともトビの仕事は羽振りがよく、バブル期には一泊二四〇〇円の高級ドヤに宿泊した。そうした暮らしが四年半続く。だがあるとき体調を崩し、仕事がなくなる。二〇日分のドヤ代未払いとなり、ドヤを出て路上生活に。現在、肝臓が悪く腰も痛いので、仕事はほとんどない。月に二度ほど回ってくる東京都の軽作業の仕事でしのぎ、あとはボランティアの炊き出しと地域の福祉センターの給食サービスを者手帳）ももっている。
利用している。生活保護を受けており、医療扶助を利用する。また、いわゆる「白手帳」（日雇労働被保険

Kさんがなぜ二五歳で北海道から東京に出てきたか、このケーススタディの記録からはわからない。だが、とにかくKさんは移動した。北海道の炭鉱町であったM市にはおそらく産業都市に形成される一定のコミュニティがあっただろう。そこで職人として生きるという「ノーマルな生活史」（ベック）を捨て、Kさんは上京した。そしてこの移動によりKさんは「個人化」された。

「個人」となった若きKさんは、当初、大都会で自由を謳歌したかもしれない。そのKさんがはたらき盛りとなった三〇代後半から四〇代にかけての頃、すなわち一九七〇年代に「資本主義の黄金時代」が終わる。その頃からKさんの就労条件は次第に不安定さを増していったはずである。Kさんは「再個人化」し、「欠乏する個人」となった。上京によってコミュニティを去り、すでに「社会的なもの」の大切な一部を失っていたKさんだが、年齢を重ねるにつれて、さらに多くの「社会的なもの」が失われていったであろう。なるほど、路上生活者にとって「社会的なもの」の最後の砦である生活保護や白手帳に守られてはいる。また、Kさんが楽しみにしているのは仲間と一杯やることだ。だが、「これまでつらかったことは？」と聞かれてKさんは答える——野宿生活者同士のイザコザで、「オレの毛布をもっていったろう」と犯人のように決めつけられたことだと。ここには「社会的なもの」の大半を奪われた「剝き出しの個人」がいる。

貧困問題を専門とする社会福祉学者の岩田正美もまた長年にわたり、ホームレスの支援と調査研究に携わってきた。岩田が強調するのは、路上生活者に見られる「社会からの引きはがし」と「社会との中途半端な接合」という特徴である。路上生活者の多くは、仕事の喪失や家族との別れ、ケガや病気、アルコールやサラ金がらみの失敗などにより社会から引き剝されていく。引き剝されてしまうのは、家族や地域、

職場などとの接合が中途半端だからである。

そうした路上生活者――大半を中高年男性が占める――のあり方を「拡大鏡で映し出したような感じ」と岩田が表現するのが、昨今のいわゆる「ネットカフェ・ホームレス」である。ネットカフェ・ホームレスとはいうまでもなく、ネットカフェやマンガ喫茶などをオールナイトで利用する住居喪失者のことであるが、その多くは二〇代を中心とした若者である。そうした新しいホームレスの形態を論じるなかで、岩田は大阪の研究グループ（NPO釜ヶ崎支援機構、大阪市立大学大学院）による聞き取り調査を紹介している［30］。たとえば次の二つのようなケースである。

◉スナックアルバイト・二〇代前半女性

スナックでアルバイトをしているという二〇代前半の女性。親の不在時を狙ってたまに実家に帰るとき以外はネットカフェなどで寝泊まりをしている。この女性はもともと、酒癖が悪く暴力を振るう父親と折り合いが悪く、一八歳から口もきいていない。母親とも高校卒業時のいさかいが原因でうまくいっていない。高校時代に簿記と情報処理の資格はとったが就職先が見つからず、一〇代で水商売の道へ。そこで四年勤めたが、低賃金で未払いもある。なので、サラ金に一〇〇万円の借金をしており、一部を母親が立て替えたが、それが原因で母親との仲はますます険悪に。結局、給料未払いで退職したあと、友人宅に身を寄せていたが居づらくなり、ネットカフェやマンガ喫茶、カラオケ店を転々としている。

◉日雇い派遣・三〇代前半男性

日雇い派遣としてはたらいている三〇代前半の男性。高校卒業後、工場に勤務し実家に月五万円の生活費を入れていた。四年はたらいたが、実家からの通勤がきつく退職。一度、実家近くの会社に就職するが上司とうまくゆかず、そこもまた退職。それ以降、派遣で日雇いの仕事を続ける。あるとき、日雇いではなく「まともな仕事」に就けと説教する親に対し、探しているが簡単に見つかるものではないと反発。喧嘩になり着の身着のままで家を飛び出し、以来サウナやネットカフェで夜を明かしている。

見てのとおり、この二人の若者には「不安定就労」と「親との折り合いの悪さ」という共通点がある。岩田はそこに、中高年の路上生活者とも共通する「社会からの引きはがし」と「社会との中途半端な接合」を見るわけだが、重要なのは、中高年の路上生活者が数十年のあいだに経験した「引きはがし」を、この若い二人がほんの数年で経験していることである。岩田が「拡大鏡で映し出したような感じ」というのは、そういうことである。

二五歳のKさんが上京によって親元を離れ経済的に独立したように、二人の若者も親元を離れ経済的に独立した。五〇歳を過ぎたKさんが住居喪失者として路上暮らしとなったように、二人も住居喪失者としてネットカフェ暮らしとなった。Kさんと同じようにこの若い二人は「個人化」し、さらには「欠乏する個人」となった。しかも、ほんの数年のあいだに。

この時間の短さが、ある種の錯覚をもたらすかもしれない。つまり、ネットカフェやサウナ、マンガ喫茶で夜を明かさざるを得ない二人は、たしかに「欠乏する個人」ではあるのだが、同時に「超過する個人」でもあるのではないか、という錯覚である。たとえばネットカフェですごす時間、それはナルシシズムの合わせ鏡のなかで、主観性の過剰においてすごす、いわば自己愛的な時間のようにも思える。そう考えたとき、「欠乏する個人」は「超過する個人」でもあるかのように見えてくる。実際、マンガであれSNS（ソーシャルネットワーキングサービス）であれ、われわれが自由を享受できる、つまり「超過する個人」だと思わせてくれるような「秘薬」はそこらじゅうに溢れているからだ。

だがいうまでもなくこれは「秘薬」のもたらす錯覚である。ネットカフェやマンガ喫茶でしか夜を明かすことができない住居喪失者。その居場所をかれらは自由に選んだわけでない。繰り返すが、かれらには「個人の自由を積極的に引き受けるのに必要な資源」が欠けている。みずから選んだわけではないその場所で、「秘薬」の力を借り主観性の過剰を擬似的に体験するばかりである。

五九歳の路上生活者Kさん。二〇代前半のスナックアルバイト女性。三〇代前半の日雇い派遣男性。かれらはいずれもアンダークラスであり、プレカリアートである。かれらはプロレタリアートとしてクラスをなすことができない。路上やネットカフェ、マンガ喫茶、サウナ、カラオケ店、ファストフード店で、互いにばらばらの夜をすごすだけである。

さて、こうした状況を前にしたカステルの態度は明確だ。「社会的なもの」をとり戻すこと――それに尽きる、とカステルは断言する。それを可能にするのはもちろん無償の愛ではない。無償の愛は「社会的なもの」を解体するからである。

具体的に必要となるのは、持続可能な社会保障の再構築だろう。いずれにせよ、画期的で華々しい方策はない。「欠乏する個人」に行為能力を付与するための支え、あるいは「個人の自由を積極的に引き受けるのに必要な資源」。カステルによれば、それは社会的所有の再興によって可能となる。

ところで、「支えなくして個人なし」とカステルはいう。それは間違いないだろう。だが、そのことに加え、カステルはまた挑発的に「国家なくして個人なし」とも述べている［31］。はたしてカステルのいうように、社会的所有の再興は従来の「福祉国家」ないし「社会国家」の枠内でしか可能とならないのか。とりあえずそのことについては不明であるといわざるを得ない。

註

1 「贈与」という問題系について考察した際、問題意識としてあったのは、贈与という行為を介し「社会的なもの」がいかにして現代社会に再浮上するのか、ということだった。一章「見知らぬ者への贈与」、二章「不純な贈与」を参照されたい。また、贈与をめぐる問題意識は、社会保障制度の持続可能性に対する、われわれのかねてからの関心とも結びついている。社会保障はいわば「見知らぬ者への贈与」だと考えるからである。こちらの問題系については、七章「AAAの高齢者——動員し選別する保険」、九章「二階建ての医療——プロイセン・モデルとアメリカ・モデルのあいだに」、一〇章「ポーパリズムの統治」を参照されたい。

2 『トリスタン・イズー物語』ジョゼフ・ベディエ編、佐藤輝夫訳、岩波文庫、一九八五年

3 Robert Castel. *La montée des incertitudes: Travail, protections, statut de l'individu*. Seuil. 2009. pp.299-322.(『社会喪失の時代——プレカリテの社会学』北垣徹訳、明石書店、二〇一五年、二八〇～三〇二頁)

4 Denis de Rougemont. *L'amour et l'Occident*. Librairie Plon. 1972.(『愛について——エロスとアガペ』上下巻、鈴木健郎・川村克己訳、平凡社ライブラリー、一九九三年)

5 ベディエ、前掲書六二頁

6 同訳書

7 de Rougemont. op. cit., p.43.(前掲訳書上巻七三頁)

8 ibid., p.43.(同訳書上巻同頁)

9 ibid., p.18.(同訳書上巻三四頁)

10 Castel. op. cit., p.300.(前掲訳書二八二頁)

11 ibid., p.302.(同訳書二八三頁)。また、別のところでカステルはこういっている。「社会喪失とは、個人がもはや集団による規制を受けなくなるとともに、みずからの土台や支えを失い、あてもなくさまよっている状態をいいます」(Robert Castel and Claudine Haroche. *Propriété privée, propriété sociale, propriété de soi: Entretiens sur la construction de l'individu moderne*. Fayard. 2001. p.116.)。なお、社会喪失 désaffiliation の語は、辞義としては紐帯 affiliation を失うことである。したがって、カステルの主著『社会問題の変容』(前川真行訳、ナカニシヤ出版、二〇一二年。*Les métamorphoses de la question sociale*. Gallimard. 1995.)の訳者は、これに「社会的紐帯の喪失」という訳語を当てている。

12 Castel. 2009. op. cit., pp.303-7.(前掲訳書二八四～七頁)

13 ibid., p.312.(同訳書二九二～三頁)

14 もちろんここで注意しなければならないのは、日本語の「個人」「社会」「愛」が、いずれも明治期における翻訳語だという歴史的事実である。individual や society や love に正確に相当する社会的現実が当時の日本社会にあったのか(あるいは現在あるのか)。それはいまでも日本語で「社会学をおこなう」際の大きな問題であり続けている。これについては、柳父章『翻訳語成立事情』(岩波新書、一九八二年)および丹下隆一『意味と解読——文化としての社会学』(マルジュ社、一九八四年)を参照されたい。

15 トリスタンとイゾルデもまた、「剝き出しの」個人として生きざるを得なかった。マルク王のもとから逃げたトリスタンとイゾルデは森に隠棲する。二人は自由である。だが「人里はなれた森のなかで、彼らはあたかも勢《せ》子《こ》に追いつめられた獣のように」生きる。「食物といえば野獣の肉ばかりで、彼らには食塩の味が思いだされてならなかった。（中略）それでも彼らは愛しあっている。苦しみなど感じない。」（ベディエ編、前掲書一二二頁）

16 Castel. 2009. op. cit., p.443.（前掲訳書四一九頁）

17 Ulrich Beck. *Risikogesellschaft: Auf dem Weg in eine andere Moderne.* Suhrkamp. 1986.（『危険社会』東廉・伊藤美登里訳、法政大学出版局、一九九八年）

18 *Risikogesellschaft* でベックがいおうとしたのは、安定した労働市場のうえに構築された「労働中心社会」Arbeitsgesellschaft が一九八〇年代に入って危機に陥ったこと、そして、「安定した労働生活／安定した人生」を思い描くことができたかつての「ノーマルな生活史」が解体し、「リスク生活史」を多くの個人が生きなければならなくなったことである。チェルノブイリ以降、産業社会はリスク社会に移行したといわれることも多いが、ベックのいうリスクは科学技術だけにかかわるものではない。たとえば結婚もリスクという様相において生きられるようになったとベックは考える。そうした生の多様な局面におけるリスクの問題については以下を参照。Ulrich Beck and Elizabeth Beck-Gernsheim. eds. *Riskante Freiheiten: Individualisierung in modernen Gesellschaft.* Suhrkamp. 1994.

19 Castel and Haroche. op. cit., pp.108-9.

20 ibid., p.128.

21 Castel. 2009. op. cit., p.425.（前掲訳書四〇二頁）

22 Castel and Haroche. op. cit., p.133.

23 Castel. 2009. op. cit., p.433.（前掲訳書四〇八頁）

24 市場と国家が機能不全の徴候を見せるなかで、「超過する個人」として生きてこられたのは、恵まれた「上からの社会喪失者」だけではない。たとえば昨今「ひきこもり」だとか「コミュ障」と呼ばれる若者。かれらの多くは経済的弱者である。かれらを「超過する個人」とみなすのは無理があるかもしれないが、少なくともかれらが「世界からの撤退」において暮らすことができるのは、「家族」という土台がまだ残されているからである。ゆえに、かれらは親の高齢化とともに、「超過する個人」から「欠乏する個人」へと移行することになるかもしれない。

25 Castel. 2009. op. cit., p.436.（前掲訳書四一二頁）

26 Castel and Haroche. op. cit., p.133.

27 ibid., p.119.

28 プレカリアート precariat とは、「不安定な生活」précarité と「プロレタリアート」prolétariat をかけ合わせた近年の造語である。厳密な定義があるわけではないが、派遣やフリーターなどの非正規雇用労働者から失業者や路上生活者まで、不安定な経済状況を強いられ、しかも孤立して生きている人びとを指す。

29 麦倉哲「高齢ホームレスの実態と福祉ニーズ」『ヒューマンサイエンス』早稲田大学人間総合研究センター編、コロナ社、一九九六年。麦倉の活動と研究の集大成として、『ホームレス自立支援システムの研究』（ふるさとの会編、第一書林、二〇〇六年）も参照されたい。

30 岩田正美『社会的排除——参加の欠如・不確かな帰属』有斐閣、二〇〇八年

31 Castel. 2009. op. cit., p.445.（同訳書四二〇頁）

4

アルカイックな贈与——クラとポトラッチ再考

贈与について掘り下げて考えようとするとき、そのやり方の一つとして頭に浮かぶのは、贈与のアルカイックな姿の考察である。われわれは日常生活のなかで贈与を普通におこなっている。だが、そもそも贈与とは人類社会において普遍的なものなのか、普遍的であるとしたら、時代や地域を超えて共通するような贈与の本質とはどんなものなのか——こうしたことについて考えるためのヒントを、贈与のアルカイックなあり方のなかに求めようとするのである。

もちろん、こうしたやり方は陳腐な常套手段ではある。また、贈与の普遍性や本質なるものをアルカイックな事象のなかに求めようとするとき、そこに安易なロマンティシズムやイデオロギー的な作為が忍び込むこともあるだろう——市場や貨幣のなかった時代、みんなが連帯していた時代はよかった、その時代を再び目指そう、というような……。本章は、そうした懸念を一応わきまえたうえで、あらためてアルカイックな贈与について考えてみようとする、小さな試みである。

贈与のアルカイックな姿を考察するやり方には二つある。一つは歴史学的なやり方で、過去に遡り、その時代の人びとがどのような贈与をおこなっていたかが考究される［1］。もう一つは人類学的なやり方で、遠くまで足を延ばして、世界各地の未開社会における贈与のあり方が観察される。この二つのやり方は、〈いま、ここ〉でない時代や地域における贈与を探るという意味で、類似した視点をもつ。この二つの領域が「双面のヤヌス」のような関係にある、つまり歴史学と人類学は互いに同じ道を歩んでいると述べたのは、クロード・レヴィ＝ストロースであった［2］。

だが、こうした視点の共通性を別にするならば、贈与についてのデータや知見の蓄積という点で多くのことを教えてくれたのは人類学だったのではないか。また、歴史学における贈与の研究もその多くは人類学における贈与研究――とくにマルセル・モース――を下敷きにしてきたように見える。

本章ではそうしたことを踏まえ、人類学におけるアルカイックな贈与の研究、なかでも人類学や社会学で最もよく知られ、何度も言及されてきた二つの事例研究にあらためて目を向けてみたい。フランツ・ボアズによる北米西海岸の先住民社会おけるポトラッチの研究と、ブロニスワフ・マリノフスキーによるメラネシア地域におけるクラの研究である。ポトラッチもクラもこれまで多くの論者にとり上げられてきた大変よく知られた事例ではあるが、アルカイックな贈与について再考するために、また、一章から三章までの補遺と次の五章の準備という意味も含め、あえてとり上げてみることにしたい。

1 ― 贈与という戦い ―― ポトラッチ

まずはボアズとポトラッチについて。ユダヤ系ドイツ人のボアズは、母国ドイツで物理学と地理学を学んだのち、アメリカ合衆国に渡り、一九四二年にもとの勤務先であったコロンビア大学構内で急死するまで、新大陸における先住民、とくに北米先住民の参与観察を中心とする人類学研究に打ち込み続けた。とくに心血を注いだのは北西海岸先住民の研究だった。研究は一八八六年から一九四二年まで半世紀以上にわたって続けられ、フィールド滞在期間は総計でおよそ二九か月に及んだ。なかでもボアズが深くかかわりをもち続けたのは、カナダのブリティッシュ・コロンビア州ヴァンクーヴァー島を中心に分布するクワキウトル族であった。ボアズの終生一二回にわたる北西海岸調査のうち八回がクワキウトル族を対象としたものだった。

ボアズは一連の調査を通し、狩猟採集と漁撈で暮らす北米先住民の一部族であるクワキウトル族について、その身体的特徴から物質文化、言語、宗教までさまざまな側面に探求の目を向けた。半世紀以上にわたるボアズのクワキウトル研究がまとめられた論集「クワキウトル民族誌」[3]の章立てにしたがえば、ボアズが研究の対象としたのは、クワキウトルの地理的条件から、技術と経済組織、社会組織、ポトラッチ、戦争、宗教、冬の儀式、神話、芸術、ライフサイクル、身振り、薬、遊びまで、実に多岐にわたっている。ボアズのこうした研究は次世代の人類学の礎石となり、のちにボアズはアメリカ人類学の父とも称されるようになる。

ボアズの名をさらに人類学の枠をも超えて知らしめることになったのは、ポトラッチに関する調査研究であった。ポトラッチとは、北米先住民をはじめとする未開社会でおこなわれてきた、食物や貴重品などの物品を贈与する習慣である。ボアズ以前の人類学も明らかにしてきたように、世界各地の未開社会や伝統社会では、祝祭や儀式などのしかるべき機会において、他の親族や部族にさまざまな財を惜しみなく与えるという習慣が無数に観察されてきた。日本社会もまた伝統的な贈答社会であったし、いまもそうであることはいうまでもない。だが、ボアズが観察した北米先住民に見られるポトラッチは、季節の贈答というような生やさしいものではなかった。それはまさに財産と名誉を賭けた、贈与と贈与の常軌を逸した戦いともいえる振る舞いだったのである。

ボアズの記録したクワキウトル族の贈与慣行について見てみよう（以下はボアズの「クワキウトル民族誌」による）。当時（一九世紀末から二〇世紀初頭）、クワキウトル族が贈与の対象としたのは食糧からカヌー、銅製品までさまざまだった。なかでもそれら贈与品の「価値の単位」となっていたのは毛布である。毛布は寝具としてだけでなくかれらがふだん身にまとう衣服としても用いられた。だから日用品にすぎない（ボアズが調査した当時の値段で一枚五〇セントほどであったらしい）。だが、この毛布がさまざまな機会に贈与の品としてやり取りされていたのである。どれだけ多くの毛布を所有しているか、さらにはどれだけ多くの毛布を贈与できるかにより、クワキウトルにおける個人や部族の地位と名誉が決められた。そして、贈与に対しては贈与で応えること、つまりお返しをすることが何よりも重要であるとされた。

毛布を与えられた者は、与えた者に対し借りを負う。借りは返さねばならない。さらに、借りを返す際には「利子」を添えねばならない。たとえば五枚の毛布を与えられた者は数か月以内に六枚の毛布を返さねばならない。借りている期間が半年に及ぶと七枚を返さねばならない。一年を超えると一〇枚を返さねばならない。このように、クワキウトルの人びとのあいだでは、毛布のやり取り、あるいは貸し借りについて、かなり厳密に「利子率」が決められていた。

毛布は不思議なはたらきをした。たとえば、Aという者が三〇枚の毛布を誰かから与えられたとする。決められた期間内に返せなかった場合、Aは信用を失う。それだけでなくAは一年間、自分の名を名乗ることができなくなる。いわば名前が質《しち》に入れられるのである。だが幸いなことに、与えられた三〇枚の毛布に対して一〇〇枚の毛布を返すことで、再び名を名乗ることができるようになるという決まりがある。Aは質草をとり戻し再び名を名乗ることができるようにするため、部族の誰かから毛布一〇〇枚を借りる。慣習では、借りた毛布は一年後に倍にして返さねばならない。そこで、Aは借り集めた毛布をいったん部族の他のメンバーに配る（贈る）。配られた毛布は部族のなかでさらに他のメンバーへと配られ、その結果、毛布はAのもとに三倍になって戻ってくるのである。だが、戻ってきた三〇〇枚の毛布に対してAは一年後、それに二〇〇枚を上乗せして返さねばならない。そこでAは知人に三〇〇枚の毛布を貸し出すことにする。貸した毛布は年内に四〇〇枚になってAのもとに戻ってくる……［4］。

さて、毛布はこのようにしてやり取りされるのだが、一見してわかるように、ここで毛布は実用品としてではなく、ある種の「貨幣」のようなものとして流通している。貨幣としての毛布が流通する過程で、先に見たように個人や部族の地位と名誉が配分され、再配分されていく。そして何より重要なのは、かりに返せなかった場合、その者の地位と名誉が剝奪されたり、みずからの名前さえ使えなくなることである［5］。

このように、ボアズが観察した当時のクワキウトル族においては、贈与が階層内の地位を決めるうえで鍵となるはたらきをしていた。そして、このはたらきが濃縮され劇的な姿であらわれる場が、祝祭である。クワキウトル族の祝祭は、ライバル関係にある部族から多数の客人を招いて開かれる。そこでは食物が振る舞われるだけでなく、大量の毛布が贈り物として客人に供される。客人はこの贈与を拒むことができない。毛布の贈り物を受け取った客人は、債務者となり、あとで二倍の毛布を債権者に返さねばならない。同様に客人にカヌーが贈与されることもある。このとき、客人はとりあえず贈られたカヌーの半分の価値に相当する毛布を贈与者に支払う義務を負う。さらに、しかるべき枚数の毛布を添えたうえで、別のカヌーをあとから返す義務を負うのである。

与えることができない、あるいは返すことができない場合、その者や部族の地位と名誉は貶められることになる。したがって必然的に、この贈与のゲームはエスカレートしていく。そのことを示す極端な事例が「銅製品」の贈与である。北米の太平洋岸に住む先住民たちのあいだでは、装飾を施した銅製品の儀礼的な売買が昔からおこなわれてきた。銅製品そのものの金銭的価値はたいしたものではないにもかかわらず、銅製品には個人や部族の地位と名誉をあらわすきわめて重要な象徴的価値が備わっているとされてきた。その価値は毛布によって測られ、たとえば最も価値のある銅製品はなんと毛布七五〇〇枚と交換されるのである。

ボアズは、一八九四年から九五年の冬に観察したクワキウトル族とライバルの部族による銅製品の売買の儀式をとても印象的に書き残している。クワキウトル族のライバルである部族の首長がクワキウトル族の首長に貴重な銅製品を「売る」場面である。

浜辺に両部族の首長をはじめとするメンバーが集まり、銅製品の「売買」のやり取りがおこなわれる。もちろんそれは単なる経済的交渉の場ではなく、飲食を伴う盛大な祝祭の場であり、客人を気前よくもてなすことが何より求められるわけだが、しかし、そこは和気あいあいとした親交の場というより、首長と部族の名誉を賭けた壮絶な戦いの場という表現がふさわしい。銅製品を売りたいライバル部族の首長をM、買おうとするクワキウトル族の首長をKとしよう。

最初、Kは、Mが売ろうとする銅製品に毛布一〇〇〇枚の贈与で応える。Mはいう―あと二〇〇枚。Kはそれに応え、合計一二〇〇枚の毛布を浜辺に積み上げる。M―あと四〇〇枚。Kはさらに四〇〇枚を積み上げる。M―俺はこの銅製品を毛布四〇〇〇枚で手に入れた、いっていることがわかるか？お前は自分が裕福だとつねづねいっていたな、この銅製品は俺と同じくらい偉大だ、あと一〇〇〇枚よこせ。それに応えKはさらに一〇〇〇枚積み上げる。合計二六〇〇枚となる。Mはいう―あと六〇〇枚だ。Kは六〇〇枚を追加し、合計三二〇〇枚となる。Mはいう―あと五〇〇枚だ。Kは五〇〇枚を追加する……。

このようなやり取りの結果、KからMに与えられた毛布は計四〇〇〇枚となり、バランスがうまくとれ、言い換えると等価交換が成立する。Mはいう―よし、この値段で売ろう、ありがとう、クワキウトル！ところがそのとき、クワキウトルの首長Kはすかさずいい返す―売値を決めるのはまだ早い、お前は俺を何者だと思っているのだ、俺はクワキウトルだぞ。こういい放ったあと、Kはさらに二〇〇枚を追加し、合計を四二〇〇枚としてしまう。こうして銅製品を買ったK（クワキウトル族）の地位・名誉はM（ライバル部族）のそれを上回ることになる。もちろんいずれ時間を置き、ライバル部族の首長もクワキウトルに対して同じことをやり返すだろう……［6］。

こうした贈与をめぐる戦いは、さらに極端なかたちをとることもある。富の破壊である。ときとして首長はみずから所有する毛布やカヌーをあえて燃やしたり、あるいは貴重な銅製品さえも砕いてしまうことで、自分が富などには無頓着であり、それができないライバルに比べて自分がいかに剛毅で偉大な精神のもち主であるかを誇示する。これはまさに戦いであり、たとえば砕かれた銅製品は所有者である当の首長によりライバルの首長に贈与されるのだが、受け取ったライバルの首長はそれと同等の価値以上の銅製品を添えて受け取った破片を贈り返さないと、威信を失うことになるのである。あるいはまた、ライバルの首長がさらに極端な振る舞いに出ることもある。かれはみずから所有する銅製品を打ち砕き、それを海に捨ててしまうのだ。こうした富の破壊によって、自分を挑発する側よりも優位に立つことができるとクワキウトルの人びとは考えるのである。

このようにポトラッチは、贈与という言葉がイメージさせるような、友好関係に向けた暖かみのある象徴的行為というよりも、自分の優位を相手に見せつけるためだけの攻撃的な振る舞いのように見える。それはまさに戦いなのだ。そうしたポトラッチのあり方はかれらが他部族とおこなってきた武力による戦いの事実からも理解される。少なくともボアズが調査を始めた一九世紀末において、北米太平洋岸に分布するクワキウトル族をはじめとした先住民たちは必ずしも平和で友好的な「良き未開人《ボン・ソバージュ》」というわけではなかった。その地では部族間の葛藤が戦闘によって処理されることもめずらしくなく、いわゆる血讐というかたちで闘争がエスカレートすることもあったという。ボアズによれば、戦闘の発端となったのは敵の部族による味方の殺傷が大半であったが、それ以外にも偶然の事故で命を失った仲間の魂を救済するために、事故とは無関係の敵対する部族を襲うこともあったという。こうした闘争もポトラッチと同様、地位と名誉を賭けた部族間の戦いだったのである［7］。

さて、ここであらためて考えたい。そもそもかれらにとって地位と名誉とはいったい何だったのか。もちろんそれは、ポトラッチや戦闘の当事者である個人や部族の属性である。だがさらに掘り下げてみると、かれらにとっての地位と名誉はつまるところ部族の始祖の地位と名誉に行きつくのである。たとえば銅製品がやり取りされる祝宴で毛布の枚数をめぐる駆け引きがなされるとき、交渉の端々に必ず父や父祖、始祖の名が差し挟まれる。クワキウトルの首長Kは語る―世界の始まりに名を得た族長であるわが祖先、この場でその名を口にすることができて光栄だ。交渉相手Mの首長も語る―クワキウトルよ、お前は俺の名を知っているだろう、俺の名はこの世界が始まったときにつくられた、俺は世界で最初の伝説に出てくる族長の子孫なのだ。このように、ポトラッチや戦闘は始祖の地位と名誉を賭けて遂行されるのである。

モースは「贈与論」のなかで、ポトラッチを「競覇型の全体的給付」と呼んでいる［8］。モースによれば、全体的給付《プレスタシオン・トタル》とは、第一に、それが単なる個人と個人の関係ではなく集団と集団による交換の義務ないし契約という特徴をもつこと、第二に、経済的価値や有用物だけでなく、それ以外のさまざまなモノやヒトやコトの贈与と交換を含むことを意味する。また競覇型《アンタゴニスティク》というのは、そこに競合と敵対の原理、言い換えると戦争の原理が貫かれていることを意味する。

> それは戦闘にまでいたり、対峙し合う首長や貴族たちの殺害にまでいたることがある。他方でそれは、ただひたすら豪奢を尽くすためだけに、蓄積しておいた富を破壊するにいたることもある。（中略）この給付においては、競覇的な様相がきわめて顕著である。まったくもってそれは、豪奢を尽くして相手に大きな貸しをつくるためのものなのだ。［9］

モースは、かれらが「この世にある物や財の真の所有者は」霊や神々だと考えており、したがって北西アメリカや北東アジアに見られるポトラッチは、霊や神々に対する贈与にほかならないと論じる。ポトラッチのはてにある富の破壊は、始祖としての霊や神々への贈与が究極のかたちをとったものである。富の贈与と破壊により、霊や神々すなわち始祖へのお返しがなされる。言い換えれば、ポトラッチにおける財の破壊とは、霊や神々への、すなわち万物を与えてくれた始祖への供犠なのである。モースはいう。

どんな形態であれポトラッチには、この破壊という主題が備わっている。だが、ポトラッチで奴隷たちを殺したり、貴重な油脂を燃やしたり、銅製品を海に捨てたり、果ては首長の家に火を放ちさえしたりするのは、力と富と我欲のなさを誇示するためだけではないのだ。それはまた、霊と神々に対する供犠でもあるのである。霊や神々とはいっても、実際にはその化身である生きた人間と一体となった霊や神々である。化身である人間は、その称号を継いで担っているのだし、その同盟者であり、そのためのイニシエーションを受けた者だからである。［10］

モースはさらに、アメリカ北西部先住民のポトラッチを際立たせている要素として、信用と名誉の二つをあげている。

ここでいう信用とは、何かを与えられたとき、お返しまで一定の期間をおくことである。ポトラッチにおいて、与えられたものには必ずお返しがなされなくてはならないが、即座に返すのではなく、必ず時間を隔てなければならない。この待機の時間が過ぎていくあいだ、いや大丈夫だ、いずれは必ずお返しがなされると、期待し得ること。それが信用である。

モースによれば、経済は原始的な物々交換から売買へと進化した、とか、その場での支払いから時間を隔てた信用払いへと進化した、という常識的な考え方は間違っている。もともとあったのは「信用」、つまり時間を隔ててお返しをするというルールである。物々交換は、次第にその隔たりが短縮ないし省略されることで始まったのだ。さらには、もともと「信用」というルールがあったからこそ、のちの信用貸しや販売、貸借などのルールが成立し得たのである［11］。

もう一つの要素である名誉とは、個人や部族に付与される威信を意味する。名誉はポトラッチの競い合いにより富を積み上げることで得られるものであるが、逆にまた極度の浪費家になること、さらには富を破壊することによっても得られる。その根底にあるのは敵対と競合の原理であるとモースはいう。

ポトラッチは戦争なのだ。（中略）財の戦争では、財を殺すのだ。一方では、自分の財産を自分で殺し、他人がそれを獲得できないようにする。他方では、他人に財を贈与して、お返しをするように相手を仕向けるか、あるいは相手がお返ししきれないほどの財を贈与することで、この相手の財産を殺すのである。［12］

戦争において敵の生命や財産を破壊する戦士に名誉が与えられるように、ポトラッチでみずからの財産を破壊する者には名誉が与えられる。これらの破壊は先ほど見たように供犠の性格も備えている。名誉は、そうした破壊行為が霊や神々としての始祖を受け手とする供犠であることによって、生み出されるのである。

さて、以上が、ボアズが記録し、モースが読み解いたポトラッチのあらましである。そして、ここで見逃してはならないのは、ボアズが精力的にフィールドワークをおこなっていた時期、クワキウトル族をはじめとする北米西海岸の先住民社会が大きく変動しつつあったという歴史的背景である。

「クワキウトル民族誌」の編者であるヘレン・コーデアによれば、ボアズがフィールドワークに従事していた頃、クワキウトル族は、白人植民者たちからの日増しに強まるキリスト教への改宗圧力のもとに暮らさざるを得なくなっていた。さらには、ポトラッチをはじめとする伝統的慣行や宗教儀礼をめぐり、当局からの法的制裁を伴う非難にさらされていた［13］。デヴィッド・グレーバーもまた、その頃がクワキウトル族にとり大変動の時代であったことを強調する。それまでの一〇〇年間で、クワキウトル族の人口は、植民者たちがもち込んだ病気と劣悪な医療のせいで激減していた。一方で、クワキウトル族はカナダという近代国民国家に組み入れられるとともに、大規模な市場経済に飲み込まれ、それまで経験してこなかったような富の蓄積の機会を手にすることになった。その結果、クワキウトル族内部のヒエラルヒーが壊れ、新たに富や地位を求めて互いに競い合うという事態が生じた。いわば「ポトラッチの膨大なインフレーション」が起きたのである［14］。

こうした状況、つまり、ポトラッチという伝統が否定され、部族としてのアイデンティティが根こそぎにされようとしている一方、市場経済のおかげで豪奢なポトラッチができる経済条件が整いつつある――そんな状況のなかで、ボアズはクワキウトル族の贈与慣行を観察したのである。ポトラッチはそうした歴史的背景や社会的文脈からも見直してみなければならないだろう。

2 — 見知らぬ者とつき合う——クラ

続いて、マリノフスキーとクラについて見てみよう。ポーランドに生まれ、物理学と数学を専攻したマリノフスキーは、そののち人類学へと転じ、ドイツで社会学や民俗学を学んだあと、イギリスへと渡った。そして第一次世界大戦中の一九一四年から一八年にかけ、西太平洋のニューギニアで三回のフィールドワークをおこなった。とりわけニューギニア島の南東に位置するトロブリアンド諸島で一九一七年から一八年にかけておこなわれた二年にわたる調査は、人類学屈指の偉大な民族誌ともいえる『西太平洋の遠洋航海者』(原書刊行は一九二二年)として結実する[15]。こうした参与観察による現地調査の試みは当時としてはある意味画期的であり、ボアズがアメリカ人類学に大きな影響を与えたのと同じく、マリノフスキーはイギリスの人類学に多大な影響を与え、そこに参与観察という手法を定着させるとともに、機能主義という新たな理論的潮流をつくり出すことになる。

『西太平洋の遠洋航海者』のなかでマリノフスキーがとくに力を入れて描き出したのは、クラという贈与交換の儀式であった。クラとは、ニューギニア島南東のトロブリアンド諸島を含む島嶼地域で伝統的におこなわれてきた、島々をつなぐ贈与と交換の儀式である。この地域には複数の島々が離れて点在しており、当時、島々には言語や文化を異にする部族がそれぞれ暮らしていた。そんな地域で、何年かに一度、遠く離れた島へカヌーで贈り物を届ける儀式がおこなわれていた。儀式とはいえ、手づくりのカヌーではるばる渡海せねばならない危険な行為である。贈り物を届ける者たちはまさに、遠洋航海者《アーゴノーツ》すなわちギリシア神話のなかで宝を求めアルゴー船に乗り込む勇者たちのような冒険に挑むのである(地図で確認すると、たとえばトロブリアンド諸島の中心ボヨワ島から交易相手のドブー島への直線距離はおよそ一三五キロメートルにもなる）。

贈り物となるのは貴重品から日用品までさまざまだが、とりわけ重要とされるのは二種類の装飾品である。一つはソウラヴァと呼ばれる首飾りで、赤い色の貝が飾られている。もう一つはムワリと呼ばれる腕輪で、白い色の貝からつくられている。

興味深いのは、この二種類の装飾品がそれぞれ逆向きに円環を描きながら何年もかけて島から島へ贈与されていくことである。この島嶼地域の島々は円環をなすようにして位置しており、それらの島々をソウラヴァは時計回り、ムワリは反時計回りに、バトンタッチのように贈与されていくのである（この円環の径は最も遠いところで三五〇キロメートルにも及ぶ）。ソウラヴァやムワリのような貴重な装飾品はヴァイグアと総称されている。

贈られた部族はそれらのヴァイグアを、必ず一定の時間をおいて、今度は別の島の部族に引き渡さねばならない。贈られたヴァイグアを自分たちの独占的所有としたり、長いあいだ手元に置いておくことは許されない。このようにしてソウラヴァとムワリは逆向きの円環を描きながら島から島へ、部族から部族へと時間をかけて移動していくことになる。

クラにおいてソウラヴァとムワリは一方から他方へと儀礼的に贈与されるわけだが、その際重要なのは、それらの貴重品を贈与された側が贈与してくれた側に必ず何らかの品物をお返しすること、つまり贈与交換がその場でおこなわれるということである。この贈与交換をする者同士の組み合わせはあらかじめ決まっているのが通例であり、それは「クラ仲間」と呼ばれている。また、この個人と個人の関係としてのクラ仲間は永続的で終生続くものとされる。そうした意味で、ここでの贈与交換のやり取りは、取引相手を自由に選択できる物々交換とはまったく異質なものである。

とはいえ同時にまた、クラにおいてはヴァイグアの儀礼的贈与交換と並行して通常の交易、つまり物々交換も普通におこなわれてきた。お互い相手の島でしか手に入らない貴重品や日用品がカヌーで運ばれ、クラという貴重な儀礼の場を利用して物々交換されるのである。周囲と隔絶した環境で生きねばならない島嶼地域の人びとにとって、そうした物々交換による交易が古くから不可欠の習慣であったことは想像に難くない。「自分の国にはない天然資源に恵まれた、遠い国々へ航海して、クラの舟乗りたちは、これら遠征の収穫を満載して戻ってくる」のである[16]。島同士で、あるいは島内でおこなわれるこのような物々交換は、クラに対してギムワリ（取引）と呼ばれている。

クラ（儀礼的交換）とギムワリ（物々交換）の違いは次の二点にある。一つは、クラにおいて贈与されたヴァイグアへのお返しがある程度の時間を隔ててなされねばならないのに対し、ギムワリはその場での取引であるということ。もう一つは、クラにおいて贈与されたヴァイグアへのお返しの見積りが返す側のみにゆだねられており、受け取る側はそれを決めることも強制することも、あるいは交渉したり値切ったりすることもできないのに対して、ギムワリではその場で交渉がおこなわれるという点である。この島嶼地域の人びとは、クラのもつこうした作法をきわめて重視し、あるいは神聖視している。一方、ギムワリのもつ性質――その場での値切りや交渉、即時的な交換――を蔑視する傾向にあるという。

形式的に見れば、クラもギムワリも〈財の移転〉という点で違いはない。だが、かれらにとってクラとギムワリの違いは決定的であり、作法が適切に守られなかったクラに対しては、「彼はまるでギムワリででもあるかのように、クラをした」という蔑みの言葉が投げつけられることもあるという[17]。

さて、マリノフスキーは、当時の経済学の教科書でよくとり上げられていた「原始的経済人」Primitive Economic Man という考え方、すなわち、近代的な西欧人とは異なり、未開人は文化水準が低く、怠惰で、私利私欲にかられ、ひたすら利己主義的な経済的動機だけで行動する、というイメージを強く批判している［18］。マリノフスキーによれば、トロブリアンドの人びとは、みずからの欲求充足だけを目的として功利的に行動するだけの原始的経済人ではけっしてない。もちろんそうした面もあることは否めないだろうが、しかし、たとえばかれらは畑仕事そのものに喜びを見出し、豊富な収穫物をそのまま消費せず、誇示するだけのために積み上げ、その多くを腐らせてしまっても平然としているし、何より、収穫物の大部分は首長や母系親族に贈与されねばならない。これに対し、ただ目先の利益だけを求めておこなわれる物々交換（ギムワリ）は、トロブリアンドの人びとからすると、まさに「原始的経済人」の振る舞いのようにしか見えないのである。

トロブリアンド諸島をはじめとするニューギニア島南東島嶼地域の人びとが〈財の移転〉について抱く価値観や態度を、マリノフスキーはいくつかのタイプに整理している［19］。以下に見るように、それらのタイプは一定の階調をなしている。少々煩瑣になるが、列挙してみよう。

①純粋な贈与：お返しを何ら期待しないでなされる財の贈与や労役の提供。夫から妻へ、両親から子どもへ贈られる無償の贈り物《フリー・ギフト》が典型的とされる。だが意外なことに、トロブリアンドの部族ではこうした家族間の純粋な贈与はごくまれにしか見られないという。首長や頭への臣下たちによる贈り物や労役の提供もこのタイプに入る。

②慣習的贈与：不定期に、かつ厳密なお返しのバランスを考慮することなく、慣習的におこなわれる贈与。トロブリアンドでは毎年収穫の時期に、夫に対して妻の兄弟や父が収穫物を贈与することが慣習となっている（母系制社会であるため）。夫は妻の兄弟や父からの贈与に対し、ヴァイグアや豚を不定期に贈り返す

ことを求められるが、その価値は贈られた収穫物の価値を必ず下回るとされる。
③労役へのお返し：たとえば呪術師による豊穣祈願や呪いの儀式などに対してなされるお返し、葬式に集まって労役を提供してくれた村人へのお返しなど。何をどれだけお返しすればよいかは、慣習によって明確に決められている。
④等価のお返しのある贈与：厳密に同じ価値のものを返す必要のある贈り物。交易に似たかたちを取る。たとえば畑を貸してもらったことに対し、それと同じ価値の贈り物を返す必要など。友人関係、たとえば遠く離れた島のクラ仲間とおこなう贈り物とお返しのやり取りもこれに当たる。
⑤栄誉や特権などの非物的財と物的財との交換：何らかの価値を所有する者同士がおこなう交換だが、その価値はつかみどころがないため、お返しに際して等価であることは求められない。たとえばある村で創作された踊りを別の村の者が気に入り、それを自分の村でも踊ろうとすれば、その村の者は踊りの創作者に何らかのお返しをする。
⑥時間をおいたお返しを伴う儀礼的交換：儀礼的に贈られた物財に対し、あとから儀礼的におこなわれるお返しであり、クラがこれに当たる。交換のパートナーは永続的に固定されており、お返しはおおむね等価であることが求められる。ただし等価なものを返すか否かはお返しをする側にゆだねられており、ゆえに信頼の要素が重要となる。その際、大事なのは値切りや交渉が禁じられることである。
⑦純粋で単純な取引：互いに利益を求めておこなわれる交換。主として島内で籠や木皿をつくって生計を立てている者たちと、それ以外の農耕や漁撈をおこなっている者たちとのあいだでおこなわれる物々交換。交換は時間的間隔をおかずその場でおこなわれ、儀礼を伴わず、値切りや交渉は許容され、作法を問われることはほとんどない。

さて、以上を踏まえたうえで、ここで注意したい点が三つある。まず第一に、以上七つの類型がそれぞれ特定の人間関係に対応していることである。たとえば①は婚姻関係に、②は母系の姻族関係に、③は氏族関係に、といった具合にである。だからたとえば、娘の夫に対して等価のお返しのある贈与をおこなうことはあり得ないし、クラ仲間と純粋で単純な取引をおこなうことも（ギムワリの場を除いて）あり得ない。このように、トロブリアンドにおける贈与と交換はすべて——マリノフスキーはもちろんそんないい方をしていないが——かれらがそのなかで生きている多様な人間関係をそのつど表現し、あるいは遂行する〈生の形式〉なのである。

第二に、これらの類型のあいだには優劣があるということである。先に見たように、とりわけ⑥の類型と⑦の類型、すなわちクラとギムワリのあいだには明確な優劣関係が認められる。前者を優位に、後者を劣位に置くことである。クラとギムワリにおいて、トロブリアンドの人びとは対照的な振る舞いをするという。とくに目立つのは、そこでやり取りされる財への態度である。クラにおいては、贈与される財はきわめてぞんざいに扱われる。カヌーが浜辺に到着し、いよいよクラの儀式が始まると、贈与者は、それがさも貴重な宝物であるというような態度は見せることなく、もってきたヴァイグアを無造作に目の前に放り出す。受け取る側も、ヴァイグアへの熱意や興味などないような態度を取り、それをすぐには拾い上げずそのままにしておく（あとから下っ端の者が拾ったりする）。これが作法である。一方、純粋な物々交換であるギムワリにおいては、これと正反対の態度が示される。取引の当事者は財にあからさまな熱意と興味を示し、交渉と値切りによって少しでも取引が有利に進むように振る舞うのである。

第三に、見逃してしまいがちだが、とても重要だと思われるのは、トロブリアンドの人びとのあいだでは①の「純粋な贈与」がめったに見られないというマリノフスキーの指摘である。マリノフスキーによれば、トロブリアンドでは贈与という行為に必ず何らかの社会的意味（慣習的義務の観念）が付与されている。なので、贈与のための贈与、すなわち純粋な贈与はほとんどあり得ないとマリノフスキーはいうのだ。トロブリアンドでは、贈与はみずからの意思で好きなときにおこなえるものではなく、しかるべき機会に、しかるべき作法でおこなわねばならない義務なのである。

あるいは、施しや慈善のようなものも――生活に困っている者は誰でも家族や親族による世話を当てにできるため――あり得ない、とマリノフスキーはいう。そもそもトロブリアンドの人びとにとって、純粋な贈与、あるいは無償の贈り物というカテゴリーそのものがあり得ないのである。夫から妻への贈り物は、婚姻関係を結んでくれた、そして性的サービスを供してくれる妻へのお返しであり、あるいはまた、父から息子への贈り物は（トロブリアンドの母系制社会において）母系の子孫である息子を産んでくれた妻へのお返しである――かれらはそう考えるのだ。だとするならば、こうした一見すると純粋な贈与は、実は②の慣習的贈与の一種とみなされるべきだろう。さらにいうなら、トロブリアンドの人びとにとり、純粋な取引としての物々交換（ギムワリ）に対置させられるのは純粋な贈与などではなく、儀礼的交換（クラ）であると考えるべきだろう。

さて、贈与と交換がそれぞれ所定の人間関係と結びついている、つまり必ず所定の文脈のなかでおこなわれるということと、物々交換よりも儀礼的交換が優位に置かれるということは、連関していると考えられる。物々交換はあらかじめ決められた人間関係を前提としない。物々交換の原理を徹底していくと、所定の人間関係や文脈に左右されない、没人格的な関係に行きつかざるを得ない。もちろん物々交換にも、なじみの場所で、気心の知れた人と交わすことで得られる心地よさというようなものはあるだろう。だが、自分にとって価値のさほどないものを手放し、価値のあるものを受け取る、つまり利得を手にするという物々交換の目的を追求するなら、当然もろもろの人間関係や文脈は〈余計なもの〉でしかなくなる。相手のことを慮っていたら利得は二の次になりかねないからである。利得の極大化は没人格的関係においてこそ可能となる。そして重要なのは、トロブリアンドの人びとが、この〈余計なもの〉にこそ〈計り知れない〉価値があると考えていることである。儀礼的交換が物々交換より優位にあるとみなされるのは、そうした理由による。

モースは、トロブリアンド諸島の人びとにとり、そもそも物々交換という観念自体が自明ではないのだと述べている。マリノフスキーが明らかにしたように、トロブリアンド諸島では、クラだけでなくさまざまな贈与と交換のシステムが生活のすみずみまで浸透している。クラに関しては、島と島のあいだでおこなわれるクラに加え、島内の部族間や村落間での「内陸クラ」も伝統的におこなわれてきた。典型的には内陸の農耕民と沿岸部の漁民による贈与交換であり、それらはクラに対してワシと呼ばれる。ほかにも氏族間、亜氏族間、あるいは個人間で、贈り物を与え、受け取り、返すという行為が常態となっている。モースによれば、「クラは、クラ以外のあまたの制度を、そのうちに結晶化させ、凝集しているにすぎない」のである。モースはこういっている。

> 個人間の交換関係のうち、純粋な物々交換であるのは、おそらくわずかしかない。物々交換は、親族間や姻族間、あるいはクラやワシのパートナー間をのぞいては、ほとんどおこなわれない。そうである以上、交換が真に自由であるとは考えがたいのである。そればかりでなく、一般的に言って、受け取った物、したがって自分の所有に帰した物は——どのようにしてそれが自分

の手に入ったかを問わず——、それがどうしても必要である場合をのぞいて、自分のために手元にとどめおくことをしないものなのだ。通常そのような物は、誰か別の人、たとえば義理の兄弟などに、譲り渡されるのである。[20。傍点引用者]

真に自由な交換はなぜ考えられないのか。それは、トロブリアンドの人びとにとり、贈与交換という行為には必ず〈余計なもの〉が——モース自身はこうした表現を用いていないが——伴うからである。では、その〈余計なもの〉とは何か。いうまでもなくそれは、親族間やクラ仲間とのあいだの〈人格的関係〉である。言い換えるなら、前節で見たような、物々交換の発生以前に遡る、人びとのあいだの「信用」のうえに成り立つさまざまなつながりである。この信用に人びとのつながりは支えられてきた。だが注意したいのは、この信用が人びとをつながりの内に拘束するものでもあるということである。こうした人格的関係から、あるいは別の言い方をすれば人格的支配から人びとを自由にするものとして、つまり〈余計なもの〉をとり払ってくれるものとして、物々交換が、さらには貨幣が登場する——よく語られるストーリーではこうなる。

だが、とモースはいう。トロブリアンド諸島の人びとを含むメラネシアの諸族はポトラッチ的な贈与と交換のシステムを発達させてきた一方、そこにおいてはすでに「はっきりと貨幣観念があらわれてくる」のだ、と[21]。ただし、注意したい。モースがここでいっている貨幣とは、われわれ近代人が想定する貨幣、すなわち、何らかの鋳造された貴重財の価値が万人によって承認され、逆にまたそのことによって没人格化され、価値尺度手段および流通手段として機能する、そのような意味での貨幣ではない。それらはモースによれば「二次的なタイプの貨幣」である。モースがいっているのは、没人格化される以前の、「呪術的な性質を備えており、とりわけ護符となっている」貴重財としての貨幣である。近代のいわゆる本位貨幣とは異なり、トロブリアンドにおけるそれらの貴重財は「いまだに主観と人格に結びついて」いる、とモースはいう。だが同時に、それらの貴重財はある意味で近代的貨幣と同じように数量化され、物の買い入れと支払いにも用いることができる——そのような「わたしたちの貨幣形態に先立つ別の貨幣形態」なのである［22］。

この「いまだに主観と人格に結びついて」いるという特性。〈余計なもの〉とは、そうした特性を意味する。クラにおいてやり取りされる貴重財ヴァイグアはそうした特性をまとっている。このことに関しグレーバーは次のようにいう。「クラで用いられる貝殻はいわば個人のアイデンティティから切り離された断片のようなものである。さらにいうなら、クラ交換へ参加するという行為は、とりもなおさず、その人の人格を形づくる何ものかを拡充するということなのである」［23］。クラにおいては単なる貴重財のやり取りだけではなく、人格もまたやり取りされていると考えなければならない。クラにおけるヴァイグアの贈与は人格の贈与でもあるのだ。さらにいうなら、次章で見るように、贈与というプラクシスを通し、参加者の人格が構築されるとともに、人格と人格のつながりもまた構築されるのである。

モースは「贈与論」のなかで、ポリネシアのマオリ族における「ハウ」と呼ばれる観念に注目している。ハウとは、岩や樹木に宿るとされる霊や魂や力のことであるが、マオリの人びとのおこなう贈与慣行では、贈り物にこの贈り手のハウが乗り移り、受け取り手にとりつくとされる。「贈り物を受け取ったり、交換したりすることにおいて義務が課されるのは、受け取られた物に活性があるからである。贈り手が手放してなお、それは贈り手の何ものかなのである。その物を介して、贈り手は受益者に対して影響力をもつ。」［24］。ハウは、受け取り手が贈られた物より価値の高いお返しをしたり、饗宴を開いたりすることで、受け取り手にとりつくのをやめる。受け取り手にとり、贈り手の霊や魂を手元に置いておくことは危険なのである。トロブリアンド諸島におけるヴァイグアの贈与もまた、そうした「贈り手の何ものか」のやり取りにほかならない。

ここまで、ポトラッチやクラの事例をざっと見てきた。そこから見えてくるのは、それぞれの社会の歴史的背景や社会的文脈を見ずには、アルカイックな贈与を理解できないという、いわば当たり前の事実である［25］。そうした背景や文脈以外にも、親族システムやコスモロジー、人格や霊魂についての観念など、視野に入れなければならない要素は数多くあるだろう。また、レヴィ＝ストロースが評価したボアズの方法論が教えてくれるように、アルカイックな贈与の観察と考察は、できる限り抽象化を避けてなされねばならないこともたしかだ。

そうした危惧を自戒しつつ、最後に小さな――ちょっと抽象的な――まとめをするならば、二〇世紀のはじめにボアズやマリノフスキーといった人類学者たちがアルカイックな社会に見出した贈与と交換の実践の特徴について、少なくとも次の四つをあげることができるのではないだろうか。

一、与える・受け取る・お返しをするという義務があること
二、贈与交換では信用が重要であること
三、物々交換よりも儀礼的贈与交換が大切であること
四、純粋な贈与はまれであること

この四点はクワキウトル族にもトロブリアンド諸島の人びとにも共通して見られるものであった。いずれも重要な特徴と思われるが、とくに四の特徴は興味深い。トロブリアンド諸島の人びとに純粋な贈与が

ほとんど見られない、というマリノフスキーの指摘については先に見たとおりだ。純粋な贈与、あるいは無償の贈与という観念が何やら価値のある尊いものとされるようになるのは、市場原理がわれわれの生活を支配し始めた近代社会になってからではないだろうか。純粋な贈与とは、そのような市場社会のなかで、市場原理の酷薄さを映し出すために想像された、「不可能な鏡」なのかもしれない［26］。

註

1 たとえばナタリー・Z・デーヴィス『贈与の文化史——16世紀フランスにおける』(宮下志朗訳、みすず書房、二〇〇七年)、桜井英治『交換・権力・文化——ひとつの日本中世社会論』(みすず書房、二〇一七年)、同『贈与の歴史学』(中公新書、二〇一一年)など。

2 Claude Lévi-Strauss. "Introduction: Histoire et ethnologie." *Anthropologie structurale*. Plon. 1974. p.38.(『構造人類学』荒川幾男・生松敬三・川田順造・佐々木明・田島節夫訳、みすず書房、一九七二年、三〇頁)。なお、同書所収のこの論文「歴史学と民族学」でレヴィ＝ストロースは、フランツ・ボアズとブロニスワフ・マリノフスキーの方法論を比較し、前者が後者に比べ「はるかに誠実、堅固」であると述べている。不毛な抽象化を避け対象者の深部に迫ろうとしたボアズに対し、マリノフスキー流の機能主義は、西欧人の考える「自明の理」の再確認に終わりがちだとレヴィ＝ストロースは見ていた。

3 Franz Boas. *Kwakiutl Ethnography*. (Helen Codere. ed.) University of Chicago Press. 1966.

4 人類学者デヴィッド・グレーバーによれば、当時、北米先住民のあいだでは、カナダ貿易会社の扱う大量生産された紡毛の毛布がそれまでの動物の革に代わり、贈与や交換のための新しい手段として急速に普及しつつあった。それにより、毛布はある種の「大型融資」の対象となっていった。その普及は、一九二〇年代にカナダ政府の発行する貨幣に毛布がとって代わられるまで続いたという。David Graeber. *Toward an Anthropological Theory of Value*. PALGRAVE. 2001. p.205.

5 クワキウトル族の人びとは、名前を、その人のさまざまな力や資質、権利などが貯蔵される「箱」だと考えるという(ibid., p.197.)。とするならば、箱をとり替えることは可能だし、場合によっては箱を失うということもあり得るだろう。失った箱はとり返せばよいのだ。

6 Boas. op. cit., pp. 85-92.

7 ibid., pp. 105-19.

8 Marcel Mauss. "Essai sur le don: forme et raison de l'échange dans les sociétés archaïques." *Sociologie et Anthropologie*. PUF. 1950 (1923-24). p.153.(「贈与論——アルカイックな社会における交換の形態と理由」『贈与論 他二篇』森山工訳、岩波文庫、二〇一四年、七五頁)

9 ibid., pp.152-3.(同訳書七三頁)

10 ibid., p.167.(同訳書一一八頁)

11 ibid., p.198.(同訳書二〇八頁)

12 ibid., p.201.(同訳書二一九〜二二〇頁)

13 とはいえもちろん、ボアズが最後の調査旅行をおこなった一九三〇年においてもまだ、ポトラッチによる贈与慣行は生き延びていたという。ヘレン・コーデアはこの調査の最中にボアズが弟子のルース・ベネディクトに書き送った手紙を紹介している。枯渇した調査費用の工面を依頼する手紙である。「今も祝宴は続いている。一昨日は私がインディアンたちのために祝宴を催した。慣習どおりインディアンたちはこちらに贈り物をしてくれたのだが、今度はこちらが額面に利子をつけてお返しをしなければならない。このままでは破産だ」(Boas. op. cit., p. xxxi.)。

14 Graeber. op. cit., p.191.

15 Bronislaw Malinowski. *Argonauts of the Western Pacific: An Account of Native Enterprise and Adventure in the Archipelagoes of Melanesian New Guinea.* Routledge & Kegan Paul. 1978.(『西太平洋の遠洋航海者』増田義郎訳、講談社学術文庫、二〇一〇年)

16 ibid., pp.99-100.(同訳書一四九頁)

17 ibid., p.96.(同訳書一四三頁)。ところでモースの考えによれば、クラとは、一方が与え、他方が受け取り、さらに時間をおいて受け手と与え手が入れ替わるという意味で、ポトラッチの一種である。だからクラにおいても、より価値のあるものを贈る、より価値のあるものを返すという競争がおこなわれる。競争が不首尾に終わるなら、首長や氏族の名誉や威信、権力は大きく損なわれることになる。これもまたポトラッチと同じく気前のよさをめぐる競争であり、その裏にはそれなりの戦略や詭計が入り込むこともあり得るだろう。北米のクワキウトル族と同じようにメラネシアのトロブリアンド諸島民もまた、お人好しで純粋な「良き未開人《ボン・ソバージュ》」ではないのである。

18 ibid., p.60.(同訳書九〇頁)

19 ibid., pp.176-194.(同訳書は原著のほぼ半分を訳出した縮約版である。ここでの参照箇所は未邦訳部分)

20 Mauss. op. cit., p.189.(前掲訳書一八四頁)

21 ibid., p.174.(同訳書一三六頁)

22 ibid., pp.178-9.(同訳書一四八〜五二頁)

23 Graeber. op. cit., p.166.

24 Mauss. op. cit., p.159.(前掲訳書九四頁)

25 たとえば前述のようにモースはクラを一種のポトラッチとみなしているが、同時に、クラにおける競争が北米西岸のポトラッチほど「際立った特徴を備えてはいない」ことに注意を促している。たとえば、クラでは貴重な財の破壊といった極端な競争はおこなわれない。その理由としてモースは、北米西岸の先住民社会に比べ、島嶼社会のメラネシアでは島々が小さいため、社会の豊かさや強さにおいて劣っていることをあげる(ibid., p.176. 同訳書一四一頁)。また、メラネシアではなくポリネシア社会についての説明だが、北米西岸先住民社会が不安定な階層関係とそれを固定するための競争のうえに置かれているのに対し、ポリネシア社会では氏族間の階層的上下関係が安定しているため、極端な競争に至らないことを指摘している(ibid., p.171. 同訳書一二九頁)。

26 Graeber. op. cit., p.161. ただし、これはグレーバー自身ではなく、アラン・カイエらMAUSSに集う論者たちの考えである。

5

贈与という賭け

贈与について考えてきた。だが、そもそも、何を贈与しているのだろうか。もちろん、前章で見たクワキウトル族やトロブリアンド諸島民であれば毛布であり、カヌーであり、ソウラヴァやムワリなどの儀礼的装飾品である。あるいは、われわれの社会であれば、誕生日やクリスマスのプレゼント、ご祝儀やお見舞いの品、季節の贈答品等々である。だが、これらの物に共通する点は何か、そう問われたとすると、答えは難しくなるのではないか。もちろんそれらはいずれも何らかの価値である。だが、そうした答え方は何もいっていないのに等しい。では、価値をどのように語ればよいのか。この問いは、贈与にはどのようなはたらきがあるのだろうか、とか、人はなぜ贈与をおこなうのか、といった問いと同じく、昔からかたちを変えて何度も繰り返されてきた。この章では、そうした問いについて、現代の論者の見解を紹介しながら、あらためて考えてみることにしたい。

1 — 価値の語り方

人類学者デヴィッド・グレーバーは、これまでの人類学（および社会学）における価値の語り方を時代ごとに三つにまとめている［1］。

まず一つ目は、第二次世界大戦後の一九五〇年代からアメリカの人類学や社会学の領域で広まり始めた「社会学的な語り方」である。たとえば一九五〇年代のはじめに社会学者のタルコット・パーソンズが中心となり、隣接科学の心理学や人類学の研究者とともに「行為の一般理論」の構築が試みられた際、心理学者はパーソナリティ研究を、社会学者は社会関係研究を分担し、人類学者はこの両者を結びつけるものとしての文化と価値の研究を分担することになった。この試みに人類学者として参加したクライド・クラックホーンはその後、価値の体系的比較をみずからの研究課題とするようになる。

クラックホーンによれば、価値とは、それぞれの社会のなかで究極的に善いとされ、真っ当で望ましいとされるものや事柄やおこないを意味している。もう少し正確に言い換えると、何が望ましいか、ではなく、何が望まれるべきか、何を望むことが正しく適切であるかについて、それぞれの集団において共通に抱かれている信念が、価値である。そして、そうした価値意識の背後には、たとえば人はもともと善か悪かとか、人の忠誠心は自分自身に向けられるべきか、それとも集団に向けられるべきかといったような、その社会ごとの世界観や人間観が存在する。簡単にいえば、これが価値についての「社会学的語り方」である。クラックホーンらアメリカの人類学者は第二次世界大戦後、そうした考え方にもとづき、多くの未開社会や伝統社会の価値意識の比較研究を試みるようになった。

だが、そこで厄介な問題が生じた。抽象的な価値意識と具体的な価値意識のあらわれ方をどう結びつけたらよいかという問題である。どういうことか。世界観や人間観という抽象的なレベルでの価値意識と、たとえばその社会ではなぜ毛布やカヌーの贈与が好まれるかという生活レベルでの具体的な価値意識の二つを、体系的に結びつけて論じるのは困難だということである。人類学者たちが実際に観察している事象は多岐にわたる。そうした多様で具体的な観察内容と抽象的な価値意識のかかわりをどのように説明すればよいのか。こうした難点は、結局のところ社会によって価値はさまざまだという考え、言い換えると価値をめぐる相対主義という隘路にはまり込むことをも意味していた。実際、価値の比較研究を試みてきたクラックホーンをはじめとするアメリカの人類学者たちは、一九六〇年代になってこうした限界に突き当たってしまったとグレーバーはいう。

そこで新たに登場してきたのが、価値をめぐる二つ目と三つ目の語り方、すなわち「経済学的な語り方」と「言語学的な語り方」である。経済学と言語学はいずれも、人文・社会科学のなかで「科学」のイメージをまとうことができる数少ない領域だったこともあり、この二つの語り方は、社会学的語り方の曖昧さや相対主義を乗り越えるものとして、人類学や社会学の領域においても受け入れられるようになっていった。

まず、「経済学的な語り方」は、価値の尺度として、人が何らかの対象をどれだけ欲しているかの程度に着目する。この語り方が前提にしているのは、社会とは個人の集合にほかならず、さらに個人は誰もが最小限の努力で最大限の利得を得ようと努めるという考えである。社会学的な語り方と異なり、この経済学的な語り方は、価値の極大化に向けた行動という、一見すると万人に適用可能なモデルを用いているため、社会ごとの価値の比較研究が可能であり、相対主義の隘路を回避できるようにも思われた。未開社会であれ、前近代社会であれ、あるいは近現代社会であれ、そこに生きる人はみな自分にとって価値のあるものをより多く得ようとする、とこのモデルは考える。こうした考え方をもとに、社会学では交換理論、人類学では経済人類学（における形式論）というような新たな潮流がつくり出されることとなった。一九六〇年代から七〇年代にかけてのことである。

もちろん、こうしたいわゆる「極大化モデル」には反論もなされることになった。利得と損失、コストとベネフィットという図式だけで人間の行動を説明できるとするやり方はたしかに市場経済というシステムの内部では可能かもしれないが、そうした市場をもたない前近代社会や未開社会には適用できない、という反論である。こうした反論はそれ以前からあった。前章で見たように、ブロニスワフ・マリノフスキーはすでに一九二〇年代において、いわゆる未開人たちが利己主義的な動機のみで行動する「原始的経済人」でないことを力説していた。

このような批判的視点をさらに掘り下げ、近代的市場をもたないアルカイックな社会や前近代社会における人間の経済行動全般について正面から論じたのは、周知のように経済史家で経済人類学者のカール・ポランニーであった［2］。ポランニーは、近代的な市場をもたない社会では人びとの行動すべてが親族や宗教といった経済以外の領域と深く連関していること、つまり人びとの行動は社会のなかに埋め込まれており、そうした社会的要因を無視して理解することは不可能であることを論じた。ポランニーによれば、利得と損失を秤にかけ、利得の極大化を目指して行動するという、市場交換をモデルとした行動パターンが一般化するのは、「自己調整的市場」が成立する一九世紀以降にすぎない。また、そうした市場を備えることになった近現代社会でも、利得の極大化の原理による行動は、われわれの行動全般においてほんの一部をなすにすぎない。つまり、どんな時代であれ社会であれ、人びとのさまざまな行動を理解するためには、必ずそこに社会学的な――あるいは人類学的な――語り方をとり入れなければならないのである。

こうした経済学的な語り方と社会学的語り方の対立は、一九六〇年代の人類学において、いわゆる形式論と実体論の論争というかたちをとることになった。論争のアリーナとなったのはとくに経済人類学の領域である。どんな論争か。大雑把にいうなら、形式論とは経済学的語り方、実体論とは社会学的語り方である。形式論者は、近代的市場をもたない未開社会においても人びとは「目的―手段」の形式的合理性にもとづいて行動すると考えた。たとえばポトラッチを例にとろう。形式論者は、クワキウトル族の人びとが名誉や威信の獲得という「利得の極大化」を目的としてポトラッチをおこなうとみなす。これに対して実体論者は、クワキウトル族の親族システムや死生観、世界観、すなわちかれらの価値観や価値意識を考察しない限り、ポトラッチを理解することはできないと考える。この両者の論争は平行線をたどった。実体論者は形式論者のやり方が近代市場社会でしか通用しない偏狭なものであると批判し、形式論者は実体論者たちのやっていることは普遍的モデルを欠いた単なる分類学にすぎないと批判した。

グレーバーによれば、残念ながら七〇年代に入るとこの論争は過去のものとみなされるようになり、未決着のまま放置されることになった。その結果、実体論も形式論もそれぞれの課題を解決することなく現在にまで至っている。グレーバーの考えによれば、社会を全体的なまとまりとしてとらえようとする実体論者には、人びとが社会を再生産する際、社会がどのように人びとを動機づけているかを解明するという課題が残された。他方、個人の欲望という動機から出発する形式論者には、人びとが効用の極大化をおこなう際なぜ特定の財が選ばれるのか、あるいは財の意味づけをどう考えるかという課題が残されたのである。

「言語学的な語り方」は、そうした状況のなかで、一九六〇年代から七〇年代にかけ注目を集めるようになった。この語り方が依拠していたのは、かつて二〇世紀はじめに言語学者フェルディナン・ド・ソシュールが提起した「有意味的差異」という考えである。周知のようにこの考えによれば、所与の言語において、何らかの言葉の意味は単独で、あるいは自立して存在するのではなく、必ずそれ以外の何かの言葉との差異において存在する。たとえば日本語の「赤」は緑や青、黄など赤以外の色の呼称と有意味に区別されることで、示差的な意味をもつ。そうした有意味的差異の集合が、その言語における意味の全体的システムを構成する。それは価値についても同様である。価値の言語学的語り方によれば、所与の社会における何らかの価値もまた、他の何かの価値との差異、あるいは関係において存在し、それらの差異ないし関係の集合がその社会の価値システムを構成する。たとえば、クワキウトル族において銅製品の価値は、銅製品がその他の物、たとえば毛布やカヌーなどと有意味に区別されることで、可視化されるのである。

ソシュールに由来するこの言語学的あるいは構造主義的やり方には、しかし、弱点が二つあったとグレーバーはいう。一つは、このやり方だと、人間の行為そのものではなく行為の対象しか論じられなくなってしまうことである。たとえば、毛布を贈るという行為ではなく、毛布という贈与対象のもつ示差的な価値しか論じることができない。贈与対象としての毛布の価値はたしかにカヌーや銅製品の価値とは有意味的に区別される。だが毛布であれ何であれ、それらを贈るという行為が重要であるにもかかわらず、そうした行為そのものの解明は視野から外れてしまうのである。グレーバーは、こうした難点の原因が、もともとソシュールの言語学が文法よりも語彙の分析を、動詞よりも名詞や形容詞の分析を重視したことにあるとしている。

そして、もう一つの弱点は、このやり方だと、それぞれの価値の評価ができなくなることである。ここでグレーバーのいう「評価」とは、種々の価値のあいだに見られるヒエラルヒーの解明ということであるが、言語学的な語り方では、たとえば毛布がクワキウトル族の社会で一定の価値をもつことは説明できても、なぜ毛布より銅製品のほうに価値があるのかについての説明はできなくなるのである。

さて、価値の語り方をめぐって以上のようなタイプがあったこと、さらにタイプ間の対立があったこと、そして、それぞれのタイプに固有の弱点があったことを確認したうえで、次節では、「贈与」という現象がこれら三つの語り方では十分に論じられないこと、さらには、「贈与」という視点ないしパラダイムがこれらタイプ間の対立やタイプごとの弱点を乗り越えるものであることについて、考えてみよう。

2　贈与——第三のパラダイム

前節で見たように、価値の語り方にはそれぞれ対立点と難点があった。とりわけ経済学的語り方と社会学的語り方の対立は現在でも続く構図のようにも思える。そこで、少し乱暴だが、この対立を「方法論的個人主義」と「方法論的集合主義」の対立と言い換えてみることにしよう。ちなみに方法論的とは、それらがあくまで方法論だということ、つまり、個人や社会はこうあるべきだという「主義」ではなく、個人や社会はこのようにとらえることができる、という意味での「方法論」だということである。そして、これもまた少し乱暴にいうならば、方法論的個人主義は、社会なるものはつまるところ個人に還元される、つまり実在するのは個人だけであり、社会は（名前としては存在するが）実在しないと考える。他方、方法論的集合主義は、社会は個人の単なる総和ではなく、個人を超えた一つの確固たる実在であり、個人の意識や行動に大きな影響を与えていると考える。

こうした意味において、前節で見た価値についての社会学的語り方は方法論的集合主義に、経済学的語り方は方法論的個人主義にそれぞれ立脚しているといえる。同様に、経済人類学における形式論と実体論の対立の場合も、前者は方法論的個人主義に、後者は方法論的集合主義に分類されることになる。いずれも、個人と社会を対立させてとらえる方法である。

これらとは別に、ソシュールに端を発する言語学的語り方は、ラング（言語的知識）とパロール（個別の発話）の概念を導入することで、個人と社会を対立させる考え方を乗り越えているかに見える。だが、そのことの評価についてはここでは問わないことにしよう。

方法論的個人主義と方法論的集合主義はそれぞれ別個のパラダイムである。したがって、この二つのパラダイムはそれぞれが一つのパラダイムであるがゆえに――科学哲学者のパウル・K・ファイヤアーベントがいうように――もともと互いに共約不可能だともいえる。つまり、方法論的個人主義（経済学的語り方）と方法論的集合主義（社会学的語り方）の対立は、どこまでいっても解消されないということになる。

ところが、そうした考えに対し、いや、そうではない、第三のパラダイムがあるのだ、さらには、この第三のパラダイムは、方法論的個人主義と方法論的集合主義という旧来のパラダイムがもつそれぞれの難点を乗り越える可能性をもつのだ、と主張する論者たちがいる。一章で触れたMAUSS《モース》（社会科学における反功利主義運動）に集う人びとである。その中心人物の一人であるアラン・カイエは、第三のパラダイムとして「贈与パラダイム」を提唱し、以下のような議論を展開している［3］。興味深い議論なので、少し詳しく見てみよう。

カイエは、方法論的個人主義を「個人主義パラダイム」、方法論的集合主義を「ホーリズム・パラダイム」と言い換える。ちなみに、ここでカイエのいうパラダイムとは、「一定の研究者共同体が互いに了解できるかたちで共有する、説明のための一連の理論とモデルの集合」ということであり、科学史や科学哲学における標準的な理解を踏襲したものである。また、個人主義 individualism とホーリズム holism の区別は、いうまでもなく、アトミズム（要素論）とホーリズム（全体論）という古くからの概念区別にしたがうものである。

カイエによれば、個人主義パラダイムとは、社会現象の総体はすべて個人のおこなう決定と計算から説明可能であるとする考え方である。その際、個人は誰もが合理的に利害計算をする「エゴイスト」であるとみなされる。このパラダイムはその意味で、個人主義や功利主義、契約主義、あるいは道具的理性といった考えにもとづいているといえる。その例としてカイエがあげるのは、合理的選択理論やゲーム理論、ジョン・ロールズやロバート・ノージックらの道徳哲学などである。前述の経済学的語り方はもちろんこのパラダイムに含まれる。

これに対し、ホーリズム・パラダイムは、個人主義パラダイムとは逆に、個人の行為はすべて、社会の総体が個人に及ぼす影響という観点から、さらには社会の総体が再生産されるための要件という観点から、説明可能であると考える。この考えによれば、個人に先立つものとしての社会が諸個人の行為に影響を与え、それを促進する。カイエはこうしたパラダイムの例として機能主義や構造主義などをあげている。

カイエの考えによると、この二つのパラダイムにはそれぞれ難点がある。簡単にいうなら、自由と義務の位置づけである。個人主義パラダイムは自由に強調点を置く。そこでの自由とは、一部のいわゆるリベラリズムが主張するような功利主義的な自由である。これに対してカイエはいう。なるほど、個人の社会的行為に物質的・非物質的な計算や利害関心が伴うのはたしかだ。だがそれだけでなく、あるいはそれ以上に、社会的行為には義務感や素直な自発性、親切心、連帯感などが伴うこともまたたしかではないか。こうした義務や連帯といった社会生活の重要な側面を、個人主義パラダイムはとり逃がしてしまうことになるだろう。他方、ホーリズム・パラダイムはどうか。こちらは義務にもっぱら目を向ける。だが、社会が個人に及ぼす一方的な影響を強調するあまり、このパラダイムは個人を単なる受け身の操り人形のように描きがちである。ゆえに、ホーリズム・パラダイムでは人びとが織りなす社会の歴史的ダイナミズムをとらえ損なうことになる。

そこでカイエが提起するのが、第三のパラダイムとしての「贈与パラダイム」である。カイエの発想の源にあるのは、「贈与論」でマルセル・モースが論じた、人類社会に普遍的な贈与における三つの義務、すなわち贈る義務、受け取る義務、お返しをする義務である。一章で示したように、モースは「贈与論」において、未開社会や古代社会などの「アルカイックな社会」に見られる贈与と交換の慣習を詳細に検討し、この三つの義務が人類社会に普遍的な規範であることを力説した。カイエの提唱する贈与パラダイムとは、この贈る・受け取る・返すという三つの義務を軸として社会的行為をとらえるというやり方である。

贈与パラダイムが目指すのは、個人主義パラダイムとホーリズム・パラダイムの乗り越えである。そのことを考えるうえで注意したいのは、モースのいう「贈る・受け取る・返す」という三つの義務が、ホーリズム・パラダイムの考えるような義務とは異なっている点である。ホーリズム・パラダイムの考えでは、個人は、社会によって課される義務（行為の規範や準則など）にしたがって、いわば他律的に行為する。先に見たように、こうした考えはホーリズム・パラダイムの難点にもつながるものだった。これに対し、モースがいう三つの義務は、社会が操り人形としての個人に上から一方的に押しつける拘束のようなものとは異なる。それはいわば、自由と義務のハイブリッド、あるいは「自由であること（自発的であること）への義務」なのである［4］。

贈る義務について考えてみよう。誕生日とか祝祭の場のような何か特別な機会には、しかるべき相手に贈り物をしなければならない——これはたしかに義務といってよい。だがこの義務は、赤信号で止まらなければならないとか、課題を提出しなければならないといった義務とは異なる。なぜかといえば、それが贈り物だからである。言い換えるなら、贈り物とは本来、誰かに強制されてなされるものではないからである。贈り物には「あなたにこれを贈りたい」という意志が込められている。そうした意志を欠いた贈り物を贈り物と呼ぶことは困難だろう（それは単なる財の移転にすぎない）。そのように考えたとき、贈るという行為そのものには必ず「あなたにこれを贈りたい」という、贈る側の主体的な自由が関与していることがわかる。あるいはこういういい方もできるだろう。贈り物が、誰かに気に入られたい、見返りを期待したい、といった功利的な打算からなされることも少なからずある。ここには、相手との関係を有利に操作したいという、贈る側の計算や選択がある。その際、贈る側はみずからの自由意志においてこうした計算や選択をおこなうのである。このような意味においても、贈与は自由と義務のハイブリッドなのである。

そのように考えてみたとき、ホーリズム・パラダイムでは贈与という行為を説明できないことが見えてくる。なぜなら、ホーリズムは贈与に伴う行為者の自由を視野に入れないからである。カイエはいう。「ホーリズムの描く主体には贈り物をする能力がない。この主体は、自分を取り巻く外部の力によって強く支配されているため、自由と意味に手が届かないのである。せいぜいのところ、儀式や掟や務めをほどほどにこなし、おのれの運命に従うくらいしかできないのだ」。他方、個人主義パラダイムにもまた大きな問題がある。「それとは逆に、方法論的個人主義の描く個人はとても自由ではあるが、同時にまた自己の内に閉じこもっているため、自己から脱却して振る舞うこと、つまり他者というモナドとの間に真正の関係を打ち立てることができないのである」。つまり、モースがいったような、他者とのあいだにつながりを生み出す行為としての贈与を論じることができないのである［5］。

モースは、まさに贈与が自由と義務のハイブリッドであると考えた。贈与は、それがいかに社会によって統制されているように見えても、必ず何らかの自発性において遂行される。未開社会においてさえ、贈与に伴う義務的儀礼は個人のイニシアティブにおいておこなわれるのである。モースはまた、贈与がホーリズムの主張するように社会の統合と連帯のためだけにあるのではなく、闘争や葛藤の手段としてもあることを強調した。前章で見たクワキウトル族のポトラッチを思い出せばわかるように、贈与にはまさに「競覇的」な闘争という面があった。この闘争は、モースによれば、新たな同盟や友好関係の出発点ともなり得るという両義性をもっている。ポトラッチという闘争を通して部族間のヒエラルヒーが決まり、そこにおいて新たな同盟のつながりが確認される。そして、そこでまた新たに競覇的贈与の闘争がおこなわれることになるのである。

さらにモースは、贈与という行為の動機が「欲」と「無欲」の両方にあることを強調した。というより、モースの考えでは、純粋な打算だけでなされる贈与がないのと同様、純粋な無私の心だけでなされる贈与もない。ひたすら自分の利得だけを目的におこなわれようとする贈与は相手から警戒され拒絶されることにつながり得るし、同じように、無償・無私の心でおこなわれようとする贈与もまた相手にとってみれば大きな心的負担となり、受け取りを丁重に断わられる可能性もあるからだ。もっとはっきりいえば、贈与はけっして単なる無欲でなされるわけではない。そこには必ず何らかの欲＝関心《アンテレ》が伴うのである。ただその際、とりわけアルカイックな社会では、同盟や連帯のような友好関係への欲＝関心が、相手を単なる利得獲得の手段として扱う道具的関係への欲＝関心よりも尊いとされるということなのである。カイエはいう。「まったき無償の贈与を探求しようとする宗教や幾多の哲学者たちのこだわりには、だから、当てがないのである。もっとも、このこだわりは無欲と無関心の混同から来ているのだが。」［6］。

こうして、贈与は、自由と義務、闘争と連帯、欲と無欲という相対立する原理が両義的に交叉するところに成立するものであることがわかる。カイエは個人主義パラダイムもホーリズム・パラダイムも、贈与のこうした両義性をとらえることはできていないと述べる。なぜなら、個人主義もホーリズムも社会というものを「垂直的」にとらえてしまっているからである。どういうことか。ホーリズム・パラダイムは個人と社会の関係を、上から下を見るように、つまり社会が個人を押さえつけるという構図でとらえる。一方、個人主義パラダイムは下から上を見るように、つまり社会はそれぞれの個人による決定の集合的帰結にすぎないというとらえ方をする。カイエは、一見正反対のこの両パラダイムが実は同じ過ちを犯しているとする。つまり、両者とも、何らかの「実体」が他方に先だって存在すると考えているのである。ホーリズムは個人に先立って社会が、個人主義は社会に先立って個人が存在するとみなす。このことにより、結果として個人主義パラダイムは自由・闘争・欲を、ホーリズム・パラダイムは義務・連帯・無欲を、それぞれ他方に対して先立つものと考えることになり、両者ともに贈与のハイブリッド性と両義性を視野から逃してしまうのである。

カイエによれば、したがって、社会は「水平的」にとらえられねばならない。どういうことか。簡単にいうとそれは、個人と社会とを同じ平面でとらえること、両者が同じ一つの運動において、同時に生産され、再生産されると考えることである。個人と社会のどちらかがまずあるのではなく、具体的人間の相互行為こそがまずあると考えるべきである。人間は互いに贈与し合いながら同盟関係を構築し、その過程でみずからの個人性と共同性を同時につくり出す——それはまさにカール・マルクスのいうプラクシスの考え方にほかならず、その意味でマルクスとモースには強い類縁性があるのではないか、とカイエはいう［7］。

相互行為としてのプラクシスが個人と社会を同時につくり出す。こうした考え方は、しかし、けっして新しいものではない。マルクスのほかにも、たとえばかつてゲオルク・ジンメルが論じた「社会化《フェアゲゼルシャフトゥング》」の考えなどもこの系譜に連なるといえるだろう。個人と社会を対立させて考える旧来の二元論からの脱却の試みは、社会学において一つの伝統ともなってきたともいえる。ただ、カイエによれば、興味深いのは、モースの提示した贈与のパラダイムが、聖と俗、社会的なものと心理的なもの、象徴と効用、自由と義務、正常と異常といった、個人と社会という二項対立から派生する他のさまざまな対立をも揚棄しようとしていることである。モースは、贈与という行為にはこれら二項のそれぞれが同時に関与すると考えた。たとえば、贈与は聖なる象徴的行為であるとともに、効用を目的とする世俗的行為でもある。あるいは先に見たように、贈与は義務であるとともに、贈る側の自由においてなされる行為でもある。贈与を考える際、あるいは贈与をおこなう際、われわれは「修道士のような生活も、シャイロックのような生活も、ともに避ける必要がある」のだ、とモースは比喩的に語っている［8］。

そして何より重要なのは、このような相互行為としてのプラクシスこそが「社会的つながり《リアン》」の生成を可能にするということである（もちろんつながりは拘束《リアン》でもある）。カイエによれば、個人主義パラダイムもホーリズム・パラダイムもこの社会的つながりの生成を説明することができない。繰り返しになるが、個人主義は個人を、ホーリズムは社会の総体をそれぞれ物象化し実体化する。個人主義は個人という実体が社会的つながりに先立って存在すると考える。その際、個人というモナドがいかにして結びつき、社会的つながりの生成に至るかには目を向けない。反対にホーリズムは個人の行為に先立って社会的つながりという実体が存在すると考える。だが、その社会的つながりそのものがいかにして生まれたかは問題とされない。こうして、いずれのパラダイムにおいても社会的つながりの生成は視野から外れてしまうのである。

では、贈与パラダイムはこのプラクシスによる社会的つながりの生成について、いったいどのように考えるのだろうか。次にそれを見てみよう。

3―贈与という賭け

カイエによれば、社会的つながりの生成に目を向けることができるのは贈与パラダイムだけである。どういうことか。カイエはゲーム理論などの領域でよく用いられる有名なモデルをあげて、それを説明する。いわゆる「囚人のディレンマ」と呼ばれるゲーム(というか寓話)である。

何かの罪で逮捕され勾留された二人の共犯者が、それぞれ別の取り調べ室にいる。二人は自白するか否認するかの選択に悩んでいる。別室に入れられた二人は互いに連絡を取ることができない。そんな状況で二人は少しでも自分に有利な選択をしようと考える。自分が自白して相手が否認したらどうなるか、相手が自白して自分が否認したらどうなるか、二人とも否認したらどうなる、それとも二人とも自白したら——。二人は、どれを選べば得か損かをあれこれ考える。

そして、二人にとってはそれぞれ、自分が否認し、相手が自白することが最悪の結果に見えてくる。なぜなら、自分が否認したとしても、相手が自分を窮地に陥れるような自白をするかもしれないからである。だったらいっそのこと、相手がどう出ようが、自分は自白したほうが傷は少なくとも浅いだろう。そんなふうにそれぞれが「合理的」な推論をおこなった結果、二人とも自白という最悪の選択をすることになってしまう。実は二人にとって有利なのは(＝最悪でないのは)ともに否認することなのに——という話である。

ここに示されているのは、ゲーム理論で「非協力ゲーム」と呼ばれるもの、すなわち、各プレーヤーが互いに独立に自分の利得を最大化しようとして競い合うゲームである。あるいは、社会的つながりを欠いた状況で、モナドとしての個人がそれぞれ合理的に戦略を立てながら、最適解を求めておこなわれるゲームというい方もできるだろう。要するに、このゲームで示されるディレンマとは、個人が利己的な動機によってそれぞれ合理的に行動することが、結果的には共同体にとって望ましくない非合理的な状態を招いてしまうということである。その意味では、「囚人のディレンマ」は個人主義パラダイムのディレンマでもある。そして、カイエはこのディレンマが示す状況のなかに、社会的つながりが生成するきっかけを見ようとするのである。

引き離された二人の囚人は互いにコミュニケーションをすることができない。つまり社会的つながりがそこには欠けている。二人はそれぞれ、自分の損得だけを考えて利己的に行動するか、それとも相手を信頼して利他的に行動するかの岐路に立たされている。そして、カイエによれば、望ましいのは後者のやり方を選ぶことである。なぜなら、そのことにより、合理的行動がもたらす失敗を避けることができるからである。

だが、利他的に行動するといっても、相手がそれにどう応えてくれるか、相手を信頼してよいかはそもそも不可知である。ではどうすればよいのか。このディレンマを乗り越えるための唯一の鍵が贈与なのだとカイエはいう。この囚人たちのケースでいえば、望ましいのはとりあえず思い切って相手を信頼し、自分の不利益の可能性には目をつぶりつつ、利他的に振る舞うこと、具体的には、相手のことを考えて否認を貫くことである。もちろん、自分が否認を続けても、相手が嘘の自白をして自分を窮地に追い込むかもしれない。そうなる可能性を知りつつ、相手をあえて信頼し、自分が否認を続けること。それは相手を信頼し、相手に自分を譲り渡すこと、つまり贈与にほかならないのだとカイエはいう。贈与とはこのように、「信頼を打ち立てるために不可欠な、信頼への賭け」なのである［9］。

さて、ここで注意したいのは、この「信頼への賭け」が、自己犠牲の精神による美徳のあらわれのようなものではないことである。ホーリズム・パラダイムの考えだと、社会においてはこうした道徳や習慣があらかじめ行為者にしっかりと刷り込まれているため、「囚人のディレンマ」のような状況は発生しない。囚人は互いに自動的に相手を信頼し、否認を続けるだろう。個人主義パラダイムの想定するゲームの相手が詐欺師あるいはシャイロックだとすれば、ホーリズム・パラダイムのそれは聖人あるいは修道士である。しかし現実の社会に目を向けるなら、そこには詐欺師も聖人も当然のことながらまぎれ込んでいる。社会的つながりを結ぼうとする相手が聖人かもしれないし詐欺師かもしれないからこそ、「賭け」なのである［10］。

モースはいう。昔もいまも人はつねに「よそ者」を相手にしてきた。そうした状況において、選択肢は「完全にみずからを相手にゆだねる《ス・コンフィエ》か、さもなければ完全に相手を拒絶する《ス・ディフィエ》か」しかなく、「中間的なものなどない」のであった。モースによれば、そうしたなかでこそ、人は贈与するようになり、受け取るようになったのである。なぜか。それは、とりわけアルカイックな社会においては、「人間たちには選択肢がなかったから。二つの人間集団が出くわしたとき、なしうることは次のいずれかでしかない。離れるか――双方が不信感をあらわにし合うとか、挑発し合うといった場合には戦うか――、さもなければ、つきあうか」。よそ者とつき合うこと、つまり社会的つながりを生成することは、贈与によってのみ可能だったのである[11]。

ここで興味深いのは、モースが、よそ者と「つきあう」ことと「離れる」ことを表裏一体のものとして考えている点である。同盟と信頼に賭けて贈り物をするか、それとも戦争を始めて戦うか。アルカイックな社会におけるこうしたあり方をカイエは「無条件性の賭け」と呼ぶ。同盟を結ぶ際には惜しまずに（無条件に）相手に贈り物をする。これは賭けである。だがその際、この相手と戦争になる可能性がなくなるわけではない。もし戦争ということになれば相手とのコミュニケーションは絶たれ――「囚人のディレンマ」と同じ状況が生まれ――相手に対して攻撃が手段を選ばずに（無条件に）おこなわれる。これもまた賭けである。

この二つの賭けは互いに境を接している。ポトラッチに見るように、アルカイックな社会では、昨日まで敵だった相手に対し、競覇的贈与をおこなうことで新たに同盟をつくりあげたりすることは稀ではなかった。いわば平和的手段を用いて戦争を続けるのである。その意味で、贈与とはまさに政治そのものである。カイエはいう。「贈与とは何より敵対関係の手直しなのであって、慈善ではない」[12]。言い換えるなら、贈与とは社会的なつながりをつくるための、あるいはつくり直すための政治的な賭けなのである。

モースは「贈与論」において、ポリネシア、メラネシア、アメリカ北西部等の未開社会に加え、ヨーロッパのローマやゲルマンなどの古代社会やインドの古代ヒンドゥー社会も事例としてとり上げている。モースによれば、それらの古代社会にも、贈り物を交換し合うという古くからの慣習が広く見られた。興味深いのは、それらの古代社会における贈与の慣習を検討するなかで、モースがそれらの贈与を「担保」や「抵当」といういい方で説明していることである。

たとえば古代ローマ社会では、贈与された物は「ネクスム」nexum すなわち縛りとして受け取り手を拘束し、さらには受け取り手を贈り手に対して「罪責状態に準じるような状態」、あるいは「霊的に劣位にある状態であり、倫理的な不平等をこうむっている状態」に置く。人から物を受け取ることによって、受け取り手は、物と人の両方に縛られることになるのである[13]。古代ゲルマン社会でも同様に、贈り物は「担保〔ガージュ〕として与えられ、担保に質入れ〔アンガージュ〕された物それ自体が、それみずからの力能によって、ある関係の縛り〔リアン〕をなす」のだとモースはいう[14]。

こうした担保や抵当による縛りから自由になるためには、受け取り手は借りを贈り手に返さねばならない。ただ、それは、単に借りた物は返さなければならないというような形式的な理由からではない。クワキウトル族やトロブリアンド諸島の人びとと同じように、これらの古代社会においてもまた、贈与される物には贈り手の霊や魂のようなものが込められていたとモースはいう。そこでもまた、贈与という慣行においては、人と物が「一つに融け合」っていた。ゆえに、贈り手は担保《ガージュ》としての物を相手に贈る際、みずからの「名誉や権威や「マナ」をも賭けにさらしている《アンガージュ》」ことになったのである[15]。贈り手にとって贈与は危険な賭けでもあったのだ。そして、そのような危険な賭けの対象（賭け金）としての担保を受け取った者もまた、危険にさらされる。その受け取り手は、担保を手にすることでみずからが縛られることになるからである。この状態から解放されるためには借りを返さなければならない。一章でも触れたように、贈り物《ギフト》はまた——とりわけゲルマン社会では——毒《ギフト》としても認識されていた［16］。繰り返すが、そのような意味においても、贈与は政治だったのである。

註

1 David Graeber. *Toward an Anthropological Theory of Value*. PALGRAVE. 2001.ch.1.

2 Karl Polanyi. *The Great Transformation: the political and economic origins of our time*. Beacon press. 1957.（〔新訳〕『大転換』野口建彦・栖原学訳、東洋経済新報社、二〇〇九年）

3 Alain Caillé. *Anthropologie du don: Le tiers paradigme*. La Découverte. 2007.

4 ibid., p.126.

5 ibid., p.52. アラン・カイエは同じ箇所で、この両パラダイムの射程をマックス・ウェーバーの行為類型論になぞらえ、ホーリズム・パラダイムがウェーバーのいう伝統的行為しか論じていないこと、対して個人主義パラダイムが目的合理的行為しか論じていないことを指摘する。その指摘を敷衍するならば、贈与という行為は、伝統的行為であり同時に目的合理的行為でもあるという、まさにハイブリッドなのである。

6 ibid., p.127.

7 ibid., p.59.

8 Marcel Mauss. "Essai sur le don: forme et raison de l'échange dans les sociétés archaïques." *Sociologie et Anthropologie*. PUF. 1950 (1923-24). p.263.（「贈与論――アルカイックな社会における交換の形態と理由」『贈与論 他二篇』森山工訳、岩波文庫、二〇一四年、四〇六頁）。シャイロックとはもちろん、シェイクスピアの『ヴェニスの商人』に登場する強欲な商人である。同作品のシャイロックをめぐるエピソードの解釈については、ナタリー・サルトゥー＝ラジュ『借りの哲学』（高野優監訳・小林重裕訳、太田出版、二〇一四年）を参照。

9 Caillé. op. cit., p.49.

10 社会学者の荻野昌弘は「零度の社会」といういい方で、贈与と詐欺の区別がつかない原初的状態、あるいは規範を欠いた「社会の余白」について、とても興味深い議論を展開している（『零度の社会――詐欺と贈与の社会学』世界思想社、二〇〇五年）。

11 Mauss. op. cit., p.277.（前掲訳書四四七頁）

12 Caillé. op. cit., p.128.

13 Mauss. op. cit., p.236.（前掲訳書三二四～五頁）

14 ibid., p.253.（同訳書三八一頁）

15 ibid., p.254.（同訳書三八四頁）

16 Marcel Mauss. "Gift, Gift" (Eng.trans.) Alan D. Shrift. ed. *The Logic of the Gift*. Routledge. 1997. pp.28-32.（同訳書三七～四九頁）。モースは一九二四年に書かれた小論「ギフト、ギフト」において、ゲルマン語系の言語ではギフトの語に「贈り物」と「毒」という二つの意味があること、この二つの語の意味上の類縁関係がそれぞれのもつ「呪力」にあることを論じている。ただし、言語学者のエミール・バンヴェニストによれば、ドイツ語の毒《ギフト》はもともとギリシア語の「与える《ドーシス》」が薬の投与量《ドーゼ》という意味でも用いられていたことの借用によるものであり、「そこに贈り物ないし献上物といった考え方はみられない」とのことらしい。エミール・バンヴェニスト『インド＝ヨーロッパ諸制度語彙集I』前田耕作監修・蔵持不三也・田口良司・渋谷利雄・鶴岡真弓・檜枝陽一郎・中村忠男訳、言叢社、一九八七年、六二頁

6

贈与、この社会的なもの

マルセル・モースは、贈与を政治との関係において見ていた。あるいは、贈与は社会的つながりを生成させる「社会的なもの」であると同時に、すぐれて「政治的なもの」であるとも考えていた。そう考えるモースにとり、アルカイックな社会における贈与と交換のあり方を考察することと、みずからが生きる現代社会の政治的状況を観察することは深く結びついていたのである。この章では、そうした前提に立ち、モースの思考の現代的意義について考えてみたい。

1―マルセル・モースと社会主義

人類学者のデヴィッド・グレーバーは、モースの「贈与論」がもつ時代的、政治的な意味と文脈に注目している［1］。一章で見たように、「贈与論」が書かれたのは一九二〇年代の前半であった。それは第一次世界大戦とロシア革命という歴史的激動の直後の時期であり、そのさなかで、モースが大戦後興隆していった「自由資本主義」を批判するとともに、大戦期に成立した「ボリシェヴィズム体制」にも批判的なまなざしを向けたことについては、これも一章で見たとおりである。もう少し細かくいえば、「贈与論」は一九二五年に公刊されたが（初出は一九二三年の『社会学年報』）、グレーバーによるならば、ちょうどこの時期、モースは政治にとりわけ強く関与していたことになる。モースは、この時代の政治状況を強く意識しながら「贈与論」を執筆したのである。

もともとモースは若い頃から政治、とりわけ社会主義に関心があり、その後も消費者協同組合の運動に深くかかわったり、「フランス社会主義の父」ジャン・ジョレスに強い共感を示すなど、一貫して社会主義にこだわり続けた。そうした「社会主義者モース」（モーリス・ゴドリエ）が自由資本主義に批判的であったのはわかりやすいところだろう。だが、そのモースが、ロシア社会民主労働党を母体とするボリシェヴィズムに対しても批判的であったのはいったいどうしてだろうか。

ボリシェヴィズムに対するモースの評価は両義的であった。モースは第一次世界大戦末期に起きたロシア革命の展開に、並々ならぬ関心を抱いていた。が、革命が進行していくなかで、ボリシェヴィキたちによるこの革命が、自分の考える社会主義の理想とはおよそ似ても似つかわしくないものであるようにモースには思えてくる。「贈与論」の発表に先立つ二年前の一九二一年に、モースは「ボリシェヴィキのために」という小文を書いている［2］。そこでモースはいう。ボリシェヴィキたちの振る舞いは理想に反するというより、無知と無法以外の何ものでもないのではないか。とりわけかれらの「神秘主義とロマン主義」「暴力と専断」「偽善と虚偽」「「目的のためなら手段を選ばぬ」というシニカルな思想」「日和見主義」には辟易し、怒りをおぼえざるを得ない。それらの要素は社会主義の理想とはほど遠い、むしろ社会主義の信用を失わせるものでしかない、と。

ここで、ボリシェヴィキが社会主義の信用を失墜させた、とモースがいうのは、単なる感情論からではない。この小論が書かれる直前、第一〇回ソ連共産党大会で採択された、いわゆるネップ（新経済政策）に対するモースの失望がそこには反映されているのである。戦時共産主義の廃止と市場原理の部分的復活、外国資本の部分的導入による混合経済を目指したネップは、ボリシェヴィキたちの私腹を肥やすだけで終わるのが関の山だ、とモースは断じている。

では、モースはボリシェヴィズムと社会主義の違いをどのように考えていたのか。あるいはモースにとって、来たるべき社会主義の正しい姿とはいかなるものであったのか。

モースは、「贈与論」の発表とほぼ同じ時期に「社会主義とボリシェヴィズム」という論文を発表している[3]。そこでモースは、ボリシェヴィキたちが遂行したロシア革命の本質と問題点を論じるとともに、あるべき、あるいは来たるべき社会主義の方向を探ろうとしているように見える。モースはまず、ロシア革命が社会主義を実現したはじめての偉大な試みであったとする評価と、多大の無秩序やテロル、貧困、飢餓をもたらした点で社会主義とはほど遠い無謀な試みであったとする評価の両方に目を向ける。そのうえで、ボリシェヴィキたちの「実験《エクスペリアンス》」がどのようなものであったかを考察してゆく。

モースは、レーニンやトロツキーらボリシェヴィキによる革命が単なる理念だけに終わらず、専門機関としてのソヴィエト（会議あるいは評議会）が実際に国民の財産を管理し国家の行政・立法に携わるという、革新的な組織原理を実現した点を評価し、この革命にとりあえずの理解を示す。さらには、ボリシェヴィキが実現したソヴィエトという理念が、自身の偉大な叔父であり、みずからの思想の源泉でもあったエミール・デュルケームの生前構想していた理念と通じるように見えるとまでいう。

専門機関が人びとの所有を管理する制度を構築すること、生産組織に参加する労働者の協同組合を土台にした道徳的・政治的集団道徳を確立すること。モースによれば、そうした理念をデュルケームは『社会分業論』（講談社学術文庫、一九八九年。原書刊行は一八九三年）や『自殺論』（中公文庫、一九八五年。原書刊行は一八九七年）の結論部で提起していた。そして、ソヴィエトが実現しようとしていた理念の方向性もこれと同じようなものだったのではないか、という。だが、注意しなければならない。デュルケームのそうした考えとソヴィエトの実践に共通性があるように見える理由として、デュルケームがサンディカリズムの思想家ジョルジュ・ソレルに影響を与えたこと、そしてさらにソレルの思想がレーニンに影響を与えたことについて、モースは用心深く書き添えているからである。モースはソレルの思想を一貫して危険視していた。ソレルの無批判な暴力讃美や科学的繊細さの欠如がモースには我慢ならなかった。つまり、モースは尊敬する叔父デュルケームの思想のなかに、ソレルを介して間接的にボリシェヴィズムへとつながるような危険性を見抜いていたということになるのである［4］。

モースは、以上のような考えを踏まえたうえで、レーニンやトロツキーらボリシェヴィキたちのロマン主義やシニシズム、暴力性、さらにそれらがもたらした無秩序やテロル、飢餓などに対し、きわめて否定的なまなざしを向ける。さらには、革命の過程でボリシェヴィキたちがおこなったことは「実験」と呼べるようなものではなかったと断言する。それは「実験」ではなく「大冒険」にすぎなかったのだと。どういうことか。

モースの考えでは、本来あるべき「実験」とは、「理性的に、手段を選びつつ、体系的になされる」ものでなければならない。これに対し、「ボリシェヴィキたちの実験は理性的ではなく、しかるべき対策を備えた社会の構築に向けられたものでもなく、体系的でもなかった」。ボリシェヴィキたちの実験は、あるときは頑固なドグマに縛られ、あるときは無節操なドグマの変更に翻弄され続けたため、一貫した構想を追求することができなかった。そうした意味において「冒険」にすぎなかったのである［5］。

そのことは、ボリシェヴィキたちによる革命が、かれらの「意志」によってというより、さまざまな偶発的な「状況」によってもたらされた面が大きいことからも理解される、とモースはいう。モースの考えによると、かつての英・米・仏の革命においては、ある程度成熟した市民がみずからの意志で行動し、腐敗した旧体制を打ち倒した。それに対し、ロシアの革命はロシア国民の意志にもとづく主体的な行為によってなし遂げられたものではなかった。それはツァーリズム体制の失墜の象徴であり、徴候であり、その結末にすぎなかった。ロシア革命は第一次世界大戦の戦乱のさなかにおこなわれた。それだけでなく、革命の過程で、飢饉や疫病や大量虐殺などにより人びとのつながりが破壊されるという、きわめて異常な状況が生まれた。それは精神的にも物的にもまともな状態からはかけ離れた、「攻囲錯乱」folie obsidionaleにおいて遂行されたのだ、とモースはいう。

さらには、とモースは続ける。革命後、コミュニストたちは指導的立場に身を置くことで、儲けを手にしているではないか。「コミュニストたちはロシア革命を、そのイデオロギーを食いものにしている。より正確に言えば、ロシアを、ロシアの人的資源を、膨大なロシアの物財と人間という富を意のままにしている。（中略）コミュニストたちはツァーリと同じやり方で、つまり警察を土台とした軍の力を用いて、あるいは時代遅れの「ドルジーナ」、専制君主を支える「戦闘組織」である親衛隊を用いて、ツァーリのごとく居すわり続けているのである」［6］。

さて、こうしたロシア革命をめぐる一九二三年当時のモースの見解が的を射ていたかどうかはさておき、この革命の過程におけるボリシェヴィキたちの実験が安定した状況でなされたものでなかったことはたしかであろう。長引く内戦、農村部における飢餓の深刻化、列強による干渉など、数多くの不安定要因のもとで実験はおこなわれざるを得なかった。それを踏まえ、モースは結論づける。ボリシェヴィキたちの営為はロシアの革命にとって必要ではあったが、革命が成功するための一翼を担ったにすぎなかった。また、この革命は社会主義に向けた国民の強靭な意志の産物でもなかった。「社会主義は、それが意志によって望まれたものでない限り存立不可能なことは明らかである。意志が、つまり経済生活を制御しようとする意志が国民を常に鼓舞していかない限り、社会主義は長続きしない。ボリシェヴィキたちの社会主義には、つまりかれらの「実験」には、意志という不可欠なものが欠けているのである」[7]。

モースはこの「社会主義とボリシェヴィズム」の発表の前年、「ボリシェヴィズムの社会学的評価」というタイトルのボリシェヴィズム論を発表している[8]。そこでもボリシェヴィズムに対する厳しい評価が述べられているが、そのなかでモースは、ソヴィエトがつくりあげたのは「社会主義とは異なる」システムでしかなかったと断言する。とりわけそのことは、職業集団をめぐる政策において顕著であった。「ソヴィエトは職業集団を暴力的に蹂躙し、恐怖させた。ソヴィエトは職業集団をほとんど破壊した。職業集団はすぐれて革命の手段であり、生産の真の担い手であり、財を所有する権利を真に有するものであったはずなのに、ソヴィエトはそれを弱体化させた。それによってソヴィエトは、目的であった生産の集合的な組織化を達成し損なったのである。」[9]。

ソヴィエトはこうして、生産における集団の自主的活動や倫理を破壊し、誤った「個人主義」を助長させたのみならず、消費における共産化というかたちで市場を破壊した。モースによればボリシェヴィズムとは、こうした意味において、社会主義とは真逆の「個人主義への退行」であり、同時に「共産主義への退行」でしかなかったのである。

2　アソシエーション

こうしたモース自身の評価から読み取れるように、モースの考える社会主義はボリシェヴィキたちの共産主義とはまったく異なっていた。職業集団の意志と倫理に根差し、同時に、所有と市場を全面的に破壊することなく、巧みにそれを「組織化」しながら、時代の困難を乗り越えようとするもの、それがモースの考えていた社会主義であったと思われる。「わたしが社会主義というものを的確に把握しているとするなら、それは市場を組織化し、信用取引を組織化し、流通を組織化し、その結果として生産を組織化する（必ずそうするというわけではなく、また今すぐそうするというわけでもないが）ものであるだろう。」［10］。

モースの考えていた「来たるべき社会主義」とは、市場を否定するものでも、貨幣経済を否定するものでもなかった。一章でも見たように、モースはこれまでのいかなる人類社会にも、市場、ないしそれに類する仕組みは存在してきたと考えていた。そのようなものとしての市場を、「自由資本主義」のように利潤の獲得のみを目的にした剝き出しの自由競争にゆだねることなく、職業集団と消費者組合による意志を介して組織化していくこと。これがおそらくモースの考える社会主義だったのではないか。

さて、モースはこうした論調の政治的文章を書き続けながら、同時進行で「贈与論」をまとめていった。

グレーバーは、モースの最も重要な二つの著作（『贈与論』と「ボリシェヴィズムの社会学的評価」）の公刊年がどちらも同じ一九二五年だったことは偶然ではないという。この二つの著作は「同じ一つの思想的プロジェクトの両脚」であった、と。グレーバーによれば、この当時モースは、資本主義というものに対抗する「現代的なオルタナティヴ」を構想しようと考えていた。そのオルタナティヴを探るための方途として、言い換えると、市場という制度の歴史性と相対性をとらえ直すための手段として、一方で、近代的市場をもたないアルカイックな社会における贈与の比較民族学を、他方で、ボリシェヴィズムによる市場経済の乗り越えという「実験」の評価をおこなおうとしたわけである。その結果、モースは、アルカイックな社会における経済行為のなかに非功利主義的な「倫理」を見出すとともに、ボリシェヴィズムの「『目的のためなら手段を選ばぬ』というシニカルな思想」のなかに——グレーバーによれば——「冷酷な功利主義」を見出したのであった［11］。

ところでモースは、一章でも見たように、アルカイックな社会にも市場はあると考えていた。

これらの社会は、これまで言われてきたのとは違って、経済的市場をもっていないわけではない——なぜなら私見によれば、市場［マルシェ］というのは、これまでに知られているどんな社会にも在在する人類的な現象だから。ただ、これらの社会では交換体制がわたしたちのとは違うだけなのだ。そこに見ることができるのは、商人が生まれる以前の市場の姿であり、そして、彼らの主要な発明品である本来的な意味での貨幣が生まれる以前の市場の姿である。［12］

このようにいうとき、モースが「人類的な現象」として思い描く市場《マルシェ》とは何も特別なものではない。そ

れは人と人の、あるいは集団と集団のあいだでおこなわれる取引《マルシェ》である。ただしそれは、いわゆる市場とは異なり、個人間ではなく集団間でなされる交換や契約である。かりに個人間でなされる場合も、その個人は何らかの氏族や集団の一員としての資格において取引をおこなう。また、そこで交換されるのは経済的有用物だけでない。より重要なのは、「礼儀作法にかなったふるまい」の交換なのである。具体例として、四章で見たトロブリアンド諸島のクラ交換を思い出したい。クラ交換においては、クラ仲間とのあいだで、貴重財としてのヴァイグアが「礼儀作法にかなったふるまい」とともに贈与交換された。クラではまたこの儀礼的贈与交換と並行し、実用的な物品が交換される、ギムワリと呼ばれる物々交換がおこなわれることもあった。クラが儀礼的贈与交換であるのに対して、ギムワリは実用的交換であり、両者は厳密に区別された。

ではこの儀礼的取引と実用的取引の違いはどこにあるのだろうか。モースはそれを協同関係《アソシアシオン》の有無に見ている［13］。クラは、クラ仲間とのあいだの贈与交換を通し、そこに協同関係をつくり出す。一方、ギムワリは協同関係を必ずしも前提とせず、また、協同関係をつくり出すこともない。では、協同関係とはいったいどのようなものなのか。モースはそれを「クラン〔氏族〕仲間のようなつながり」（傍点引用者）と表現している。遠く離れた島々のあいだに氏族のつながりがあることはほとんど稀であろう。だが、クラによる儀礼的交換の試みにより、そのようなつながりが生まれる。つまり、実用的交換とは区別される儀礼的贈与と交換の試みにより、あるいは贈与という賭けにより、集団と集団のあいだに親族関係のようなつながりがもたらされるのだ。いわゆる市場とは区別されるこうしたアルカイックな取引は、いわば擬似的親族関係としての協同関係をつくり出し、また、その協同関係がアルカイックな取引の新たな基盤となるのである。

ここでモースの社会主義に戻ろう。先に見たように、モースが青年時代から協同組合に強い関心と期待を抱いていたとするならば、そして、ボリシェヴィズムとは異なる社会主義を構想しつつ「贈与論」を書き進めたとするならば、この擬似的親族関係としての協同関係《アソシアシオン》こそ、モースの考えていた「来たるべき社会主義」の鍵をなすものだったといえるのではないだろうか。そして、協同組合こそが、アルカイックな協同関係の現代における具現化ではなかっただろうか。とりあえず、そう考えることができるだろう［14］。だが、注意したい。モースは一九二〇年に書いたある小文のなかで、次のようなことを述べている。すなわち、協同組合《コオペラシオン》は自発的で自由で前進的な協同関係《アソシアシオン》である。それは、たとえ逆風のなかにあっても、組織やスタッフの力によって力をつけていくものだ。けれども、そうした協同関係は、消費者の大多数が本気でそれを支持しない限り、うまくいかないのだ、と［15］。モースがとくに関心をもってかかわったのは消費者協同組合であった。消費者は労働者であり、同時に労働者は消費者でもあるわけだが、消費者としての立場は労働者としての立場に比べ、比較的自由で自発的であるという［16］。モースはそこに注目していたのであろう。つまりモースの考えでは、協同関係は自発的でなければならない。あるいは言い換えると、協同関係はいわゆるヴォランタリー・アソシエーション（自発的結社）でなければならないのである。先述のように、モースはクラにおける儀礼的贈与交換が「クラン仲間のようなつながり」をもたらすと考えた。だが、そのつながりは、単なる擬似的親族関係というよりも、自発的な選択による——とはいえ物々交換のような功利的関係とは異なる——ある種のヴォランタリー・アソシエーションの原初形態だったといえるのかもしれない。

モースのいう「クラン仲間のようなつながり」とは、したがって、擬似的親族関係ではあるが、出自集団のような親族関係とは異なるつながり、すなわちみずからの意志において自発的に選択されたつながりでなければならない。元来、親族関係はそうした自由意思による自発的選択を排除するものであった。そうした閉鎖的で共同体的なあり方をできる限り抑えた、ヴォランタリー・アソシエーションとしての親族関係。モースの考える協同関係とは、そのような形容矛盾ともいえるような性質の何かであったように見える。そしてその性質を可能にするもの、それこそが「人類的な現象」としての市場だったのではないだろうか。とはいえ、むろん、その市場は組織化されたものでなければならなかった。モースはいう。「当面のところ、そしてまた未来を予見できるかぎりにおいても、市場を廃止することにではなく、市場を組織化することにこそ、社会主義は――共産主義は――その進むべき道を求めなくてはならないのである」[17]。それに対し、ボリシェヴィキたちは誤った道を選んでしまったとモースは考えた。資本主義を壊すことはできるかもしれないが、それにより協同という仕組みもまた壊されてしまうかもしれないのだ、まさにロシアのボリシェヴィキたちがやったように、とモースは述べている[18]。

現代において、ヴォランタリー・アソシエーションはクラブやサークルから各種のヴォランティア団体、さらにはNGOやNPOまで、さまざまな領域で営まれている組織形態である。それらは、アソシエーションであるという点で共同体とは区別され、またヴォランタリーであるという点で閉鎖的、独占的な結社（ギルドのような）とも区別される。そうした協同関係のあり方にモースは若い頃から強い魅力を感じていた。モースの政治論集の編者であるマルセル・フルニエは、すでにモースの時代以前から、協同組合や相互保険組合などのヴォランタリー・アソシエーションへの関心は論じられてきたと述べている。たとえば共和主義者や自由市場信奉者たちはヴォランタリー・アソシエーションを、行きすぎた競争に対する緩和手段と考えていた。フルニエによれば、しかし、そうした論者たちの関心とは異なり、モースが協同組合運動のようなヴォランタリー・アソシエーションを重視したのは、連帯と民主主義に対して抱いていたモースの理念、つまり「共和国は「社会的」であらねばならない」という理念によるものであった[19]。そして、モースは、「社会的なもの」は贈与によってこそ可能になると考えたのである。

3―贈与、この社会的なもの

最後に、Ⅱ部とⅢ部での議論につなげる意味も含め、社会的なものとしての贈与について少しだけ考えてみたい。贈与は、モースが明らかにしたように、見知らぬ者とのあいだに社会的つながりを生み出すための、あるいはつながりを修復するための賭けであった。ここでいう「社会的なもの」とは、そうした社会的つながりがもつさまざまな特性を総称する言葉である。

とはいえ、話はそう簡単ではない。そもそも「社会的」とはどういうことを指しているのか。これに関し、社会学者の市野川容孝は、「社会的」な事柄や問題を対象とするべき社会学において、むしろ「社会的」とは何かについての問いが閑却されてきた事実を指摘する[20]。社会学者はさまざまな社会的事象を研究するが、「社会的」であるとはどういうことか、についてはなぜか口を閉ざしてきたのである。なぜなのか。それは、市野川によれば、社会学者がマックス・ウェーバー流の「価値自由」という中立的態度に固執することで、さらには「社会的」という概念をより一般化して用いようとすることで、「社会的なもの」という概念がもともともっていた諸側面、とりわけ規範や価値という側面に目をつぶるようになってしまったからである。そうした事態を、市野川は「社会的なもの」についての「社会学的忘却」と呼んでいる。

さて、市野川のいう「忘却」のなかで、本節とのかかわりにおいて重要と思われるのは、簡略にいえば、社会学者たちが、「社会的」という言葉にもともと「福祉」を指向するという、あるいは「再分配や平等」を指向するという規範的意味が込められていたのを忘れてしまったことである。もともと福祉や再分配、平等といった規範的な意味が、「社会的なもの」には込められていた。市野川はフランス共和国やドイツ連邦共和国が憲法でみずからを「社会国家」と規定している例をあげ、ここでの「社会」が「福祉」をほぼ意味すること、「社会国家」とは「福祉国家」であることにあらためて注意を促している。そして、社会学では「社会的」という概念をあまりに拡大して用いるのがつねとなっているため、「少なからぬ社会学者、少なくとも日本の社会学者は、ドイツやフランスの憲法規定で一体、何が語られているのか分からない（知らない）のである。」と述べる[21]。だからこそ、「社会的」という言葉にもともと込められていた福祉や再分配、平等という規範的意味に、われわれはできる限り敏感でなければならないのである。

そのように考えたとき、贈与がまさに社会的なものであることが理解される。贈与には、現代的な福祉や再分配、平等という要素の萌芽が見られるからである。社会哲学者の今村仁司は、「社会的なもの」の内容が「相互扶助につきる」と述べている。「《social》は、事実上は、人類の歴史とともに古い客迎えの慣習であり、いわゆる贈与慣行であり、一言で言えば、hospitality《ホスピタリティー》である。」[22]。

アルカイックな社会における贈与は、まさにそうした意味での「社会的なもの」だったようにも思える。ただし、注意したいのは、そうした福祉や再分配の萌芽としての相互扶助が、慈善とは異なるということである。前章で見たブロニスワフ・マリノフスキーのトロブリアンド諸島民の研究を思い出したい。そこには慈善や純粋な贈与はほとんど見られない、とマリノフスキーは報告していた。言い換えるなら、社会的なものとしての贈与は、福祉や再分配であるという点において、「慈善」や「無償の贈与」ともまた異なるのである［23］。モースが「贈与論」で論じたのは、そうした慈善でも無償の贈与でもない相互扶助の始まりとしての贈与であった。

モースはアルカイックな社会における贈与に福祉や再分配、平等といった要素の萌芽が含まれていたことに注目した。一章で見たように、モースは「贈与論」の結論部で、近年の西欧社会においてはアルカイックな社会の原理へ回帰する動きが見られるとし、そのあらわれの一つとして社会保障、とりわけ社会保険の仕組みの普及をあげている。あらためて引用すると、こうである。

> わたしには、このような倫理も、このような法制度も、何らかの動揺を示しているのではなく、あげて法への回帰を示しているように思われる。第一に、職業倫理と同業組合法が芽生え、現実のものとなっているのが見られる。補償金庫や互助組合は、産業者の団体が何がしかの同業組合事業のために形成するものであるけれども、純粋に倫理的な見地から見ると、いかなる欠陥もまぬかれている。（中略）わたしたちはしたがって、集団倫理へと再び立ち戻っているのである。［24］

モースはこうした一連の社会保障の仕組みが、贈与という社会的なものの原理を土台にしていると考え、さらには、「来たるべき社会主義」の柱ともなり得ると考えていた。同時代人のマリノフスキーもまた、『西太平洋の遠洋航海者』の末尾で次のようないい方をしている。クラのような慣行が「根本的な人間の活動と、人間の心のあり方を示している」のだとすれば、他のフィールドにも必ず同じような現象を見つけることができるだろう。そして「われわれが注意してさがすべきなのは、交換し、取引きされる貴重品にたいして、うやうやしい、ほとんど崇拝するような態度を表わす経済取引であり、一時的、断続的、累積的な新しい型の所有を含む経済取引であり、巨大で複合的な社会機構と経済事業をともなって遂行される経済取引である」と［25。傍点引用者］。

もちろん、ここでマリノフスキーのいう「巨大《ヴァスト》で複合的な社会機構と経済事業」が、現代の産業社会における社会保障などを指しているというわけではない。トロブリアンド諸島より規模の大きな社会にも、同じような慣行があるはずだとマリノフスキーはいっているだけである。だが、それがかりにマリノフスキーのいうような「根本的な人間の活動と、人間の心のあり方」であるとするなら、モースのいうように、そうしたアルカイックな原理が現代社会のなかに回帰してくる可能性がないとはいえないだろう。モースは、実際にそれが回帰してくる姿を、当時整備され始めた社会保障のなかに見出したのである。

さて、前章で見たように、アルカイックな贈与は慈善とも無償の贈与とも異なる原理によって成り立っていた。それは、自由と義務のハイブリッドであった。同様に、現代の社会保障もまた、慈善や無償の贈与とは異質の原理の上に立つ、自由と義務のハイブリッドとしてとらえなければならないであろう。また、アルカイックな贈与の原理は、ホーリズム・パラダイムの考えるように、人びとのなかに自動的に刷り込まれているものでもなかった。アルカイックな贈与は、見知らぬ者とのあいだに社会的なつながりを生成し、あるいは修復するために、無条件性においてなされる賭けであった。現代の社会保障にもまた、そうした賭けの側面を見出すことができるのかもしれない。

だがもちろん、現代において賭けは何よりも「投資」というかたちを取ることに注意しなければならない。グレーバーは、現代の「贈与論」とも呼ばれるべき大著『負債論——貨幣と暴力の5000年』のなかで、二〇〇八年の世界経済危機、つまりサブプライム住宅ローン問題からリーマンショックを経て世界中に広まった金融危機について触れ、次のようにいっている。

> 何年ものあいだだれもが、超絶的に洗練された最新の金融イノベーションのあれこれについて聞かされてきた。クレジット・デリバティブ、コモディティ・デリバティブ、モーゲージ担保証券デリバティブ、ハイブリッド証券、債務スワップなど。（中略）／ほとぼりがさめるにしたがって、その（すべてとはいわずとも）多数が念の入った詐欺以外でないことがあきらかになった。ゆくゆくは債務不履行が不可避になるよう仕組まれたローン契約を貧しい家庭に売りつけるような操作が、その内実だったのだ。［26］

この金融危機の発端となったサブプライム住宅ローン問題は、低所得層に対して大量に貸しつけられた住宅ローン《モーゲージ》 mortgage が焦げついたことをきっかけとして起きたが、いってみればそれは、低所得層への投資という賭けの失敗ということでもあった。現代における賭けのこうしたあり方は、モースの視点からすれば、アルカイックな原理の回帰とは真逆の姿でしかないだろう。つまり、現代の賭けにおいては、担保やローンのあり方が大きく変わってしまっているのである。

前章で見たように、アルカイックな社会における担保《ガージュ》 gage はみずからの名誉や権威を賭け《アンガージュ》にさらして engage 社会的なつながりを生み出し、維持するものであった。それに対し、たとえばサブプライム住宅ローン Subprime Mortgage では、購入予定の住宅を担保として低所得層に融資がおこなわれていた。返済が不能になれば担保としての住宅は転売され、債権が回収される仕組みである。当たり前かもしれないが、そこには名誉や社会的つながりという要素などいっさい見ることができない。あるのはただ、モースがボリシェヴィズムに見た「「目的のためなら手段を選ばぬ」というシニカルな思想」と同じ何かである。

これに対し、モースは社会保障とりわけ社会保険という仕組みのなかに、現代の投資とは異なる賭け――名誉や社会的つながりという要素を含みもった賭け――の可能性を見ようとしたといえる。だがはたしてモースが期待したようなあり方を、現代の社会保障は実現できているのだろうか。未曾有の高齢社会という条件のもと、社会保障は、さらに社会保険は、社会的つながりの生成と修復という贈与の本来のあり方を保持できているだろうか。

高齢者の生活の支えとして、年金をはじめとする社会保険はもはや不可欠である。だが、それでもまだ足りない、あるいはもっと余裕をもって生活したいとする場合、いまの高齢者は資産運用という賭けを強いられる。つまりモースの嫌悪した功利主義的シニシズムのなかで老後を生きていかざるを得ない。ほかにもたとえば、リバース・モーゲージ reverse mortgage という制度がある。高齢者が自宅などを担保に金融機関から毎月老後資金の融資を受ける。当人が亡くなると自宅は売却され、借りた資金が一括返済される仕組みである。この制度はさらに、持ち家のある生活困窮者の生活保護受給を制限するためにも利用され始めている。モーゲージはもともと死 mort と抵当 gage が組み合わせられた言葉だが、借り手が死ぬことをあらかじめ制度に組み込んだこのリバース・モーゲージなどにもまた、モースの嫌ったボリシェヴィズムのような「「目的のためなら手段を選ばぬ」というシニカルな思想」が見て取れるのである。

さて、続くII部とIII部では、そうしたことを踏まえ、現代社会におけるセキュリティ、とりわけ社会保障《ソーシャル・セキュリティ》と保険などについて考えてみたい。

註

1 David Graeber. *Toward an Anthropological Theory of Value*. PALGRAVE. 2001. ch.6.

2 Marcel Mauss. *Écrits politiques: Textes réunis et présentés par Marcel Fournier*. Fayard. 1997. pp.405-6.

3 ibid., pp.699-721.

4 山田広昭はその卓抜なアナーキズム論のなかで次のように述べている。「モースはロシアのソビエトとイタリアのファシズムの組織化において、デュルケム的な観念と類似のものが見られることを危惧していた。彼の危惧が正しかったことは、デュルケム学派に属する、モースも親しくつきあっていた社会主義者たちの中から、極右へと流れていった人々が出たことによって証明される」（『可能なアナキズム――マルセル・モースと贈与のモラル』インスクリプト、二〇二〇年、一六頁）。

5 Mauss. op. cit., pp.710-11.

6 ibid., p.715.

7 ibid., p.721.

8 ibid., pp.537-66.（「ボリシェヴィズムの社会学的評価」『国民論 他二篇』森山工編訳、岩波文庫、二〇一八年）

9 ibid., pp.540-1.（同訳書二〇頁）

10 ibid., p.561.（同訳書七〇～一頁）

11 Graeber. op. cit., pp.156-7. また、グレーバーがモースの贈与論に見出した現代的可能性については、若森みどり「贈与――私たちはなぜ贈り合うのか」（『現代の経済思想』橋本努編、勁草書房、二〇一四年）を参照。

12 Mauss. "Essai sur le don: forme et raison de l'échange dans les sociétés archaïques." *Sociologie et Anthropologie*. PUF. 1950（1923-24）. p.148.（「贈与論――アルカイックな社会における交換の形態と理由」『贈与論 他二篇』森山工訳、岩波文庫、二〇一四年、六二頁）

13 ibid., pp.185-7.（同訳書一七一～五頁）

14 人類学者の渡辺公三は、実際のフィールドワークをほとんどおこなわなかった文献学者モースにとり、みずからコミットした協同組合の世界こそが、人類学的思考の実践の場としてのフィールドだったのではないかと指摘している。「協同組合の活動は、都市住民の消費者協同組合を社会主義者としてリードしようと意図するモースにとって、克服すべき保守的農民の利益を代表する農業生産協同組合の人々との出会い、ドイツで興隆しつつあった農業協同組合の動向、あるいは経営者（ブルジョワ）の利害を代表する企業家共済組合の動向を見極め、そして何よりも古い人間関係の維持のメカニズムと、かつての慈善とは質を異にする新しい近代の文脈のなかでおこなわれる互恵関係や贈与交換の現場を見る機会であったと考えられる。」。「レヴィ＝ストロースからさかのぼる」モース研究会『マルセル・モースの世界』平凡社新書、二〇一一年、七九頁

15 Mauss. 1997. op. cit., p.331.

16 批評家の柄谷行人はニュー・アソシエーショニスト運動をめぐる近年の発言において、「労働者はむしろ、消費者の立場に立つときに、普遍的な立

Ⅱ

セキュリティ

Ⅱ部に収められた文章が書かれたのは二〇〇二年から二〇一二年にかけてである。四つの章はいずれも「セキュリティ」をテーマとしている。いずれもいまとなってはかなり昔の文章になるが、日本社会におけるセキュリティ――生活上の安心や保障――をめぐる当時の状況と現在のそれに大きな変化はないように思われる。

これらが書かれたいわゆる「ゼロ年代」とはどんな時代だったか。一九八〇年代から続く新自由主義的な政治・経済の傾向が九〇年代の「失われた一〇年」を経てさらに強まるなか、小泉政権（二〇〇一年から〇六年）とそれに続く第一次安倍政権（〇六年から〇七年）により規制緩和や自由化の名のもとに強引な市場化や効率化がおこなわれていった時代。九〇年代から続く長期不況に好転の兆しが見えず、被用者に占める非正規雇用の割合は上昇を続け、リストラが企業生き残りの常套手段となっていった時代。あるいはそうしたことが当たり前と思われるようになった時代であったといえるだろう。のちに「一九九八年問題」とも呼ばれるようになった社会問題――九八年からの自殺率（とくに男性）の急上昇とその後の一〇年以上にわたる高止まりや、同じく九八年から始まる児童虐待相談件数の増加傾向など――が顕在化したのもこの時代だった。

七章「ＡＡＡの高齢者――動員し選別する保険」（二〇〇二）は超高齢社会のもたらす脅威がそれまで以上に喧伝されるようになったその頃、年金制度への不安が語られると同時に自助努力やセルフ・マネジメントへの要請が強まるなかで、そうした風潮や見解に疑問を呈するつもりで書いた。現役勤労者だけでなく高齢者にもそうした自助努力やセルフ・マネジメントが求められるような状況をめぐり、とくに保険に焦点をあてながら、その歴史的背景と現在について論じた。

八章「持続可能な社会保障？――エコロジー的近代化型福祉国家のゆくえ」（二〇〇二）は七章と同じ時期に書かれた。一九九七年採択の「京都議定書」などにより日本でも環境問題への関心が高まるなか、「持続可能性」という言葉が盛んに使われ始めた頃である。ここでは、環境問題における持続可能性概念が実は市場化と効率化という新自由主義的思想と結びついていること、さらには福祉国家の持続可能性という問題についてもそうした思想が背景にあることについて論じた。ちなみに環境や福祉をめぐるそうした新自由主義的思想は現在でもＳＤＧｓという呼称で持続している。

九章「二階建ての医療――プロイセン・モデルとアメリカ・モデルのあいだに」（二〇〇八）はリーマンショックの年に書かれた。グローバリゼーションと長期不況への対応に躍起な財界は、それ以前から政府の経済政策に対して強い提言をおこなうようになっていた。九章は、そうした動きのなかでとくに医療の市場化が声高に語られるようになったことに目を向け、日本の社会保障が従来の社会保険中心のセキュリティ（プロイセン・モデル）から民間保険中心のセキュリティ（アメリカ・モデル）へと転換するかもしれないこと、そして、そのことが孕むリスクについて論じた。

一〇章「ポーパリズムの統治」（二〇一二）は、日本社会でなく他の社会について主に論じている点で、七〜九章とは趣が異なるかもしれない。この章ではイギリスの救貧制度について、とくにワークハウスの歴史や貧困者への認識、処遇の歴史を中心に考察した。ポーパリズムは単なる貧困でなく人格の欠陥やモラルの欠如というネガティブな認識を伴った概念であったこと、そうしたネガティブなラベリングをされた貧困者を統治するやり方が時代によって変容していったことを論じた。加えて日本の救貧政策の特徴についても簡単に考察し、そこにイギリス的なリベラルな統治が見られなかったこと、さらにはそのことの現代的帰結について触れた。

7

AAAの高齢者——動員し選別する保険

　現代の高齢者は「格づけ」される。あたかも銀行や証券会社や保険会社のように。周到な資産運用を心がける賢い高齢者が、金融機関の格づけに目を凝らすというのではない。高齢者が格づけされるのだ。格づけによって高齢者は選別され、ときとして排除される。そうした格づけの仕組みの一つが保険である。保険は加入に際して高齢者を選別し、場合によっては排除する。

　その一方で、保険は連帯の仕組みでもあった。ただし、動員に向けた連帯である。人を連帯させ、動員し、選別し、排除するという意味で、保険はきわめて政治的な制度である。総動員体制時代の保険。福祉国家時代の保険。そしてネオリベラリズム時代の保険。いずれの時代も保険は政治的だった。

　あからさまな動員がなくなったかに見える現在、高齢者は、よりよく選別されるように、さらには排除されないように、AAA（トリプル・エー）の格づけに向かって努力する。保険という制度を対象にしながら、そうしたことについて考えてみたい。

1 努力の言説――日本型福祉社会論

保険もこの頃は様子が変わってきた。「誰でも入れる」保険や、事故を起こしたあとの「対応が速い」保険が盛んにテレビで宣伝される。昔懐かしい話術巧みな「保険のおばちゃん」の笑顔よりも――ここ数年メディアを騒がせた数件の保険金殺人のせいもあり――電話やインターネットでの資料請求や契約のほうが好まれる気配もある。だがそうしたことを見る前に、とりあえず、日本社会のこれまでの「高齢化」を老後保障の問題にそくして確認しておこう。

思うに、日本の老後保障問題は次のように理解されてきたのではないか。

かつて日本には高齢者の面倒を家族や親族がみるという美しい習慣があった。平均寿命の短かさもあり、老後保障が大きな問題となることもなかった。ところが、一九六〇年代の高度経済成長によって様相は一変する。経済成長に伴う産業構造の変化と労働力の地域移動によって、家族や地域の伝統的な相互扶助機能は一気に弱まっていく。次第に高齢者のケアは国や自治体による公的サービスに頼らねばならなくなる。その一方で、未曾有の経済成長は税収の大幅な増大をもたらし、また高齢者対策が国民の支持をとりつける重要な手段になることがわかり始めたこともあり、国や自治体も積極的に老後保障問題にとり組むようになる。高度成長最後の年である一九七三年には「福祉元年」という言葉さえ生まれた。

ところがその同じ一九七三年秋の石油危機で流れが変わる。一転して、「福祉国家の危機」と「福祉見直し」の時代が始まる。小さな政府と個人の自助努力がキーワードになるとともに、未だ残存する家族の温かい支えと充実した企業福祉という日本的な「美徳」や「含み資産」に支えられた「日本型福祉社会」の構築が語られるようになる。そこでのネオリベラリズム的な言説と政策は八〇年代を通して維持・強化され、さらに九〇年代に入ると、予想を超える少子・高齢化の進行とバブル後の長期不況のなかで、家族の支えと企業福祉という「含み資産」も底をつき始める。超高齢社会の到来を前に社会保険方式の破綻が語られ、自己責任原則の徹底が喧伝される。医療保険や年金保険の引き締めが始まるとともに、医療、年金に続く第三の保険（雇用保険、労災保険を加えると第五の保険）として介護保険がスタートし、社会保険の内部にも市場原理が導入されていく。こうした状況にあって高齢者は、引き延ばされた老後を「持続可能」にするために、公的サービスに任せきりにせず、みずから努力を続けることが求められる。日頃から健康に気を遣い、社会活動に積極的に参加し、資産を賢く運用し、生き生きとした豊かな老後を構築しなければならない。

というような理解だが、ここで確認しておきたいのは、石油危機以後しばらくして強まり始めたネオリベラリズム的言説のあり方である。この言説は七〇年代末以降、現在に至るまで高齢者福祉をめぐる一つの強力な潮流をなしてきた。家族や親族があてにならなくなったので国と自治体をあてにする。国と自治体があてにできなくなったので自分でがんばる。自分でがんばるのは苦しいが、それはそれで美しいことではないか。そもそも周りに依存する態度が情けなかったのだ。自分でがんばることのどこに問題があるというのだ……。

こうした努力の言説は、「がんばること」を美徳とする日本社会で古くから語られてきた。ただ、それが高齢者福祉に関していわれるようになるのは七〇年代後半のいわゆる「日本型福祉社会論」からであるように思われる。石油危機のあと、高齢者福祉をめぐるネオリベラリズム的言説は具体的にどのようなかたちをとってきたのだろうか。それを考えるうえで、当時の「日本型福祉社会論」を思い出してみるのも無駄ではあるまい。

経済企画庁による一九七九年の「日本型福祉社会を目指して」(『新経済社会七ヵ年計画』付録)は「受益者負担原則」を正面から打ち出したネオリベラリズム的言説の典型である。第二次石油危機を受けて「省エネルギー法」が施行されるなど、七三年に続いて資源問題に再び脚光が当てられていた時期に出たこの文書は、まず、日本の経済社会が資源の有限性というハンディキャップを負っていることを自明の前提として論を進める。そのうえで、福祉国家の行き過ぎから袋小路に突き当たっていた(当時の)西欧諸国を批判し、「すでに西欧先進諸国水準へのキャッチアップの過程を終えたわが国経済社会が、さらに生活水準を向上させ、国民福祉の充実を図っていく途」を探ることこそが緊急の課題であるとする。そのための方途として、国民の旺盛な勤労意欲、高い教育水準などと並び、日本社会の「長所」とされる個人の自助努力と家族の相互扶助機能が指摘される。このように努力の言説は、①資源の有限性認識、②西欧型福祉国家批判、③日本システム礼讃という三項からなる。

日本には資源がないのだから工夫や努力をしなければならない(①)。工夫や努力をしないと西欧諸国のようなことになってしまう(②)。そうならないよう工夫や努力をする力が日本人にはある(③)。きわめてわかりやすい図式だが、ここで興味深いのは、①の資源の有限性認識と②の西欧型福祉国家批判がいずれも③の日本システム礼讃に結びつくことである。資源の有限性を乗り越えること、西欧型の福祉国家を乗り越えること、このいずれもが、日本型のシステムの優秀性を前提にしないと成り立たない話になってしまうからである。

日本システムのどこが優秀なのか、同文書からきちんと書き出してみよう。㋐国民の旺盛な勤労意欲、㋑高い教育水準、㋒「階層間の流動性、機会均等化と活発な競争心、平等な所得配分、円滑な労使関係」などに由来する社会の安定性と活力、㋓個人の自助努力と家族の相互扶助機能。

一見してわかるとおり、これらは実態というより、そうあらねばならない規範あるいは道徳のようなものである。さらには、日本システムと表現したが、これらの項目は全体としてシステムをなしてはおらず、たとえば自助努力と相互扶助のように互いに矛盾したり阻害し合ったりすることもあり得る。要するに、何でもいいのだ。それらが「道徳」として機能するのであれば。

ネオリベラリズムの言説は、資源不足であれ西欧批判であれ、あるいは少子・高齢化であれ、「道徳」という参照点を必ず必要とする。そのことと「保険」はどう関連しているのだろうか。

2 — 保険社会の成立と高齢者の登場

高齢化が深刻な社会問題となる遥か以前の一九世紀フランスを対象に、フランソワ・エヴァルドは社会連帯思想の台頭と保険制度の確立を論じている［1］。そこでの議論は、超高齢社会へと変貌しつつある現代日本の姿を考えるうえでも重要なヒントを与えてくれるように思える。遠回りになることを承知で簡単に整理してみよう。

社会連帯思想の台頭は保険制度の本格的な確立と同時期であり、それはまたリベラリズム思想が退潮していく時期でもあった。そもそもリベラリズムとはいかなるものであったのか。一九世紀までのリベラリズム思想にとって何より重要だったのは「法」と「道徳」の峻別である。法がルソー流の契約概念を軸とした共同体による外的拘束の領域であったのに対し、道徳は、法の外的強制によらない心からの責任の感覚が伴う内発的な意思の領域であった。法の本質はあくまで「商品交換の自由」の保証にあり、そこに「道徳」は介入しないことが望ましいとされたのである。一方、領民に対する領主の責任や労働者に対する資本家の責任のような道徳の領域を、法が外的に規制することも避けられるべきとされた。それらの責任はあくまで領主や資本家の「心からの温情」でなければならなかったからである。そして何よりも道徳の本質とは、「自分以外の誰に対しても自分の失敗の原因を押しつけないこと」であった。リベラリズムの「自由」とは、積極的に提示される何かではなく、「自分の不運を他人に転嫁することの禁止」だったのである［2］。

さて、法が「富の交換」を保証するものである限り、そこから排除される人びとが出るのは避けられない。貧者や弱者である。貧者や弱者はみずからの怠惰や無能力や不運ゆえにいまある境遇に甘んじているのであって、それは「自己責任」なのだから仕方がない。さりとてかれらをそのままにしておくのも道徳に反する。かれらは救済されなければならない。が、もちろん救済を法によって制度化してもいけない。それを法にしてしまうと、かれらは甘えてはたらかなくなるからである。あくまで救済は内発的な温情、すなわち道徳にもとづかねばならない。自助努力こそすべて。万人が自己責任を負うことで万人の福祉が可能となる――これが一九世紀のリベラリズムにおけるダイアグラムだった［3］。

こうしたリベラリズムの考え方は、しかし、一九世紀末になると別の考え方にとって代わられるようになる。その直接の原因は、産業化の進展による労働災害の急増と貧困層の増大であった。労使紛争の頻発やもろもろの社会不安のなかで、リベラリズム的言説は正統性を低下させていく。このとき、それまで個人の「過失」(あるいは「自己責任」)とされていた労災や貧困がいわば「社会問題」としてとらえられるようになっていくのである。言い換えると、事故と貧困が「社会的なもの」になるのである。

その背景として重要だったのは「蓋然論的理性」の登場、すなわちあらゆる社会事象を統計学的に把握していこうとする考え方の浸透だった[4]。労働災害の発生には統計的規則性があり、しかもそれは一定の労働条件のもとにおける規則性である。したがって事故の責任は労働者個人にあるだけでなく、そのような労働条件を準備した経営者や業界ひいては社会にもあるということになる。また、一定の統計的規則性があるということは、その事故が将来も一定の確率で起きる蓋然性をもつということである。こうして、事故を単なる運命的な災難ではなく「リスク」としてとらえようとする考え方が登場してくる[5]。事故は単なる過失ではなく、われわれが連帯と相互依存の社会に生きていることの負の証しなのだ。そしてこのとき重要な意味をもってくるのが、リスクに備えた連帯と相互依存の仕組みとしての「保険」である。

エヴァルドはこうして一九世紀末から二〇世紀初頭にかけて「保険社会」が成立したと主張する。「保険社会」とは、労災保険、医療保険、年金保険、失業保険など種々の保険制度が整備された社会だ。だがそれだけではない。「保険社会」は、「社会のさまざまな問題を保険の技術とカテゴリーをとおして判断し処理しようとする社会」でもある[6]。社会保障だけでなく公衆衛生や治安維持などの「セキュリティ」全般が、統計を基盤とする予防のテクノロジーによって処理される。連帯のパラダイムと予防の規範が結合するのである。一九世紀末のパストゥールによる伝染病の発見と、レオン・ブルジョワやレオン・デュギーらの社会連帯思想による社会事業の展開は、ともに保険社会の基礎となった［7］。伝染病も犯罪も事故も貧困も「社会的なもの」なのだ。だから、それらは連帯と予防によって「社会」が処理しなければならない。「社会」は社会契約や自然法といった形而上学的原理ではなく、「保険」という実効的な連帯の仕組みにもとづいたものとなる［8］。あるいは、保険が新たな社会契約となるのである。

エヴァルドのいう「保険社会」の成立期は、「高齢者」が貧困や病気や依存などの欠点を抱える特殊な人口としてカテゴリー化されていく時期でもあった。スティーブン・カッツは、一九世紀末から二〇世紀初頭にかけて、西欧の高齢者が「問題人口」へと種別化されていったことを指摘する［9］。その際に重要なはたらきをしたのが救貧院と定年退職制度／年金制度だった。

英国のエリザベス救貧法（一六〇二）に由来するとされる救貧院は、もともと、はたらけるのにはたらかない者たちを収容し、矯正し、社会に秩序をもたらすためのもの、つまり「社会改良」のための施設だった。そこには犯罪者や失業者、孤児たちに混じって高齢者も収容されており、「高齢」は必ずしも特別なカテゴリーではなかった。ところが一九世紀末から二〇世紀初頭にかけて、救貧院に収容される高齢者の割合が増加していく。その理由の一つは、高齢者が他の収容者と違って労働能力を欠くということ、つまり「矯正」できないということだった。一八三四年の新救貧法によって、窮乏状態にあり、かつ労働能力のない者、つまり「矯正」できない者だけが院内救済の対象となっていたことが大きい。プロテスタンティズムの労働倫理がそこに影響したことは疑いないだろう。ともあれその結果、「矯正」されて施設を出ることのできない高齢者たちが数多く施設に滞留するようになる。こうして救貧院のなかで高齢者は、労働能力を欠き、病弱で、若年世代に依存し、退化する存在、すなわち「問題人口」として種別化され可視化されていったのである。

こうした種別化と可視化は、定年退職制度と年金制度の導入によってさらに加速される。定年退職制度と年金制度は、近代社会固有の同質的なライフコースを人びとに強制する仕組みである。一定の年齢になると就学し、就職し、結婚し、子を生み育て、退職し、死をむかえるというライフコース。それは、救貧院をとり巻いていた社会改良の言説とも結びつくものであった。救貧院が貧者や弱者を収容するマージナルな空間をつくり出したのに対し、近代の同質的なライフコースは「高齢期」というマージナルな時間をつくり出した。そのマージナルな時間を構成したのが定年退職と年金という制度であった。

救貧院に収容される高齢者が増加しただけでなく、高齢を理由とする退職者の数も増加した。それにより、高齢者が非生産的で依存的で能力を奪われた人口だとする見方が助長された。さらには、いったん六五歳ないし七〇歳が年金と退職の年齢として制度化されると、その年齢は、時間に区切りを設けるその他の実践やライフコースの知にとっての調整点ともなった。医学や社会心理学、科学的管理法、教育学、家政学、老年学は、高齢者を、他の人口と区別可能な、増加しつつある加齢人口として研究の対象にすることができたが、それは、高齢者が年金制度と退職制度という計画によってあらかじめ高齢者として文化的に境界づけられ、さらには資産調査の対象となっていたからである。［10］

西欧諸国は一九世紀末から二〇世紀初頭にかけて次々と国家による年金制度を創設していった。その結果、高齢者は労働市場においても一気にマージナル化されるようになる。アメリカ合衆国では一九〇〇年の時点で六五歳以上人口の六三％がはたらいていた。それが一九七七年には二〇％まで減少する。英国でも一九〇〇年に六七%であったものが一九七六年には一五・九%へと減少する［11］。農業人口の減少が背景にあったことはいうまでもないが、エヴァルドに重ねていえば、年金保険の仕組みによって高齢者は種別化され、問題化され、マージナル化されていったのである。連帯の仕組みによる選別と排除。ここに保険の一つの本質が見え隠れしている。

カッツはさらに、高齢者を種別化、可視化する実践として、統計学にもとづく人口学や社会調査が大きなはたらきをしたとする。高齢者を一つの層ないし集団として可視化するには、マルサス流の人口学とケトレ流の統計学が不可欠だった。まさに「保険社会」の成立するこの時代に、保険技術の基盤である人口学と統計学により、高齢者は「問題人口」へと「構築」されていったのである。

3—連帯と動員

さて、ここで再び日本社会のことを考えねばならない。日本社会も、エヴァルドやカッツの示した西欧社会と同じような成り行きをたどったのだろうか。

エヴァルドはかつてのフランスの労災保険が「労使協調」の手段でもあったことを強調する。保険料の労使折半や税による負担を考えればわかるように、それは資本家から労働者、国家へのコスト転嫁でもあった。「保険社会」が予防のテクノロジーに支えられた社会でもあったことを思い出そう［12］。労使の協調と社会不安の沈静化が労災保険の重要な目的であったことは疑い得ないのである。ダニエル・ドゥフェールも、一九世紀フランスで、労災を対象とした民間保険の浸透により、労働者がそれまでつくりあげてきたさまざまなアソシエーションが解体されていったことを指摘する［13］。民間保険は労働者の貯蓄を吸い上げるとともに、労働者に規律を課すことで労働運動を弱体化させていった。まさに、労働者が階級として提示すべき政治問題がマージナル化されていったのである。それは民間保険というより、保険原理そのものの効果だったのかもしれない。

労働者の相互扶助原理と博愛的パターナリズムの両方に対して保険が勝つことができたのは、保険が技術や金融の面で両者に優っていたからである。だが決定的な違いは、保険の加入者たちが社会的な共同体をつくれないという点にある［14］。

連帯の原理に支えられているはずの保険が、人びとを連帯から遠ざけるというパラドクシカルな作用。ドゥフェールは保険のこうした作用を脱相互化／脱共済化 demutualization と呼ぶ。この作用は加入者の「横のつながり」を破壊するとともに、病気や事故やケガなどのような一見すると階級を横断する「普遍的リスク」を提示することで、社会に潜在するさまざまな対立点や葛藤を隠蔽する。社会保険とは、民間保険のもつそうした作用を国家があとから利用した制度だということになる。

日本は社会保険が国家的規模で整備されたことによって「保険社会」となった。その意味では英国やフランスよりもドイツに似ているといえる。社会保険制度の原点の一つがビスマルクによる疾病保険法（一八八三）にあることはよく知られている。社会主義者鎮圧法（一八七八）とセットになったこの保険制度は、まさに労使協調と不穏分子の制圧を目指したものだった。日本でもこれに影響されて明治三〇年代から社会保険の必要性が語られるようになる。だが、日本で本格的な社会保険制度が確立されるのは、一九二二年（大正一一）制定の健康保険法を待たねばならなかった。一部の推進論者を除いて一般にはその必要性が認識されていなかったのである。

日本は当時、エヴァルドのいう一九世紀的なリベラリズムの磁場のなかにあったといえる。労働能力がなく身寄りのいない「無告ノ窮民」のみを救済の対象とした一八七四年布達の恤救《じゅっきゅう》規則を見ればわかるように、貧困は当人の責任であり、救済はパトロンとしての国家の温情にすぎなかった。もちろん、恤救規則のようなパターナリスティックなタテの制度しかなかったわけではない。佐口卓は社会保険の以前に大企業や国鉄の共済組合が機能していたと指摘している。だが佐口のいうように、たとえば英国の共済組合が、産業革命後の貧困問題に対して労働組合みずからが相互扶助の仕組みとしてつくり出したヨコの制度であったのに対し、日本の共済組合は「むしろ労使関係におけるパターナリズムにたつ慈恵的な存在であって、社会保険へ導かれるような共済組合ではなかった。」[15]。「公的な扶助の実現を企業内の福利施設たる共済組合に認めるところに日本的形態がある」のである[16]。その意味で、ドゥフェールのいうような、のちに民間保険によって解体され、脱相互化／共済化されていくようなアソシエーションそのものが日本には形成されなかったのである。そこに、いわば上から社会保険制度が押しつけられる恰好となったのだ。

一九二二年（大正一一）の健康保険制度はいくつか重要なポイントを含んでいる。①工場労働者・鉱山労働者という近代セクターのみが対象となったこと、②保険料が労使折半となったこと、③労災の統計データが制度設計の基礎になったこと、である。ここに見られるように、農山漁村の住民や都市部の零細商工業者など前近代セクターは除外され、近代化の尖兵たる鉱工業労働者の従順な身体のみが対象とされていた。保険料が労使折半となったのは、業務上の災害と業務外の疾病がともに保険給付の対象になったからである。だがこれは、資本家から労働者へのコスト転嫁であるとともに、労使の「連帯」の姿をまとった闘争緩和策であった。佐口はこの労使折半の欺瞞に怒った労働者たちの「健保闘争」が当時日本各地で展開されたと指摘する。この労使折半はそうした闘争をソフトに押さえ込むためにこそあったのである。また全国規模の社会保険制度を構築するにはしっかりとした保険技術が不可欠であり、そのためには信頼に足る統計データがぜひとも必要であった。この健康保険制度は一九一六年施行の工場法によって蓄積された労災や疾病の統計データをもとにしていた。そして健康保険制度によって新たに得られた統計データは、その後の各種の社会保険の構築に寄与していくのである。

社会保険による連帯と動員の強制。これがいっそうあからさまになるのは戦時期である。戦時期のほんの数年間に重要な社会保険がいくつもつくられる。列挙してみよう。

- 一九三八年（昭和一三）厚生省設立
- 一九三八年（昭和一三）国民健康保険法
- 一九三九年（昭和一四）職員健康保険法
- 一九三九年（昭和一四）船員保険法
- 一九四一年（昭和一六）労働者年金保険法
- 一九四一年（昭和一六）政府職員共済組合令、教職員共済組合令
- 一九四四年（昭和一九）厚生年金保険法（労働者年金保険を改正・改称）

福祉国家 welfare state と戦争国家 warfare state の成立が同時であるとはよく指摘されることである。現代の社会保障政策の原点をなすとされる「ベヴァリジ報告」が第二次世界大戦中の一九四二年に出ていることにあらためて注意しよう。「戦争は国民的統一をもたらす」というウィリアム・ベヴァリジの印象的な言葉。その引用から始まる興味深い論考のなかで、鍾家新は、厚生省の創設や国民健康保険制度の創設が戦争、とりわけ日中戦争に向けて国民を動員していくための手段であったことを指摘している[17]。戦争と労働に向けて国民を動員していく不可欠の仕掛けとしてこれらの社会保険は導入された。とりわけ一九三八年制定の旧国民健康保険法は農村を中心とした前近代セクターを包含することで、まさに「国民皆保険」を現実のものとしたが、この「国民皆保険」という言葉そのものが「国民皆兵」のもじりだったのである。

ここにカッツのいう種別化と可視化の視点を入れてみるとどうだろうか。これら戦時期の社会保険において種別化され、可視化されたのはあくまでも「戦う身体」であり、「労働する身体」であった。これら以前にも、明治以降の富国強兵／殖産興業による近代化路線において、国家にとって必要な「戦う身体」や「労働する身体」はすでに保険の対象となってきた。これも列挙してみよう。

・一八七二年（明治五）陸軍省・海軍省設立
・一八七三年（明治六）内務省設立
・一八七五年（明治八）海軍退隠令
・一八七六年（明治九）陸軍恩給令
・一八八四年（明治一七）官吏恩給令

見てのとおり、軍人と官僚に対してはきわめて早い時期から年金（恩給）の制度が整備されていた。これらの恩給令や退隠令は一九二三年に官吏恩給法と軍人恩給法として法制化される。先に見たように、年金制度と近代のライフコースとが不可分の関係にあるとするカッツは、とりわけ軍人の年金がもつ意味を強調する。世界で最初に年金の制度を導入したのは一七世紀のフランスであるとされるが、それは軍人を対象とする年金であった。そしてカッツによれば、軍人の人生こそ、最初に登場した近代的ライフコースだったのである。

軍隊は西欧社会において年金制度の最初の受益者だった。なぜなら、軍隊は異質な人口からなる大集団に近代的なライフコース体制を割り当てた最初の組織のひとつだったからである。徴兵の年齢があり――かりにその兵士が任期の終わりまで勤めあげれば――退役の年齢がある。兵役は国家が決めた所定の年齢区分に沿っておこなわれたのだ。［18］

アメリカ合衆国では、南北戦争による負傷者や障害者の救済策として始まった軍人の年金が、二〇世紀初頭には国の歳出の一八％を占めるまでに増大し、さらには「合衆国生まれの北部の白人男性と多くの未亡人の二人に一人が国の年金を受給していた」という［19］。それは言い換えると、同質的な近代のライフコースがそれだけの人口に割り当てられていったということである。日本においても、軍人や官僚は近代化を進める牽引役であり、同時に近代的ライフコースの先駆者でもあった。そして、種別化・可視化される身体は軍人、官僚から近代セクターの雇用労働者へ、さらには農山漁村や中小自営などの前近代セクターへと範囲を広げていったのである。ただ日本の場合、そうした拡大に伴って近代的ライフコースが国民全体に広がっていったとは考えられない。あくまでも「戦う身体」や「労働する身体」の種別化と可視化（徴兵検査！）が問題だったわけで、種別化・可視化されない人口は闇のなかだったのである。「戦わない身体」と「労働しない身体」。すなわち高齢者である。

4―AAAの高齢者

日本の高齢者が保険を通して種別化され、可視化されるのは、国民のあいだに近代的ライフコースが浸透していった一九六〇年代の高度成長期以降である。その時期でとりわけ注目されるのは一九六一年の国民年金法の施行であろう。健康保険については先に見たとおりすでに一九三八年に国民皆保険が実現していた。だが年金については雇用労働者を対象とした厚生年金があるのみで、前近代セクターはそこから除外されていた。そうであったのが、この国民年金法によって、それまで公的年金のなかった二〇歳から五九歳の自営業者・農林漁業者への強制適用がなされ、ようやく「国民皆保険・皆年金」の時代となったのである。

戦時中の国民皆保険が国民皆兵と連動して国民を戦争へと動員していったのと同じように、この高度成長時代の国民皆保険・皆年金は多数の国民を経済活動へと動員した。高度成長は農村と中小自営という前近代セクターをまたたくまに浸食し、そこから多くの労働力を近代セクターに吸い上げていった。前近代セクターが備えていた伝統的相互扶助の仕組みを失った労働者は、国家の提供する保険と年金という新しい相互扶助の仕組みによって、標準化された同質的ライフコースを生きるようになった。この過程において、それまで職業や階層ごとにそれぞれの伝統的なライフコースを生きていた高齢者も、徐々にその流れに取り込まれていく。「戦わない身体」「労働しない身体」は保険によって種別化され、可視化されたあと、給付の対象として手厚く遇されるようになる。「これまで一生懸命戦ってくれてありがとう、はたらいてくれてありがとう」。

だが、そうした話はもうどうでもいいだろう。冒頭で示したように、それは一九七三年までの話だからだ。一九七三年以降の流れを見てみよう。

・一九七三年（昭和四八）厚生年金法改正（「五万円年金」、スライド制導入）
・一九八三年（昭和五八）老人保健制度（医療費一部負担、国庫負担削減）
・一九八四年（昭和五九）健康保険法改正（本人負担導入）
・一九八四年（昭和五九）退職者医療制度（高齢退職者の医療費を被用者保険でまかなう）
・一九八五年（昭和六〇）国民年金法一部改正（基礎年金導入、給付引下げ、保険料引き上げ）
・一九八九年（平成元）国民年金法一部改正（保険料引上げ、二〇歳以上の学生強制加入、国民年金基金制度）
・一九九四年（平成六）厚生年金法一部改正（定額部分の受給年齢引き上げ）
・一九九九年（平成一一）介護保険制度導入
・二〇〇〇年（平成一二）厚生年金法一部改正（報酬比例部分の受給年齢引き上げ）

見てのとおり、七三年の「福祉元年」以降は一貫して国家負担の縮小と自己責任の強調、市場原理の導入という方向で進んでおり、現在では公的年金の民営化論も声高に語られるようになっている。伊藤周平はこうした一連の流れが年金や医療保険にとどまらず、社会保障全体において進んでいることを指摘する。伊藤によれば、その先鋒が「介護の社会化」ならぬ「介護の商品化」を本質とする介護保険であり、政府や厚生労働省の進める社会保障構造改革は、この介護保険をモデルとしたネオリベラリズムによる社会保障全体の再編にほかならないということになる［20］。そのことを踏まえたうえで、ここで考えておきたいのは、まさに「商品」としての保険、すなわち民間保険のあり方である。近年の日本における民間保険のあり方には、保険と高齢者の関係を考えるうえで無視できない重要な変化が生じているように思われるからである。

そのことを考える前に、そもそも民間保険と社会保険はどういう関係にあったのか。保険制度はもともと中世末の西欧で民間の海上保険としてスタートしたわけであり、社会保険ないし公保険よりも民間保険ないし私保険のほうが歴史的には古い。いつの時代にあっても、社会保険は必ず民間保険の影響を強く受けてきた。また、海上保険であったということは、保険制度がもともと損害保険だったということである。生命保険が登場するのは近代に入ってからであり、医療や年金などの「第三分野の保険」が民間保険に登場するのは二〇世紀の後半になってからである。民間の損害保険から始まって生命保険やそれ以外の保険に分岐するとともに、国家がその原理を模倣して社会保険を整備していったということである。

さて、いまでこそ日本は世界に冠たる保険大国であり、たとえば民間生命保険の保有契約件数はなんと一億一五九〇万件に及ぶという（一九九九年度）。しかし、一般の国民が任意加入の民間保険を利用するようになるのは高度成長期以降だった。何年も続く右肩上がりの高度成長の時代、同質的な近代的ライフコースになじみ始めた日本人は、笑顔で玄関先にあらわれる「保険のおばちゃん」の勧める保険商品に競って加入するようになる。また、「規制の缶詰」とも呼ばれた日本の民間保険は、いわゆる護送船団方式による保護のもとにあり、民間の商品でありながら公的な性格を強く併せもっていたので、安心して加入できたのである。

ところが、エヴァルドのいう「商品交換の自由」が一九九〇年代に入ってそれまでにない規模と強度のグローバル化の波をもたらしたことで、民間保険のあり方は一気に変わった。その変化の直接のきっかけになったのが、一九九四年に始まる日米保険協議である。日米保険協議は、一九九三年に開始された日米経済包括協議のなかで合衆国側が保険を規制緩和と自由化の優先三分野の一つに入れたことをきっかけとする。この日米保険協議と橋本内閣の「日本版金融ビッグバン構想」にあと押しされて、一九九六年に「保険業法」がおよそ半世紀ぶりに改正施行された。この法改正で目につくのは、①子会社方式による生保と損保の相互参入、②傷害・疾病・介護のいわゆる第三分野の保険への生保、損保本体での相互参入である。

これまで生保と損保の兼営が禁止されていたのは、個人の顧客が多い生保と企業の顧客が多い損保の棲み分けという構図があり、兼営を許可すると企業が優遇され個人が冷遇される懸念があったからである。したがって、法改正による子会社方式での生保と損保の相互参入許可は競争を一気に激化し、そのなかでさまざまな保険商品の登場を促すとともに、保険会社と消費者の双方にさまざまな格差と不平等を生じさせる可能性をもつ。また、第三分野の保険とは生保と損保の中間にある分野で、具体的には傷害・疾病・介護保険を指すが、外資系や中小規模の生保会社だけに許可されていたこの分野への参入が自由化されたことにより、損保の対象である「物」、生保の対象である「生命」に加えて、新たに、物とも生命ともいえないような微妙な部分を対象とした保険が商品として広く売買されることになる。いわば「ライフスタイル」をめぐる保険商品が流通するようになるのである。

先に見たように保険の歴史は損保から生保へ、さらには第三分野の保険へ、という流れをたどった。言い換えると、物から生命へ、さらにはライフスタイルへという流れである。ここにあるのは、リスクに対するある種の認識の変化ではないだろうか。ミッチェル・ディーンは、エヴァルドの保険社会論に言及するなかで、リスクという観念が、計算不能なものを計算可能に変える形式として機能してきたと論じる［21］。とすれば、物→生命→ライフスタイルという保険の流れは、かつて計算などしようもなかった対象を、リスクという形式で計算可能にしようとする、ある強烈な意志や力のあらわれであるように思えてくる。

こうした意志や力は、先に見た日米保険協議のなかにもありありとあらわれていた。この協議で合衆国側は損害保険料率の自由化と「リスク細分型自動車保険」の解禁を強く要求し、合意を勝ち取っている。ここでとくに重要なのは「リスク細分型自動車保険」である。これは年齢、性別、居住地、使用目的、免許カラーなどに応じてドライバーをグループ分けし、その評価に応じて保険料が変わる保険で、ドライバーのライフスタイルがそのまま保険料に反映される仕組みである。たとえば、ある外資系の損保自動車保険でみた場合、行楽ぐらいにしか運転しない東京在住の三〇代男性と、毎日の通勤に車を使用する地方在住の二〇代女性では、保険料に年間二〇万円近い差が出る。テレビや新聞の広告に描かれる「消費者利益」のイメージとは違い、ドライバーのあいだには大きな不平等が生じる。不利な評価と高額の保険料を請求されることを嫌ったドライバーによる無保険車の増加が懸念されている。ちなみに、日米保険協議の内容に強い圧力をかけたのが、CMを日本のテレビで盛んに流し続ける米国の大手保険持ち株会社アメリカン・インターナショナル・グループの会長であったらしい［22］。

これと同じ強い意志と力は、生保や第三分野の保険にまで及びつつある。「リスク細分型自動車保険」と同じ仕組みの商品が「リスク細分割引特約」といったかたちで販売されているのである。いわば「リスク細分型生命保険」である。この保険では、加入希望者の血圧、運転履歴、体格、喫煙などがチェックされ、その結果に応じて保険料が請求される。たとえば、ある外資系の「リスク細分型生命保険」では評価の基準を次のように定める。

・血圧：高すぎず低すぎず、年齢別に設定した当社基準の範囲内であること。
・運転履歴：過去三年以内に道路交通法や関係政令にもとづく処分（免許の停止や取消など）を受けていないこと。
・体格：痩せすぎでもなく、太りすぎでもなく、数値が当社基準の範囲内であること。
・喫煙：喫煙経験の有無にかかわらず、過去一年間に喫煙をしていないこと。

たとえば五〇歳の男性で、この規準をクリアするか否かにより、年間の保険料に五〇万円近くの差が生じるのである。これが被保険者を選別し、排除する性質の仕組みとなりうることはいうまでもなかろう。この選別が、「無保険車」ならぬ「無保険者」の増加を促す可能性は大きい。

その一方で、選別と排除をしないことをうたい文句にする商品も登場しつつある。テレビでよく目にする「誰でも入れる」保険である。こうした無審査の保険は「誰でも入れる」といういい方で加入条件に差をつけないような印象を与えるにもかかわらず、やはり選別と排除をおこなっているように思える。たとえば、これもまたある外資系の交通事故傷害保険は、五〇歳から月払い保険料が一口二五〇〇円で「誰でも入れる」と宣伝する。だが加入条件を見ると、五〇歳は一口で済むが、五三歳になると二口五〇〇〇円、六一歳で三口七五〇〇円、六五歳で四口一万円を毎月払い込まねばならない。総務省統計局は二〇〇〇年国勢調査の抽出速報集計結果報告で、「主な収入が恩給・年金の世帯」が一九九五年調査時の四八二万世帯から九〇七万世帯へと八八・二％の増加をみせたことを示す。また、厚生労働省の国民生活基礎調査（一九九九年）は、高齢者世帯（六五歳以上の者のみで構成するか、またはこれに一八歳未満の未婚者が加わった世帯）の一二・九％が年間所得一〇〇万円に満たない世帯だと指摘する。これらの数字を見たあとで、この無審査の保険に「誰でも入れる」と素直に信じることは難しい。いわば無審査の選別と排除が、ここではなされているのだ。

こうした、外資系の保険会社を中心に進行する最近の動きは、高齢者に自己管理を強制する。その自己管理のあり方は、厚生労働省が進めている「健康日本21」プロジェクトを想起させる。「21世紀における国民健康づくり運動」という、戦時中を思わせる名称をもつこのプロジェクトでは、一日の食塩の摂取量から睡眠時間、歩数、はては学習や活動グループへの参加に至るまで、二〇一〇年に向けての詳細な数値目標が提示され、地域ぐるみの健康促進運動の推進がうたわれる［23］。あの数値目標の一覧を見てある種の不気味さを感じない者はいないであろう。「成人病から生活習慣病へ」という言説とも連結するこのプロジェクトは、最近の保険商品と手を携えて、高齢者に「AAA」の格づけを要求する。あるいは「AAA」を目指す努力を要求する。保険というのは「誰でも入れる」ものではないのだ。入りたかったら、質の高い高齢者になる努力をしなければならない。このようにしてネオリベラリズムの言説は高齢者の身体を囲い込んでいく。

最後に唐突なようだが、人類学者のロビン・フォックスは、西欧の歴史において、一貫して国家が個人ではなく親族を敵視してきたと述べる。

国家は、時折個人を攻撃することがあるとはいえ、個人の方を単位として好む。この方が親族集団よりはるかに御しやすいという単純な理由からである。国家は、親族集団を核家族（または それ以下）に解消したがると同じ理由で、〔人格の〕法的単位を一八世紀型の個人に解消したがる。［24］

乱暴にいえば、「一八世紀型の個人」とはネオリベラリズムの想定する個人のことであろう。では、「御しやすい」とはどういうことか。「動員しやすい」ということである。親族集団のほころびに対応して整備されてきたようにも見える保険制度は、その一方でみずから積極的に親族集団を解体していったのだ。保険は人びとを個人化させ、動員した。

では、現在、個人化した高齢者たちはいったいどこに向かって動員されているのだろうか。戦時期の日本、あるいは高度成長期の日本のような方向なのか、それともまったく違う方向なのか。高齢社会のゆくえとはそういう問題である。

註

1 François Ewald. *L'État providence*. Editions Grasset & Fasqulle. 1986.

2 ibid., p.64.

3 ibid., p.37.

4 ibid., p.143.

5 統計学を含めた一九世紀以降の社会工学という問題系については、重田園江「リスクを細分化する社会」(『現代思想』二八巻一号、青土社、二〇〇〇年)をはじめとする重田の一連の論考や訳業を参照。

6 Ewald. op. cit., p.20.

7 Ewald. "Die Rückkehr des genius malignus: Entwurf zu einer Philosophie der Vorbeugung." *Soziale Welt*. 49. 1998. p.5.

8 Ewald. "Insurance and Risk." Graham Burchell, Colin Gordon and Peter Miller. eds. *The Foucault Effect: Studies in governmentality*. Harvester Wheatsheaf. 1991.

9 Stephen Katz. *Disciplining Old Age: The Formation of Gerontological Knowledge*. University Press of Virginia. 1996.

10 ibid., pp.66-7.

11 ibid., p.66.

12 Ewald. 1998. op. cit.

13 Daniel Defert. "'Popular life' and Insurance Technology." Graham Burchell, Colin Gordon and Peter Miller. eds. *The Foucault Effect: Studies in governmentality*. Harvester Wheatsheaf.1991.

14 ibid., p.213.

15 佐口卓『日本社会保険制度史』勁草書房、一九七七年、一二五頁

16 同書二〇九頁

17 鍾家新はアジア・太平洋戦争と社会保険のかかわりについて命題を提示している。いずれの命題も重要と思われるのですべてあげておきたい。①厚生省の創設は壮丁の体位の低下に対する国家の政府組織面での対応であった。②厚生省の創設は日中戦争で加速された。③厚生省の創設は陸軍が近衛首相や内務省と対抗し、利用し合いながら推進したものであった。④国民健康保険制度の創設は健民健兵政策の一環であった。⑤国民健康保険制度の創設は出征兵士の心理的安定のためであった。⑥国民健康保険制度の創設は日中戦争で加速された。⑦国民健康保険制度の創設は、内務省が日本医師会の反対を抑えながら推進したものであった。⑧「第一次国民皆保険」運動は戦局の激化で推進された。⑨労働者年金保険制度の創設は戦時下の社会的安定のためであった。⑩労働者年金保険制度の創設は労働者の心理的安定のためであった。⑪労働者年金保険制度の創設は戦費の調達のためであった。⑫労働者年金保険制度から厚生年金保険制度への改正は戦局の激化による要請であった。鍾家新『日本型福祉国家の形成と「十五年戦争」』ミネルヴァ書房、一九九八年、一六七～七八頁

18 Katz. op. cit., pp.61-2.

19 ibid., p.62.

20 伊藤周平『介護保険を問いなおす』ちくま新書、二〇〇一年、一九一頁
21 Mitchell Dean. "Risk, calculable and incalculable." Deborah Lupton. ed. *Risk and Sociocultural Theory: New Directions and Perspectives.* Cambridge University Press.1999.
22 植村信保『生保の未来』日本経済新聞社、一九九九年、一六七頁
23 「21世紀における国民健康づくり運動(健康日本21)」。二〇二二年現在、「健康日本21(第二次)」として継続中
24 ロビン・フォックス『生殖と世代継承』平野秀秋訳、法政大学出版局、二〇〇〇年、二七三頁

8

持続可能な社会保障？——エコロジー的近代化型福祉国家のゆくえ

徴税権が、徴兵権とならぶ国家の二大存立基盤だとする考え方はわかりにくい。なるほど、国家が税金と労力／兵力を強制的に獲得し、国民の生命と財産を守るという図式は抽象的にだったらわかる。しかし歴史をみる限り、国民の生命と財産は、国家を介することでさまざまなリスクにさらされ、その多くが無に帰してきた。「国民の生命と財産」を守るために、「国民の生命と財産」を用い、「国民の生命と財産」をリスクにさらす。このやり方のわからなさ。

ここでは、まさに国民の生命と財産に深く関与する社会保障という仕組みについて、その持続可能性という視点から考察を加えてみたい。そもそも社会保障は何のために「持続可能」でなければならないのか。

1 —— 福祉国家と労働中心社会

イエスタ・エスピン＝アンデルセンによる福祉国家レジームの三類型——保守主義レジーム（西欧の大陸諸国）／自由主義レジーム（アングロサクソン系諸国）／社会民主主義レジーム（北欧諸国）——はよく知られている［1］。それによれば「福祉」とは失業や疾病、高齢などの「社会的リスク」を管理する技術であり、「福祉国家レジーム」とはそれらのリスク管理を国家・市場・家族のいずれかに重点的に振り分ける仕方のことであった。保守主義レジームは家族に、自由主義レジームは市場に、社会民主主義レジームは国家に、という具合である。また、広井良典もこのエスピン＝アンデルセンの三類型を意識しつつ、社会保険モデル（社会保険中心：ドイツ、フランス）／市場重視モデル（民間保険中心：アメリカ）／普遍主義モデル（租税中心：北欧諸国、イギリス）、という類型化をおこなっている［2］。

こうした類型の妥当性はさておき［3］、とりあえずここで確認しておきたいのは、これらの福祉国家がいずれも「労働中心社会」だったということである。なぜなら、エスピン＝アンデルセンの家族／市場／国家レジームであれ、広井の社会保険／民間保険／租税モデルであれ、それらのレジームやモデルはすべて労働による貢献があってはじめて社会的リスクを処理してくれるもの、あるいは労働による貨幣獲得があってはじめて機能するものだからである［4］。したがって「福祉国家」と「労働中心社会」は、「福祉国家／労働中心社会」というように表裏一体のものとしてとらえられねばならない。

「福祉国家／労働中心社会」とは何か。たとえばその典型として、戦後の（西）ドイツ社会をあげることができる。一九世紀末に始まる社会保険制度と第二次世界大戦後の高度成長により、ドイツは堅固な福祉国家、ドイツ流にいう「社会国家」Sozialstaat をつくりあげたとされる。ドイツはエスピン＝アンデルセンの保守主義レジームや広井の社会保険モデルに相当する、家族主義と社会保険の国であった。とりわけ重要だったのは社会保険である。一九世紀末におけるビスマルクのポリツァイ政策の一環として導入された社会保険は、ワイマール期における社会的基本権の確立や、ナチス期のドイツ労働戦線による――皮肉にもベヴァリジ的な性格をおびることになる――社会保障構想などによって保持されたあと、大戦後の高度成長を背景に、（西）ドイツ国民の労働生活を支える不可欠な制度となっていったのである［5］。労働が生み出す税収と社会保険料が福祉国家を成長させ、逆に福祉国家が国民の生活を支えることで、再び国民を労働へと駆り立てるというサイクル。「労働」と「生活」が福祉国家の諸制度を媒介して有機的に連結する社会［6］。それが「福祉国家／労働中心社会」だった。

フランス社会もまた同じような「労働中心社会」だったといえるだろう。フランスでは、一九世紀末にレオン・デュギーやレオン・ブルジョワらの提唱した「連帯主義」が「福祉国家／労働中心社会」の土台となる。保険と予防の技術を駆使してさまざまなリスクを処理することにより、社会の連帯と統合を実現しようとするこの「連帯主義」は、ある意味でフランス的なポリツァイ思想でもあった［7］。そうした思想的背景のもとに、二〇世紀初頭、社会統合の手段としてビスマルク・モデルの社会保険が導入される。その後さらにアングロサクソン流のフォーディズムとケインズ主義が徐々に浸透することにより、戦後、「労働中心社会」としての「福祉国家」État providence が確立されたのである。戦後ドイツと同じように、生産性の向上が社会保障の充実をもたらし、それが消費の拡大と総需要の拡大につながり、それによって増大した税収と社会保険料が社会保障のさらなる充実をもたらし、それがさらに需要を喚起し……、というふうに［8］。こうしてフランス社会でも「労働」と「生活」が連結する。

ドイツとフランスはエスピン＝アンデルセンの類型でいう保守主義レジームの典型である。このレジームは国家による介入、家族主義、社会保険の三つを主な特徴とする。注意したいのは、ドイツ、フランスともに、家族主義が二〇世紀の後半になって変容したことである。家族主義とはもともと、家族員のリスクを家族の連帯が丸抱え的に吸収する仕組みだった。伝統的社会においては家族員すべての労働参加が当たり前であり、そこに市場と国家の介入することはまれであった。それが第二次世界大戦後、世帯主に代表される一人の稼得者が労働市場に赴き、その収入で家族を養うという「近代家族」のスタイルが一般化する。ドイツもフランスもそうした流れのなかで、「労働市場」と「社会保障制度」と「近代家族」が緊密に結びついた社会に変容した。エスピン＝アンデルセンの図式を借りれば、市場と国家と家族がここにおいて均衡点を見出したのである。

では日本社会はどうだったのか。かつて日本は近代国家形成の過程で、同じ後発資本主義国であるドイツをつねに意識し、模倣してきた。農業や中小自営業中心の前近代セクターから重化学工業中心の近代セクターへの急速な重点移行において、社会保険制度の導入において、警察・衛生・労働行政（ポリツァイ）において、さらには後述するようにエコロジー的近代化政策の推進において、日本はドイツから多くを学んできた。また、戦前の内務省は社会事業に着手する際、大正期に紹介されたブルジョアやデュギーらのフランス社会連帯主義思想に強く影響されたといわれる。戦後の「資本主義の黄金時代」に、日本はドイツ、フランスをしのぐ経済成長をとげるが、それはフォーディズムとケインズ主義がある意味でこの二国以上にうまく機能したことの証左でもあろう。こうしたことからわかるように、日本もまた――保守主義レジーム型か混合型かはさておき――「労働中心社会」であったと一応はいうことができる。

このような産業諸国の「福祉国家／労働中心社会」体制は、しかし、一九七〇年代になると崩れ始める。

「黄金の三〇年」は終わりを告げ、市場と国家と家族のあいだに亀裂が走るようになるのである。経済成長の減速、予想を超える高齢化と少子化の進行、女性の就業率の上昇などにより、黄金時代には盤石と思われた「福祉国家／労働中心社会」の土台がゆさぶられる。高失業率、雇用の流動化、就業形態の多様化、人口構成の変化に伴う医療費の膨張、年金財政の逼迫などがつねに暗い影を投げかけ、「労働」と「生活」の有機的連結は解体していく。

それはウルリッヒ・ベックが「リスク社会」と呼ぶ新たな社会の始まり、ベックのいい方を借りれば、「富の生産と配分」に代わって「リスクの生産と配分」が社会の前景にせり出してくる時代の始まりであった。「標準化された完全雇用システム」は今まさに周囲から押しよせる合理化の波に洗われ、その支柱をなしていた労働法・労働場所・労働時間のフレキシブル化という恰好で崩れようとしている。それにともなって「労働と非労働の境界」は流動化しつつある。フレキシブルで多様なかたちの不完全雇用が広まっているのだ」[9]。完全雇用を志向するノーマルな雇用関係と、それにもとづくノーマルなライフコースは過去のものとなり、「労働中心社会」はさまざまなリスクに彩られるようになる。

ところで、ベックのリスク社会論が新鮮だったのは、そうした「労働中心社会の危機」が「環境の危機」と同時に生じたことを明らかにしたからである。フォーディズム／ケインズ主義による大量生産・大量消費・大量廃棄のシステムは、「福祉国家／労働中心社会」体制が崩れ出す七〇年代から八〇年代にかけて、さまざまな環境リスクを生んだ。資本主義の黄金時代に形成された「福祉国家／労働中心社会」体制における市場・国家・家族の複合のなかで、生産と消費と廃棄のサイクルは互いに強い相乗作用を及ぼしながら過熱する。その結果、目にも見えず、匂いも味もない、しかも現実化すれば途方もないカタストロフをもたらすリスクが、われわれの生活の裏側にいつの間にか潜伏するようになっていたのである。スリーマイルやボパール、チェルノブイリの事故、あるいは酸性雨による森林の被害やライン川の汚染は労働中心社会の産物でもあった。

ここで注目したいのは、「環境の危機」と「労働中心社会の危機」があらわになる七〇年代から八〇年代にかけて、この二つの危機を都合よく乗り切ろうとする言説が登場してきたことである。「福祉国家／労働中心社会」体制における生産主義をソフトに見直し、できるだけ環境に負荷をかけない方向で窮状を切り抜けていこうとする言説。いわゆる「持続可能な開発」がそれである。こうした思想と実践は九〇年代になると環境問題以外の文脈でも目立ち始め、「持続可能な税制」とか「持続可能な社会保障」といった表現によって一般化していくことになる。これは一体なぜか。あるいはそもそも「持続可能」とはどういうことなのか。

2——エコロジー的近代化

よく知られているように、この「持続可能」という言葉は、国連のいわゆるブルントラント委員会（環境と開発に関する世界委員会）によって一九八七年に提出された報告書 Our Common Future（地球の未来を守るために）にはじめて盛り込まれ、のちに一九九二年のリオデジャネイロ地球サミットで大々的にとり上げられることになる「持続可能な開発」という標語に由来する。この標語が、一九八〇年代に広まり始めた「エコロジー型近代化」言説の典型であると指摘するのはマールテン・ハイエである。EU諸国の環境政策をベック流のリスク論とフーコー流の言説分析によって読み解こうという、まさにEUふうの（というかEU官僚ふうの）オランダ人、ハイエは、七〇年代初頭の「成長の限界」や「スモール・イズ・ビューティフル」などの標語に見られたような各種の行き詰まりの認識に対し、八〇年代に入ってから、「エコロジー的近代化」と呼べるような一連の思想と実践が新しく登場してきたと主張する［10］。

エコロジー的近代化とは、経済成長と環境保護の両立可能性を強調する言説のことである。その特徴としてハイエはほかに、コスト－ベネフィット分析とポジティヴ・サム・ゲームの強調をあげる。前者は自然科学言語と貨幣単位をリンクさせるやり方であり、後者はゼロ・サム・ゲーム的な――環境保護と経済成長が両立しないとする――集合行動のディレンマを克服しようとするやり方である。ひとことで定義すれば、「環境問題の構造的特性を認識しつつ、現行の政治・経済・社会制度の内部に環境のケアがとり込み可能であることを前提とした理論」［11］である。そこに貫徹するのは「功利主義の論理」、あるいはある種の経営学的思考であり、たとえばそこでは「Polluter Pays Principle 汚染者の支払責任原則」ではなく「Pollution Prevention Pays 汚染防止は儲かるという論理」によって政策が決定されることになる。

ハイエによれば、このようなタイプの言説が八〇年代後半になって――とりわけヨーロッパと日本の行政サイドに――受け入れられていったのには理由がある。それらはまず、資源の有限性と成長の限界をペシミスティックに叫ぶだけの七〇年代的な隘路への対応として受け入れられた。言い換えるとそれは、ゼロ・サム・ゲームの七〇年代からポジティヴ・サム・ゲームの八〇年代への転換――危機こそビッグビジネスのチャンス！――でもあった。その意味でエコロジー的近代化は、反モダニズム／反テクノクラシーの時代における意図的なモダニズム／テクノクラシー志向であり、また、環境保護と資源保護をめぐって徹底した規制を要求した七〇年代のラディカルな環境保護主義に対しての「政治的順応戦略」だった。そして何よりそれは八〇年代に台頭するネオリベラリズム思想と合致したのである。

エコロジー的近代化は、現行の行政および司法システムに対するアンチテーゼという点において、一九八〇年代初期の行政思考を象徴する規制緩和の動きとかみ合うことができた。同じようにエコロジー的近代化は、一九八〇年代に政府系のシンクタンクや諮問機関で流行したネオリベラリズムの考え方と――とくに西欧諸国の経済は産業の中心部分をリストラする必要があると認識していた点で――独特の類似性を示していた。［12］

七〇年代までの運動を鼓舞していたのが「モラル」だったとすれば、八〇年代からのエコロジー的近代化を牽引していったのは「効率性」である。エコロジー的近代化は七〇年代に支配的だった企業対住民のような「敵対モデル」に代えて「統合モデル」を打ち出すことで、新しい活動のポテンシャルを獲得していくことになる。八〇年代における酸性雨とチェルノブイリ原発事故は、国境や地域や階級を超える、万人にとってのリスクとして受け止められた。九〇年代になるとこのような統合モデルは地球環境問題にまで拡大され、たとえば炭素排出量の上限のようなあらかじめ設定された規準を効率的にクリアすればよいとするやり方――ハイエの言葉を借りればテクノ・コーポラティズム――へと変容していく［13］。エコロジー的近代化のグローバル化である。

エコロジー的近代化は、六〇年代のカウンターカルチャー型環境運動から七〇年代の反原子力運動に至る従来の環境運動との連続性を装いつつ、それまでとは一線を画した八〇年代以降の新しい環境問題に対応するかたちで浮上してきた。ベックによれば、リスク社会の環境問題は、①知覚不能性、②専門家知識の専制、③組織された無責任の三つを特徴とする。八〇年代以降のリスク要因は直接的に知覚不可能であり、それゆえ、知らぬ間に万人に配分されてしまう可能性をもつ（ダイオキシンのように）。経験的・日常的な知によっては把握不能なリスクであるゆえに、専門家がそれらのリスクの定義やアセスメントの権利を独り占めする（放射性物質の測定のように）。あるいは、知覚不能なまま不偏的に配分されてしまうゆえに、民衆の誰もが責任を負わずに済ますことができるようになる（温室効果のように）。こうした「組織された無責任」状況において、専門家は独占的にリスク・アセスメントをおこない、規制のラインを設定し、「みんなの未来」Our Common Futureのための設計図を作成するのである。

その意味で、環境規制には重要な意味がある。環境規制は、規制の基準値を設定することにより、基準値以下であれば自由に開発を進めることを許容する。また、鉱工業などのすでに不採算部門となり始めているセクターを「環境汚染の源泉」として次々とリストラすることも可能にする。その際に用いられるのがコスト－ベネフィット分析であり、ポジティヴ・サム・ゲームの図式であるのはいうまでもない。規制のかたちをとることで、効率性の原理にもとづいた規制緩和とリストラが可能となるのである。もちろん、そうした分析や図式のすべてが糾弾されるべきだというわけではない。問題は、そうしたやり方の可否について討議する場が与えられないまま、事態が進行してしまうことである。八〇年代以降の環境問題は、知覚不能性、専門家知識の専制、組織された無責任というその特徴によって、われわれを公共性の場から遠ざけてしまう。

「持続可能な社会保障」という考え方は、以上のような流れと重なりながら登場してきた。エコロジー的近代化の「持続可能な開発」理念とネオリベラリズムとのあいだに親和性があることは先に見たとおりである。先進産業諸国でネオリベラリズム思想が強まり始めた七〇年代の末期から八〇年代は、まさにそれらの国々でエコロジー的近代化が浸透していく時期でもあった。ハイエがエコロジー的近代化の優等生としてあげるのはドイツと日本だが、七〇年代までに深刻化した公害問題と資源問題を、日本はその後かなりうまく処理（解決ではない）していったように見える。資源制約のなかで効率よくシステムを持続させていこうとするやり方は、日本社会にとっておなじみのものだったのだ。社会保障についても同様である。たとえば「少子高齢化」とは――財源とその源泉である労働力の調達という意味において――まさに「資源問題／環境問題」であった。制約された資源条件のもとでいかに成長を持続していくか。さらには階層や年代や地域を超えた連帯をいかにつくり出していくか。経済成長と社会保障の両立。負担と給付のバランス。新たなビジネス・チャンスとしての福祉。こうした社会保障の問題系とエコロジー的近代化の提示した「持続可能な開発」という問題系は、互いに反照し合うことになる。

社会保障の問題系にも知覚不能性、専門家知識の専制、組織された無責任という三つの特徴が指摘できるのは明らかである。社会保障制度の「持続可能性」が危ぶまれるようになった最大の要因は、経済成長の停滞と少子化・高齢化の進行だった。これらを実感をもって予想できた者、つまり知覚できた者はいなかった。現時点で振り返れば誰でも容易に予想できたかに思えるこうした趨勢を、問題が発生する以前にきちんと把握すること、ましてや責任をとることなどはきわめて困難だったのである。それは当たり前の話だ。誰が自分の長生きをあらかじめ正確に予知し、さらには長生きしたことについて責任をとれるというのか。誰にも知覚できないし、誰にも責任をとれない問題であるがゆえに、専門家がそれを定義／評価する権利を独占し、「みんなの未来」を構想する。では、現在、そうしたエコロジー的近代化型の「持続可能な社会保障」はどのように構想され、実行されているのか。

3　持続可能な社会保障――二階建ての社会保障

社会保障においては、負担なくして給付はあり得ず、打ち出の小槌はない。持続可能な社会保障としていくためには、給付と負担のバランスが重要である。人口構成が変化し、後代ほど負担が大きくなる構造にある中で、給付と負担のバランスをとっていくためには、負担の裾野を拡げることと、給付の増加を抑えることが考えられる。

これは、首相の私的諮問機関「社会保障構造の在り方について考える有識者会議」による二〇〇〇年一〇月の報告書『21世紀に向けての社会保障――社会保障構造の在り方について考える有識者会談の記録』（[14] 資料④）の一節である。社会保障を「持続可能」にするために必要な方策として、この報告書は、①支え手を増やすこと、②高齢者も能力に応じ負担を分かち合うこと、③給付の見直しと効率化をはかること、④社会保険方式を中心とした財源調達を目指すこと、の四点をあげる。「打ち出の小槌はない」のだから負担は薄く広く（①、②）、給付は控えめに（③）ということであり、そのために不可欠なのが社会保険方式による財源調達だ（④）ということである［14］。

この報告の背景には、一九九七年に橋本内閣が示した六大改革（行政・財政構造・社会保障構造・経済構想・金融システム・教育）に始まる「社会保障構造改革」の流れがある。だがそれ以前に、ここでいわれていることの大筋は一九九五年の社会保障制度審議会による「社会保障体制の再構築（勧告）――安心して暮らせる21世紀の社会を目指して」（[14] 資料①）のなかで示されていた。政府の諮問機関であったこの審議会によるいわゆる「平成七年勧告」は、「持続可能な社会保障」という表現こそ使っていないものの、社会保険方式による財源確保と民間資本の導入を柱としたエコロジー的近代化型の社会保障制度の構築をはっきりと表明していた。少し詳しく見てみよう。

「平成七年勧告」が社会保障「再構築」の柱としてあげたのは、①社会保険による財源調達、②世帯単位から個人単位への移行、③国と自治体の役割分担、④公私の役割分担と民間活力導入の四つである。年金などの所得保障は国が分担し、保健・医療・福祉サービスを自治体が分担する。その前提のうえで、規制緩和によって保健・医療・福祉領域への民間資本参入を大々的に促し、一方ではサービス利用者に応分の自己負担を求めていく。民間も含めた諸機関は利用者のニーズを敏感に受け止めながら競争し、サービスの質と多様性を高めていくことが望ましい。利用者である国民にとっては選択の幅が広がり、ニーズにあったサービスが消費できるようになるからだ。そして、そのために必要なのが社会保険方式による財源調達なのだ——というような内容である。

なぜ財源調達は社会保険方式がよいのか。とりあえずの理由は、「保険料の負担が全体としての給付に結び付いていることからその負担について国民の同意を得やすく、また給付がその負担に基づく権利として確定されている」（同資料）からである。だがさらに、国民が保険料を負担することで、サービスの給付に対して「権利意識」をもつようになるのではないか。つまり、国民は自分のニーズに合わせて堂々とサービスを選択できるようになるのではないか。こうした国民のニーズと選択に対して、サービス供給側は、質と量の向上を目指して競争するようになるだろう。たしかに社会保険料の納付増によって国民負担率が増大し、経済が低迷するおそれはある。だが「経済の活力を高めることが期待される規制緩和も、セーフティネットとしての社会保障制度が整備されて初めて有効な政策となり得る」（同資料）というわけだ。

ところで、国民がみずから社会保険料を払い、サービスを選択できるようになる仕組み。それこそが介護保険であった。「平成七年勧告」が打ち出した①から④の柱、あるいは先に見た有識者会議の報告書における①から④の方策、これらを一つの制度にまとめると介護保険になることは一目瞭然だろう。実際、介護保険法が制定される前に作成された「平成七年勧告」は、介護保障制度の設立こそが「国民に健やかで安心できる生活を保障するうえで最も緊急かつ重要な課題」であることをひときわ声高に力説していた。その二年後、これまでの行政機関による「措置」にかわって「契約」にもとづくサービスの選択と利用が可能となることをうたい文句に、介護保険制度が創設されたのである。これによって、市場原理による社会保障の商品化が本格的に始まることになる［15］。

では、これらのグランドデザインは具体的にどう実行されていったのか。先に見たように、「社会保障構造改革」の流れを促したのは一九九七年に橋本内閣が提唱した六大改革だった。その流れにそって社会保障制度の「改革」は次のように急展開する。

- 一九九七年六月　児童福祉法改正（保育所入所における措置制度の廃止、公立保育所優先原則の撤廃、民営化・民間委託化の推進）
- 一九九七年一二月　介護保険法成立（高齢者介護における措置制度の廃止、民間資本の導入促進）
- 二〇〇〇年四月　介護保険法実施
- 二〇〇〇年五月　社会福祉法成立（社会福祉事業法の廃止、措置制度から利用制度へ、福祉サービス分野における「準市場」の形成）

一九九七年に児童福祉と介護の領域で「措置制度」が廃止され、「措置」から「契約」へという流れが既成事実化する。憲法二五条にもとづいて国と自治体に国民への福祉サービス提供を義務づけるものだった「措置制度」が、これによって、利用者がみずからサービスを選択し契約する「契約制度」にとって代わられる。二〇〇〇年の四月に介護保険が実施されるとともに、同じ月、厚生省は「地方公共団体又は社会福祉法人が原則とされている認可保育所の設置経営を、民間企業、NPO、生協、農協等社会福祉法人以外の民間主体についても認める」とし、介護サービスに続いて保育サービスの領域でも民営化・民間委託化・営利化が促進されようになる［16］。翌五月には社会福祉事業法が社会福祉法へと改められ、福祉事業の市場化が障害児福祉を除くすべての分野で進められることになる。

このようにして、ほぼすべての福祉領域で「準市場」が形成されつつある［17］。ここで危惧されるのが、市場のセグメント化だ。介護保険を見てみよう。二宮厚美は、介護保険における措置制度の廃止と社会保険方式の導入によって、「混合介護」が容認されていく可能性を示唆する［18］。介護保険は「現金給付方式」であり、要介護者がみずからの選択で介護サービスを購入し、それに対してかかった費用の九割を保険者（すなわち市町村および特別区）が補償するかたちをとる。それに対して医療の領域では「混合医療」が禁じられている。なぜなら、医療の場合は原則として「現物給付」であるため、「混合診療」が認められているのは差額ベッドや先進医療などの例外だけだからである。ところが介護保険においては、本人一割負担の保険適用内サービスのうえに、「二階部分」として自由に購買可能な介護サービスが乗る可能性が生じる。これによって「一階部分」のサービスしか利用できない層と、「二階部分」も何不自由なく購入できる層とのあいだに格差が生じることになるのである。

「社会保障構造改革」にとって最大の難敵は医療制度だとされるが、二宮はさらに、介護保険方式がいずれ医療の領域にも拡大されていくことを懸念する［19］。元来、「現物給付」と「出来高払い方式」が適合的であるはずの医療サービスを、介護保険型の「金銭給付」に変えていこうとする動き。介護保険における「混合介護」のように、医療においても、公的保険による一階部分と自己負担による付加サービスの購入という二階部分を加えた「混合医療」を容認しようとする動き。さらには、医療と介護をドッキングさせ、「二階部分」で医療と介護をともに商品として自由に購入させようとする動き。経済同友会による「高齢者医療介護制度」の提唱（［14］資料③）はまさにこうした動きにそうものだった。その先には二宮のいう、所得の格差によって市場がセグメント化されるアメリカ型の医療が待っているだろう。

すでに介護ビジネスの領域では、富裕層を二階部分に誘導する試みが始まっているらしい。横山寿一はそうした試みの一つとして政府と業界によるケアハウス（軽費老人ホーム）の整備促進をあげる。いくつかの意図的な施策（イコールフッティング）によって介護保険施設（特別養護老人ホームなど）と有料老人ホームとケアハウスの三者間には料金的な垣根がなくなりつつあり、それなりのお金があればケアハウスを利用することも可能になってきているという。だが、「軽費」といっても誰でも簡単に利用できるような額ではない［20］。利用できる層がかなり限定されるのは明らかである。市場のセグメント化、社会保障の二階建て化を背景とするこうした動きは「中・上層の高齢者の介護市場への本格的な取り込み」であり、しかもそこには、株式会社参入、都市再生、雇用創出をも射程に入れた、「低所得層には見切りをつけ、中・上層の懐から家計資金を引き出す仕組みを設けて失業の緩和に活かそうとする魂胆」さえ見え隠れする、と横山はいう［21］。

保育所や介護保険、ケアハウスをめぐるこうした一連の試みが、エコロジー的近代化の論理——環境と成長の共存、コスト－ベネフィット分析、ポジティヴ・サム・ゲーム——によるものであることは明らかである。これらの試みによって制度そのものは一時的に持続可能になるのかもしれない。しかしそれ以上に問題は、これらの「改革」が被保険者を選別するかたちで進んでいることにこそあるのだ。伊藤周平はこうした「改革」が「保険料や利用料が払えず、生活保護などに依存せざるをえなくなる人々を大量にうみ出す」こと、「そうした人々に対する差別化、スティグマ化政策が強化されていく危険」があることを指摘する［22］。社会保険、民間保険の区別を問わず、そもそも保険という仕組みには人口を選別し排除する作用が組み込まれていたのではないか（本書七章）。一階部分しか利用できない、あるいは一階部分さえ利用できない層が次第に差別され、不平等が固定するおそれ。ヨーロッパなどの先進産業諸国ではそうした階層分断が露骨に表面化しているように見える。

ヨーロッパには、新しい名称をつけられた社会階級が出現してきている。デンマークでは「Aチーム」と「Bチーム」、ドイツでは「三分の二の社会」、フランスでは「二つのスピードの社会」、イギリスとアメリカでは新たな「アンダークラス」と呼ばれている。さまざまな「Bチーム」のメンバーたちに共通しているのは、二〇～三〇年前には、心配の種がずっと少なかったということである。［23］

持続可能な社会保障は「Aチーム」だけのものなのか、いや、そんなことはない、社会保障制度が持続可能になるためには「Aチーム」にこれまで以上の拠出を求め、他方で「Bチーム」を保護していく必要がある、とする立場がある。高齢者をひとまとめに弱者とみなさず、高齢者のなかに富裕層とそれ以外の層を割り出し、富裕層にこれまで以上の負担を課していこうとするようなやり方である［24］。たし

かにこれは富裕層から貧困層への所得移転を通した連帯の試みではあろう。だが、制度そのものがあらかじめ二階建てに設計されているとすれば、この階層格差は縮まることなく再生産され、場合によっては拡大していくことさえあり得るだろうし、そもそも貧困層とされた人びとに刻印されたスティグマは消しようがない。

4 — 労働中心社会とリスク社会

完全雇用を前提とした労働中心社会は解体しつつあるのだろう。それにかわって姿をあらわしてきたのがリスク社会である。ベックはいう。

> ドイツでは、まだ七〇年代の初め頃は非正規雇用が一に対して正規雇用が五だった。八〇年代の初めになるとこの割合は一対四になり、八〇年代半ばにはすでに一対三、九〇年代の半ばには一対二となった。非正規雇用と正規雇用の割合がこのままの趨勢を続けるとすると、一五年以内に一対一となる。勤め口の総数が増えないとすれば、労働権と社会権に保護された長期のフルタイム労働にありつけるのは雇用労働者のたった半分になるだろう。このような状態——五〇%の正規労働と、保険もなく不安定な、見かけは自立した五〇%のパートタイマー——はすでに今日、アメリカ合衆国の「雇用の奇跡」について当てはまっている。[25]

ドイツは「三分の二社会」から「二分の一社会」になろうとしている。EU全体を見ると、そこには二〇〇〇万人の失業者と五〇〇〇万人の貧困層と五〇〇万人のホームレスがいる。労働市場の規制緩和によって失業率を低く抑えてきたアメリカ合衆国でも、低技能の「ジャンク・ジョブ」に従事するものが数多くいる。「マクドナルド化」の概念で有名なジョージ・リッツァーによれば、全米のファスト・フード業界の離職率は三〇〇%におよび、従業員が一年に三度入れ替わっていることになる。合衆国ではさらに、留置所の収容者が八〇年代から九〇年代にかけて三倍にふくらんだ。「大半が若者で、その中心は黒人からなる一六〇万人が収容され、労働市場から脱落する」[26]。

一方、ワークシェアリングの導入により、フルタイム労働の理念を捨てて短時間労働の勤め口を増やすことに成功したオランダは、「ダッチ・ミラクル」を実現したともいわれた。それが可能だったのは、賃金労働に結びつかない年金や医療の仕組みを導入することで、労働と社会保障を切り離したからである。いずれにせよ、米国流の低賃金、低失業率、低福祉という戦略も、オランダ流の脱フルタイム労働と低所得の容認という戦略も、それまでの労働と生活の有機的結合による「福祉国家／労働中心社会」体制の終わりを告げるものだった。生産と消費、社会保障と労働が幸福な関係を結ぶことは難しくなったのである。

いうまでもなくそれはフォーディズムとケインズ主義の終わりでもあった。ベックはフォーディズム／ケインズ主義に続いて新たに形成されつつある体制が、一般によく論じられるようなポスト・フォーディズム体制ではなくリスク体制であることを強調する。「フォーディズム体制が労働の「標準化」を行ったとすれば、リスク体制が目指すのは労働の「個人化」である。フォーディズムが生態系への影響や破壊を過小評価してきたとすれば、リスク体制においては、富の生産による環境の悪化を、資本と労働がいかに処理するかが中心的問題になる」[27]。こうして労働中心社会はリスク社会へと姿を変え、個人化の進行によって、フォーディズムにおける標準化されたライフコースは過去のものになる。ライフコースの個人化は厄介な事態を生み出す。ジークムント・バウマンがベックに触発されて述べるように、リスク社会の条件下で「生きる」ことは「システムの矛盾をバイオグラフィーに沿って解決していく」ことである。

制度の責任なのに、それを自分の至らなさによるものと思い直す。そうすることで、わき上がるかもしれない破壊的な怒りを抑え、あるいはその怒りを自己攻撃や自己非難の情熱に鋳直し、あるいはその怒りを自分の身体に向けた暴力や拷問へと水路づけることさえありうる。［28］

個人化はこのようなかたちでも進行するのだ。EUや合衆国ではこうした現実とともに「福祉国家／労働中心社会」の解体が進んでいる。貧困や失業、ホームレス生活、さらには留置場への収容すら、自分個人の問題としてしか体験されない。不幸や災難は制度やシステムの矛盾としてでなく、ひたすら個人のレベルで処理される。ベックのいうように、かつての階級や身分は消えつつあるようにみえる。だが、仕事にはありつけたものの、不安定な低賃金労働を倒れるまで続けねばならない「ワーキング・プア」が増加し、「グローバル・エリート」とかれらにサービスする「召使い」に二分された「新しい封建社会」ができあがりつつある［29］。そこには明らかに新しい階級の問題があるのに、それを感知することは難しいのである。

では、日本はどうだろうか。EUや合衆国がこうした状況であるのに対し、日本はEUほどの失業率の高さも、合衆国ほどの治安の悪化と監視の強化も経験していない。そのことは、それらの諸外国に対して日本の社会保障費が少ないことを正当化するようにも見える［30］。だが注意しておくべき点がある。それは日本社会の二重性である。日本社会において福祉国家の恩恵をたっぷりと享受できたのは「Aチーム」だけだった。なぜなら、市場・国家・家族の均衡にもとづく完全雇用は大企業の従業員だけのものだったからである。

日本はかつて先進産業諸国のなかでひときわ失業率が低いことで知られていた。だがその低失業率には仕掛けがあった。野村正實は、日本の低失業率がいわゆる「全部雇用」によってもたらされていたことを指摘する［31］。「完全雇用」ならぬ「全部雇用」——もとは東畑精一による概念——とは、労働市場の二重構造と農村社会の残存による日本社会独特の雇用状況をいう。大企業と中小企業の二重構造において、大企業の社員は「完全雇用」の状態にある一方、中小企業の社員はつねに「不安定雇用」の状態を強いられてきた。不況期に労働市場を追われる可能性の高いそれらの不安定雇用層を、農業や自営業、零細規模の中小企業が吸収することによって（それと、女性労働力が家庭とパート労働を往復することによって）、あたかもほとんどの労働力が雇用されているかのごとき印象が生まれていたのである。一見すると完全雇用のように見えて、実は大半の労働者が不完全雇用のもとにあった。

エスピン＝アンデルセンも同じように日本社会における労働市場および民間福祉の二重性について述べている。

> 日本の民間福祉は二重構造的でもある。大企業ではほぼ普遍主義的な給付がおこなわれているが、中小企業では抑制されている。皮肉にも、大企業による福祉体制は、ヨーロッパにおけるかつての社会主義政党（「ゲットー」）モデルにかなり類似している。社会的給付、サービス、

住宅以外にも、大企業はレクリエーション、レジャー、地域サービスについてほとんど一揃えのものを提供している。［32］

エスピン゠アンデルセンのいうように、日本社会は「民間セクターによる福祉が大きい点で」アメリカ社会とも「非常によく似ている」。民間セクターというのはもちろん大企業のことであり、近代セクターと言い換えることができるだろう。その一方で、野村のいうように、日本社会は農業や零細規模の中小企業、中小自営業などの前近代セクターを残存させてきた。したがって全体としてみれば、日本は――ヨーロッパ的な意味における――福祉国家でも、労働中心社会でもなかったのである。繰り返すが、日本が「完全雇用」を軸とした「福祉国家／労働中心社会」に見えたのは、労働市場の二重構造と農村的なものの残存による「全部雇用」のせいだった。

問題は、前近代セクターがもはや労働市場の調整メカニズムとしては機能しなくなっていることに加え、近代セクターの側でも完全雇用とそれにもとづく企業福祉がゆらぎ始めていることである。早期退職や派遣労働など雇用のフレキシブル化が着々と進行し、厚生年金の民営化や、日本版401K（確定拠出型年金）の導入が検討される。もともと十全な意味での「福祉国家／労働中心社会」が確立されなかったところへ、前近代セクターと近代セクターの両方における機能不全がのしかかっている。「完全雇用」も「全部雇用」も実現はもはや難しい。エコロジー的近代化の論理にもとづく二階建ての社会保障は、こうした「二重構造」の変容に対応するものなのである。

バウマンは、現代の資本主義が、伝統的な共同体を壊して人びとにルーティンを強制していったこと、それと同時に、ルーティン・ワークを進んでおこなわせるために擬似的な共同体感情を演出していったことを指摘する［33］。日本の近代セクターの中心をなした大企業における充実した企業福祉は、この擬似的な共同体感情を涵養する重要な手段でもあったのだろう。この企業福祉のもたらす安心感に支えられて、誰もが黙々とルーティンをこなしてきたのである。しかし、状況は変わった。市場主義の顔を「持続可能」の言葉で隠したエコロジー的近代化型の社会保障は、こうした状況において、とりあえず、かつて企業福祉の恩恵に浴した高齢者の財布に目を向けようとする。いわば「Ａチーム」のＯＢから「Ｂチーム」のＯＢに所得移転をするという目論見である。だが、二階建ての構造において、ますます高齢者間の格差が広がることになるとしたら、さらには若年層の就業困難と高失業率が改善されず、社会保障の財源にこれまで以上の暗雲が垂れ込めるとしたら、展望は暗い。

日本では西欧的な完全雇用の労働中心社会は形成されなかった。そのことを踏まえ、さらにはこれまでの西欧型の労働中心社会の問題点を点検したうえで、あらためてまったく新しい労働中心社会のあり方を構想する必要があるのかもしれない。言い換えれば、エコロジー的近代化型とは一線を画した労働観とエコロジー思想の構築である。

註

1 イエスタ・エスピン＝アンデルセン『福祉資本主義の三つの世界』岡沢憲芙・宮本太郎監訳、ミネルヴァ書房、二〇〇一年。同『ポスト工業経済の社会的基礎』渡辺雅男・渡辺景子訳、桜井書店、二〇〇〇年

2 広井良典『日本の社会保障』岩波新書、一九九九年、四四頁。広井は、日本の社会保障制度が、ドイツ型の社会保険モデルからスタートし、次第に北欧・イギリス型の普遍主義モデルへと移行していったことによって、社会保険モデルと普遍主義モデルの融合ないし折衷となっていることを指摘する。

3 エスピン＝アンデルセンは雇用・労働を中心にした政治経済学的視点をとり、広井は医療・年金・介護を中心にした制度分析的視点をとるため、両者には若干の違い（イギリスの位置づけなど）がある。それと、両者ともに日本社会の位置づけが微妙である。エスピン＝アンデルセンは「日本が決定的なレジーム属性の混合であって、それが日本に独自性や雑種性を与えている」と述べる（前掲『ポスト工業経済の社会的基礎』三三五頁）。かれによれば日本は保守主義レジームと自由主義レジームの「雑種」である。

4 新川敏光はエスピン＝アンデルセンの三類型による福祉国家がいずれも「労働本位の福祉提供、すなわち生産主義」のうえに成り立ってきたことを指摘する。それによれば、自由主義レジームの福祉国家は「福祉ではなく労働 work, not welfare」、保守主義レジームの福祉国家は「労働を通じての福祉 welfare through work」、社会民主主義レジームの福祉国家は「福祉と労働 welfare and work」をそれぞれ基盤としており、その意味で「ワークフェア workfare」の強調は自由主義レジームだけでなく三類型に共通する特徴となる。新川敏光「福祉国家の改革原理——生産主義から脱生産主義へ」『季刊 社会保障研究』三八巻二号、国立社会保障・人口問題研究所、二〇〇二年

5 ゲルハルト・リッター『社会国家——その成立と発展』木谷勤ほか訳、晃洋書房、一九九三年

6 小野隆弘「80年代ドイツ社会国家における「労働」と「生活」の境界変容——ウルリッヒ・ベックにおける個人化テーゼと制度理解」『制度・市場の展望』岡村東洋光・佐々野謙治・矢野俊平編、昭和堂、一九九四年

7 西欧におけるポリツァイ、自由主義、社会的連帯などの「前・福祉国家」的な統治技術と、福祉国家形成とのかかわりについては挽地康彦「〈前-福祉国家〉のポリティカル・アナトミー——ミシェル・フーコーの〈統治性〉概念にそくして」（『ソシオロゴス』二六号、ソシオロゴス編集委員会、二〇〇二年）を参照。日本の福祉国家形成もポリツァイと関連が深いようだ。かつて日本のポリツァイ機能は内務省に集中していた。その内務省衛生局に勤務する若き日の後藤新平（のちの東京市長）が、一八九〇年から九二年にかけて衛生行政を学ぶためにドイツ留学する。帰朝後、後藤はビスマルク流の社会保険の必要性を力説する。そこに社会保険による危機管理という思惑があったのは明らかである。後藤はのちに台湾総督府民生長官、満鉄総裁となり、ポリツァイ型の植民地経営を試みるこ

とになる。その意味で植民地、とくに満州はポリツァイ型統治の練習場だったのだろう。官房学 Kameralismus におけるカマー（Kammer 小箱、小部屋）としての満州。満州ではモダンな経済計画の「本国で日の目を見なかった構想」が実験され、早くから給与所得の源泉徴収がおこなわれていたという。神野直彦「〈日本型〉税・財政システム」『現代日本経済システムの源流』岡崎哲二・奥野正寛編、日本経済新聞社、一九九三年

8 水町勇一郎『労働社会の変容と再生——フランス労働法制の歴史と理論』有斐閣、二〇〇一年

9 Ulrich Beck. *Risikogesellschaft: Auf dem Weg in eine andere Moderne.* Suhrkamp. 1986. p.225.（『危険社会』東廉・伊藤美登里訳、法政大学出版局、一九九八年、二七九頁）

10 Maarten A.Hajer. *The Politics of Environmental Discourse: Ecological Modernization and the Policy Process.* Oxford University Press. 1995.
Hajer. "Ökologische Modernisierung als Sprachspiel: Eine institutionell-konstruktivistische Perspektive zum Umweltdiskurs und zum institutionellen Wandel." *Soziale Welt*.48. 1997.

11 Hajer. ibid., p.108.

12 Hajer. 1995. op. cit., pp.32-3.

13 Hajer. 1997. op. cit., p.120.

14 「社会保障構造改革」の諸デザインについては以下の資料を参照。
①「社会保障体制の再構築（勧告）——安心して暮らせる21世紀の社会を目指して」社会保障制度審議会、一九九五年七月
②「経済・財政等のグランドデザイン策定と当面の財政運営について」経団連、二〇〇〇年一〇月
③「介護保険から高齢者医療介護保険制度の創設へ」経済同友会・社会保障改革委員会、二〇〇〇年一〇月
④『21世紀に向けての社会保障——社会保障構造の在り方について考える有識者会議の記録』二一世紀に向けての社会保障委員会編、中央法規出版、二〇〇一年
⑤『「ライフスタイルの選択と税制・社会保障制度・雇用システム」に関する中間報告』内閣府男女共同参画会議・影響調査専門調査会、二〇〇二年四月
　有識者会議は、政府の諮問機関である社会保障制度審議会が省庁再編にともなって半世紀の歴史を終え、社会保障審議会と経済財政諮問会議に引き継がれるかたちで消滅したのを承けて二〇〇〇年一月に発足した。「私的」機関であるにもかかわらず、この有識者会議は政府の社会保障政策に大きな影響力をもつ

15 このような流れに財界もすばやく同調した。たとえば「少子高齢化」による経済の停滞と財政の悪化を懸念する経団連（現・日本経団連）は、年金については基礎年金部分の縮小と報酬比例部分の民営化、確定拠出年金の早期導入を、さらに高齢者医療については自己負担の強化と老人保健拠出金の廃止を強く要請する（註14②）。同じように、経済同友会も高齢化と経済の低成長化に対応する高齢者医療介護制度の創設を提言し、高齢者医療にも介護保険方式を導入して高齢者の自己負担を増やすとともに、医療機関の株式会社形態解禁などを通して「医療機関の競争促進と患者による選択」を実現せよと要請する（註14③）。こうした経済団体による提言は、「少子高齢化の下でも持続可能で、現役世代・将来世代の負担が過重とならない社会保障制度」（註14②）、「持続可能な医療保険制度」（註14③）といった具合に、必ず「持続可能」という表現を伴う。

16 二宮厚美「小泉構造改革と戦後福祉構造の転換——保育の民営化・営利化・市場化を中心に」『賃金と社会保障』二〇〇二年二月合併号、旬報社、五〇頁

17 準市場（ないし疑似市場）とは、八〇年代イギリスのサッチャー政権下で、教育・医療・福祉などの公共サービス領域に市場メカニズムを導入する目的で考案された仕組みの一つであり、たとえば、それまで財源・サー

ビス供給ともに公的セクターがカバーしていた医療サービスを「医療財政は「公」、医療サービス供給は「市場」という関係」（芝田英昭「福祉の市場化と社会福祉における公的責任再考」『賃金と社会保障』二〇〇〇年一〇月下旬号、旬報社、二二頁）へと組み替えたものである。財源を租税や社会保険で確保し、サービスの質と供給量を市場原理にもとづく自由競争によって最適化するという仕組みであり、福祉領域では「いわば旧社会主義国の市場経済化に近いコペルニクス的転換」（八代尚宏「社会福祉法人の改革――構造改革の潮流のなかで」『社会福祉研究』二〇〇二年八五号、公益財団法人鉄道弘済会『社会福祉研究』編集室、二二頁）であるとされる。

18 二宮、前掲論文四六～九頁

19 横山寿一・篠崎次男・二宮厚美「座談会：福祉・医療の市場化はどこに着地するか」『賃金と社会保障』二〇〇一年六月合併号、旬報社

20 あるケアハウスのウェブサイトを見ると、入所者の利用料を決めるための年収額が「最低」の一五〇万円以下から「最高」の三一〇万円以上まで細かく区切られ、それに応じた月々の利用料は「最低」で六万七〇〇〇円、「最高」で一二万六〇〇〇円となっていた。別のケアハウスのウェブサイトでも利用料は月あたり七万円から一五万円程度となっていたので、相場はだいたいそのあたりにあるようだ。［二〇〇二年当時のデータ］

21 横山寿二「新局面に入った福祉の産業化――老人介護ビジネスを中心に」『賃金と社会保障』二〇〇二年一月合併号、旬報社、六六頁

22 伊藤周平『介護保険と社会福祉』ミネルヴァ書房、二〇〇〇年、二三二頁

23 エスピン＝アンデルセン、前掲書『ポスト工業経済の社会的基礎』三三頁

24 たとえば次の文献などを参照。八代尚宏・伊藤由樹子「高齢者保護政策の経済的帰結」『「弱者」保護政策の経済分析』八田達夫・八代尚宏編、日本経済新聞社、一九九五年

25 Beck. "Wohin führt der Weg, der mit dem Ende der Vollbeschäftigungsgesellschaft beginnt? " Beck. ed. *Die Zukunft von Arbeit und Demokratie*. Suhrkamp. 2000.p.23.

26 ibid., p.10

27 ibid., pp.41-2.

28 Zygmunt Bauman. *The Individualized Society*. Polity. 2001. p.5.

29 Beck. 2000. op. cit.

30 一九九七年度における国民所得に対する社会保障給付費の割合をみると、日本は一七・八％で、スウェーデン五三・四％、フランス三七・七％、ドイツ三三・三％、イギリス二七・二％、米国一八・七％のいずれよりも低い。

31 野村正實『雇用不安』岩波新書、一九九八年

32 エスピン＝アンデルセン、前掲書『福祉資本主義の三つの世界』「日本語版への序文」ix 頁

33 Bauman. *Community: Seeking Safety in an Insecure World*. Polity. 2001.

9

二階建ての医療――プロイセン・モデルとアメリカ・モデルのあいだに

医療に市場原理を導入しようとする動きが目につくようになってきた。たとえば混合医療の解禁をめぐるこんな発言である。

> 国民がもっとさまざまな医療を受けたければ、「健康保険はここまでですよ」、後は「自分でお支払いください」という形です。金持ち優遇だと批判されますが、金持ちでなくとも、高度医療を受けたければ、家を売ってでも受けるという選択をする人もいるでしょう。

これは、規制改革・民間開放推進会議の議長であったオリックス株式会社代表取締役会長宮内義彦氏が二〇〇二年に、『週刊東洋経済』（一月二六日号）による規制改革関連のインタビューで混合診療に言及した際の発言である。医師で医療経済学者である二木立はこの発言について、「第二次大戦前には農村部の小作農や都市部の貧困層で常態化していた、重病人が出れば家どころか子女を売らなければならないという悲劇を予防するために公的保険制度が順次導入された歴史的経緯を無視した放言・暴言」と批判している。さらに二木は、大学院の医療経済学講義で韓国からの留学生たちにこの話をしたところ、留学生たちが異口同音に「韓国だったらボコボコにされるか土下座なのに」と憤りをあらわにしたというエピソードを紹介している［1］。

たしかに二木や韓国人留学生たちの批判や憤りはきわめて正当である。だが二木によれば、こうした発言に対しての反論は日本のメディアからはほとんど皆無だったらしい。さらに気になるのは、こうした批判や憤りをよそに、宮内氏たちが目指すような「医療改革」の方向は定まりつつあるようにも見えることである。その方向性をとりあえず「二階建て医療プログラム」への再編成と呼ぶことができるかもしれない。文字どおり、一階の「健康保険はここまでですよ」、二階に上がりたい人は「自分でお支払いください」、というかたちへの再編成である。これまでの国民皆保険体制を骨抜きにしかねないこうした再編成の流れは、いったいどのように理解すればよいのか。ここではとくに再編成の流れがもつ歴史的意味について考えてみたい。

1 — 二階建て医療プログラム

医療制度のネオリベラリズム的再編を目指す小泉政権（および総合規制改革会議／規制改革・民間開放推進会議）が打ち出した「医療改革」の柱は、①株式会社方式による医療機関経営の解禁、②混合診療の解禁、③医療機関と保険者の直接契約の解禁、の三つであったとされる。そのなかで「混合診療の解禁」は「二階建て医療プログラム」のあり方を明瞭に示しているといえよう［2］。

混合診療とは何か。それは、保険診療と保険外診療を組み合わせた医療プログラムのことである。医療保険によってカバーされる診療の部分に加えて、医療保険のきかない自由診療を上乗せするまさに二階建てのやり方であり、一階が公的保険による部分、二階が保険のきかない自助による部分となる。保険のきく一階部分の診療内容は従来どおりの医療サービスであるが、保険のきかない二階の自由診療部分は、具体的に、日本国内未承認薬の使用、高度先進医療、制限回数を超える医療行為などである。そして、日本では原則的にそれら以外の混合診療は禁止されている。

なぜ禁止なのか。それは、このやり方を容認すると、お金のある者だけが自由診療のサービスを受けられることになる、つまり、貧富の差にかかわらず万人が平等に医療サービスを受けられるという国民皆保険の原則が崩れてしまうからである。そうなってはいけないので、二階部分の自由診療のサービスを受けようとする場合、一階部分の診療についても保険がきかなくなり、患者は一階と二階の全額を自己負担するという仕組みになっている。混合診療の禁止とはそういう意味である。それでもよいとして高額な混合診療のサービスを望むのは少数の富裕層だけであろうから、現状のように混合診療を禁止にしておくことで、医療サービスの平等な配分はほぼ保たれることになる。

それを解禁せよ、という小泉政権（および総合規制改革会議／規制改革・民間開放推進会議）の主張は明確だった。混合診療を解禁して一階部分も保険でカバーできるようにすれば、患者さんの金銭負担が減るではないか、さらには、多くの患者さんが自由診療部分で先進医療のサービスを享受できるではないか、ということである。だがこの一見まっとうな主張の真意は、先の①と③の柱とセットにすることで簡単に見えてくる。一階を保険でカバーしておくことにより二階の自由診療を利用する患者が増えるだろう、その二階部分を新たな市場として開拓すれば、そこに株式会社化した病院や保険会社指定の民間病院のような民間資本を導入することができる。少子高齢化が今後もしばらくは続くとするならば、そこを狙わない手はない、というわけである。

このように、二階建て医療プログラムへの再編成の行きつく先は、医療の市場化である。だとすればここで気になるのは、医療の市場化において先頭を走っているように見えるアメリカ合衆国の状況である。後述するようにアメリカには国民すべてをカバーする公的な医療保険は存在しない。そのため多くの国民は民間の医療保険に加入することで病気やケガのリスクに備えている。そこでは医療がまさに市場化されており、小泉政権が目指していた医療制度における構造改革の来たるべき姿が展開しているように想像される。日本で進行している二階建て医療プログラムへの再編成は、アメリカ・モデルへの追従と考えてよいのだろうか。

よく知られているように、デンマークの社会学者イェスタ・エスピン＝アンデルセンは現代の福祉国家を三つに類型化している。個人が自助努力で市場の福祉サービスを購入してリスクを乗り切る自由主義タイプ（英米等のアングロサクソン系諸国）、国家が税を主たる財源として福祉サービスを提供する社会民主主義タイプ（北欧諸国）、社会保険を基本的なセーフティネットにしつつ家族のサポートも活用しようとする保守主義タイプ（独仏等の西欧諸国）の三つである。エスピン＝アンデルセンによれば日本はこの三つが混淆した「雑種」であるという。

だが日本は最初から「雑種」であったわけではない。日本社会は明治・大正期にビスマルク流の保守主義タイプとしてスタートし、戦後の高度経済成長のなかでベヴァリジ流の社会民主主義タイプの普遍主義をとり入れたのち、低成長時代に入ってから一転して自由主義タイプの福祉抑制策をとり入れていったといえる。その過程で「雑種」となっていったのであろう。そう考えてみたとき、二階建て医療プログラムへの再編成とは、この歴史的過程において「雑種」から脱却し、自由主義タイプへとさらに接近する動きのあらわれと見てよいのだろうか。あるいは、純然たるアメリカ・モデルの追従ではなく、相変わらずの日本社会の雑種性を示すものなのだろうか。

2—ラジオ体操と簡易保険——プロイセン・モデル

ところで、アメリカの状況を見る前に、一つ興味深い考察対象があるように思う。それはラジオ体操である。一見まったく無関係なテーマのようだが、ラジオ体操は、近代日本における保守主義タイプの福祉国家形成についていくつかのことを教えてくれるとともに、その対極にある自由主義タイプについての示唆も与えてくれるように思えるからである。

かつてラジオ体操はまさに国民的実践であった。それに参加したことのない日本人はきわめて少ないだろう。ある時期までラジオ体操は（少なくとも子どもにとっては）誰もが参加すべき自明の行事であった。もちろん、現在でもラジオ体操は健在である。夏休みの子ども対象のラジオ体操会はなくなっていないし、始業前のラジオ体操を義務にしている職場は未だにかなりある。また、長生きや健康維持に意欲的な高齢者のなかには、ラジオ体操を生き甲斐にしている人びとが相当数いる（ちなみにラジオ体操の会に長いあいだ参加してきたという、筆者の知人のある高齢女性は、会の記念行事として万里の長城まで遠征し、体操を披露した際、周りの中国人たちから拍手喝采を受けた、と嬉しそうに語っていた）。

だがそんな国民的実践としてのラジオ体操が、郵政省簡易保険局のバックアップによって続けられてきたことを知る人は、あまり多くない。たしかに個人的経験を振り返ってみても、夏休みのラジオ体操参加票の片隅に印刷されていたという「郵便局の簡易保険」の文字の記憶すらあやしい。だが最近の研究が注意を喚起しているように、国民が国境線の内側の至るところで同じ時刻に同じ動作をいっせいに演じるという、考えてみればかなり不気味なこのラジオ体操という実践は、国民に衛生思想を教え込むと同時に、保険という制度のありがたみを宣伝しようとする国家の意思によって立ち上げられ、維持されてきたのである［3］。

ラジオ体操の歴史は、郵政省の前身である逓信省の簡易保険局が日本放送協会、文部省と手を組んで東京中央放送局から放送を開始した一九二八年（昭和三）に始まる。ほぼ同時に伴奏音楽のレコードが制作され、翌年には全国放送となったのち、敗戦直後のGHQ命令によるごく短期間の中断を挟んでラジオ体操は戦後ますます普及することとなる。一九五六年（昭和三一）には「ラジオ体操の歌」（藤浦洸作詞、藤山一郎作曲）が発表され、「新しい朝が来た　希望の朝だ」で始まるその歌とともに、その後の高度経済成長期を通して、ラジオ体操はまさに国民的実践となっていく（かんぽ生命のウェブサイトにおける「ラジオ体操の歴史」による）。

そうした八〇年近い歴史をもつラジオ体操だが、ここで注目したいのは、逓信省の簡易保険局が出発点となったことの経緯である。逓信省による簡易保険事業が始まった一九一六年（大正五）当時、簡易生命保険の契約件数は約二六万七〇〇〇件とごくわずかにとどまっていた。もともと保険の制度が西洋から導入されてまだ時間が経っておらず、実際に保険に加入できるのは上流階級に限られていた時代にあって、無審査で加入制限のない、低所得層を対象とした簡易保険は、その認知度も低く、事業の展開は滞っていた。そんななか欧米の保険先進国における簡易保険事業を視察中の簡易保険局監督課長猪熊貞治が、一九二五年（大正一四）、ニューヨークでメトロポリタン生命保険会社が「保険思想の普及」と「死亡率の低下」を目的として放送していたラジオ体操に出会い、名案だとして逓信省簡易保険局にもち帰ることになるのである。折しもその年、日本では日本放送協会によるラジオ放送が始まる。ここに、国民的な「社会体育」の創出を画策していた文部省が加わり、三者の協力体制のもと、ラジオ体操の歴史が始まることになるのである［4］。

リチャード・セネットは、かつてマックス・ウェーバーが「鉄の檻」と呼んだ近代社会の仕組みの根底に「社会の軍隊化」という流れがあったことを指摘している。さらには、一九世紀末から二〇世紀初頭にかけてドイツ社会が「軍隊化」していったことに、ウェーバー自身が多大な関心を寄せていたと論じる。カール・マルクスの時代に思い描かれていたような「原初的な資本主義」はウェーバーの時代になると姿を変え、「社会的な資本主義」とでも呼べるような、階級対立要因を吸収する、安定した秩序志向のものになっていった。それを可能にしたのは、軍隊をモデルとした組織化を資本主義にも適用することによってだったとセネットはいう。

ビスマルク時代のドイツにあって、この軍隊モデルは――ビスマルク本人の心のなかでは内政を安定させ革命を予防することが主たる目的だったが――ビジネスや市民社会の諸制度にも適用されるようになった。自分には確固たるポジションがあると自覚する労働者は、いかに貧しかろうとも、社会における自分のポジションを理解できない労働者にくらべて、革命的行動に打って出る可能性は低い。このことが、いわゆる社会的な資本主義の根底をなす政治だったのである。［5］

軍隊を社会の組織化モデルにすること。それは、組織構成員の競争をいたずらにあおり立てるのではなく、ピラミッド的に組織されたヒエラルヒーのなかに構成員それぞれのポジションを明確に割り振ることである。「肥大化した官僚組織の社会的・政治的原理とはしたがって効率性ではなく包摂〔inclusion〕である」［6］。軍隊の組織原理を社会生活の隅々にまで適用していくことを、セネットにならってかりに「プロイセン・モデル」［7］と呼ぶならば、ラジオ体操と簡易保険のエピソードから見てとれるのは、それこそ「プロイセン・モデル」の近代日本的な応用にほかならないだろう。

社会保険のない時代に低所得者向けの簡易保険を広く販売することで国民をできる限り「包摂」し、社会秩序を維持すること。黒田勇は、一九一四年三月の帝国議会に提出された立憲同志会による「少額生命保険官営建議」の理由書、すなわち簡易保険がなぜ必要なのかを示した文書における、次のような一文を紹介している。「少額生命保険制度の如きは、中等階級以下の社会をして能く恒産を治め、秩序生活を営ましめ、以て健全なる社会を組織し、社会的欠陥を防遏する所以にして、社会改良政策上最時宜に適したるものと認む」［8］。

黒田はさらに、ラジオ体操が開始され簡易保険が普及していくまでに「日本人の人生観・生命観・家族観」が変化し始めていたことを指摘する。「一般的な節約や貯蓄という観念に加えて、自己の生命の値段を計算すること、家族の生計が一個の身体にかかっているという自覚、自身の死後についても家族の経済生活への想像力、あるいは責任感、こうしたものがリアルなものと感じられるようになってこそ、この制度〔簡易保険〕は普及するのだが、そうしたリアルさをもつ中心にいたのが、都市化のなかでムラ共同体から析出された個人、都市に台頭しはじめた労働者階級、そして新中間階級であった。」［9］。ここで黒田のいう労働者階級や、とりわけ新中間階級は、まさにプロイセン・モデルにより組織化されることでそうした「リアルさ」の感覚を獲得していったに違いない。工場や事務所においてしかるべきポジションを与えられ、定期的な賃金支給から昇給、昇進に至るまで、あるいは引退後の所得保障に至るまで、明確な時間意識を軸としたライフを送り始めた最初の階級が、かれらであった。かれらの時間意識はセネットのいう「長期的で、加算的で、とりわけ予測可能」であることを特徴としており、さらには、そうして合理化された時間意識により、かれらは、みずからのライフを「将来はこうあるべきだ」という物語 narrative としてとらえるようになっていったのである［10］。

ラジオ体操と簡易保険のエピソードにはもう一つ見逃してならない歴史的事実がある。すなわち、一九二〇年代のアメリカ合衆国において、低所得層ないし生活不安定層を対象とした簡易保険事業がすでに大々的に展開されていたという事実である。先に見たように、社会保険を軸にできるだけ多くの国民を包摂しその動員と連帯を（まさにラジオ体操のように）実現しようとするのが、保守主義タイプの福祉国家であった。社会保険の仕組みが未だ国民的規模で整備されていなかった一九二〇年代の日本において、無審査かつ加入制限のない簡易保険は、国民に「秩序生活を営ましめる」ためいずれ整備されるべき社会保険の代用機能をはたすものだったといえよう。一方、アメリカのような自由主義タイプの福祉国家では、個人が福祉サービスを私的に購入することでみずからのライフを構築していくことがよしとされる。メトロポリタン生命保険会社が引き受けていた簡易保険もそうした商品の一つであった。そこではプロイセン・モデルと異なる、「アメリカ・モデル」と呼べるような組織化がなされていたといえる。そこで続いて、そのようなアメリカ・モデルのあり方を考えるために、アメリカにおける民間保険に目を向けてみよう。

3 —— 民間医療保険 —— アメリカ・モデル

アメリカ型福祉国家の特質は、福祉制度が市場の論理に貫かれていることにある［11］。高齢者の年金と医療保険を例にとろう。アメリカの年金制度は公的年金と企業年金の「二階建て」になっている。一階部分に社会保険方式による基礎年金として社会保障年金があり、二階部分に企業年金方式による雇用主提供年金がある。医療保険も同じように二階建てになっていて、一階部分に六五歳以上の高齢者（および障害者など）を対象とする公的医療保険＝メディケアがあり、二階部分に民間医療保険＝雇用主提供退職者医療保険がある（公的医療プログラムとしてはそのほかに、低所得者を対象とした公的扶助＝メディケイドがある）。アメリカの高齢者はこのように、引退後の所得および医療のミニマムを一階で保証されるとともに、自分の現役時代の努力の結果として、人それぞれの所得保障と医療サービスを二階で手に入れることになる。

これを見る限り、アメリカの高齢者は、小泉政権（および総合規制改革会議／規制改革・民間開放推進会議）の目指した二階建て医療プログラムのなかに置かれているようである。だがここで注意したいのは、アメリカ社会では、一般的な福祉国家においてそう考えられているように、一階部分が基礎となり、それを二階部分が補完する、とは考えないということである。渋谷博史は、むしろ逆に民間保険こそが生活を成り立たせていく主要な柱であり、その足りない部分を補うのが公的保険であると考えるのがアメリカ社会であると指摘する［12］。一階部分はあくまで最低限の給付を保証するだけであり、豊かで安心できる老後を送りたければ、現役時代に労働市場において果敢に闘い、民間保険商品を賢く選択して購入しておくことが不可欠なのである。福祉制度が市場の論理に貫かれている、というのはそうした意味にほかならない。

アメリカ社会のそうした論理がさらにはっきりと見てとれるのは、非高齢者、つまり現役世代における医療保険のあり方である。よく知られているように、アメリカには六五歳以下の現役世代をカバーする公的医療保険は存在しない。公的医療プログラムとしてあるのはメディケアとメディケイドだけであり、言い換えると、「高齢者、障害者、低所得者」以外の者、つまり現役労働者の大部分は公的医療プログラムによってカバーされない仕組みになっている［13］。ただしそれら現役世代は病気やケガの際に安心して医療サービスを受けられないかというと、そうではなく、現役労働者の大半は民間の医療保険に加入することで病気やケガのリスクに対応している。具体的にいえば、大半の現役労働者は、勤務先の企業が提供する雇用主提供医療保険に加入するか個人医療保険に加入しているのである。雇用主提供医療保険とは、民間企業の雇用主が保険会社から団体医療保険を購入し、それを間接的に被用者に提供する仕組みである。

ちなみに、日本の組合健康保険と異なり、雇用主提供医療保険においては雇用主による医療保険の提供は任意である。個人医療保険は、主として自営業者や団体医療保険を提供しない（できない）企業の被用者が加入する保険である［14］。

注目されるのは、雇用主提供医療保険であれ個人医療保険であれ、雇用主が、あるいは被用者個人が、保険業者から任意に購入するものだという点である。そこにはまさに市場の論理が貫徹している。そうしたことを考えると、アメリカの医療保険を「二階建て」と呼ぶのは、多少とも事実に反するのかもしれない。つまり、アメリカの医療保険を、公的保険を一階に、民間保険を二階に置いた一つの建物と考えるのではなく、何か別のイメージを想起する必要があるかもしれない。たとえば、市場というアリーナ（闘技場）がまず中心にあり、そこでは果敢な競争が日夜繰り広げられている、というようなイメージ。競争の過程でアリーナからはじき出された者や、競争から引退した者は別の建物に連れていかれるが、その際、アリーナでの戦利品をたっぷりと持参する者もいれば、無一文を余儀なくされる者もいる。そんなイメージである。あくまでも市場というアリーナでのパフォーマンスがものをいう社会。

そして実は、アリーナから出て連れていかれた建物もまた別のアリーナである。そこでは（高齢者は別として）低所得者も、就労支援などを受けたうえでさらに新しい競争を再開しなくてはならない。自由主義のアメリカ社会にあっては「貧困者自身も戦う必要がある。自由な市場で獲得するアメリカン・ドリームの対極にある敗北者も、永遠に敗者復活戦を戦い続けなければならない」［15］のである。

みずからのライフをめぐり、最期までアリーナでの格闘を続けなければならない社会。アリーナで闘い続けることに至上の価値が置かれる社会。しかしそれにしても、アメリカ社会とはいえ、人はそれほど厳しい環境にみずからを好んでさらすものなのか。どうもそうではないらしい。中浜隆は、アメリカ社会においては、現役世代に対する公的医療保険が創設されなかったがゆえに、民間の医療保険が「政府部門の役割（福祉国家の機能）を代替」してきたと指摘する［16］。日本の健康保険のように社会保険方式による医療保険の場合、できるだけ多くの国民が加入でき、平等な医療サービスが提供できるような配慮がなされている。つまり、加入者の疾病リスクや労災リスクなどに応じて保険者が加入者を選別したり、保険料率に格差が生じないようになっているわけだが、アメリカの民間医療保険も、元来そうした配慮がなされていたというのである。

ここで再び、ラジオ体操のモデルとなったアメリカのメトロポリタン生命保険会社を思い出したい。メトロポリタン社は低所得層向けの安価な簡易生命保険を発売し急成長した生命保険会社だった［17］。日本の場合、簡易保険はもともと非営利の国営事業であり、できるだけ多くの国民を包摂することを目的とした、基本的に無審査で誰もが加入できる文字どおり簡易な生命保険であった。加入に際して医師の診査は不要であるとともに、職業による加入制限もない。同じようにアメリカのメトロポリタン社が引き受けていた簡易保険も、無審査で加入制限のないものだったのである。だが、安価で無審査で加入制限がなかったがゆえに、いわゆるモラルハザードの問題が生じることにもなった。誰でも無審査で入れるため、病気にかかったことをきっかけに加入する者が急増したのである。さらには、そうしたリスク要因を抱えた加入者が増えることで保険金の支払額も増加せざるを得なかった。そのような状況において、生命保険に対するまっとうな認識をもってもらうための宣伝と、日常の運動を通した死亡率の低下を目指して発案されたのが、メトロポリタン社によるラジオ体操の放送なのであった。

いずれにせよここで見落としてならないのは、アメリカの場合、民間保険会社の商品にある種の社会保険的な特質が備わっていたということである。もちろんメトロポリタン社は、低所得者からも儲けるだけ儲けてやろうとする意図から、無審査で加入制限なしの簡易保険というやり方を選んだのかもしれない。

だがアメリカにおいても、こと医療保険に関しては、社会保険的な性質が顕著であった。アメリカにおいて簡易生命保険は一八七〇年代に登場したが、それに比べて民間の医療保険はかなり遅く、登場するのは一九三〇年代になってからである。だが、ニューディール政策の時代と重なるこの時期に登場してきた民間医療保険は、その登場以来、できる限り加入者を保護するための措置を意図的にとってきた。たとえば、アメリカ国内で一九三〇年代から民間医療保険の保険者として全国的に医療保険業務をおこなってきたブルークロス・ブルーシールドと呼ばれる非営利法人は、すべての申込者に対して加入を保証し、さらには申込者のリスクに応じた保険料率設定をしないよう努めてきたという［18］。ほかにも一九四〇年代に医療保険市場に参入し始めた民間の保険会社を含め、「非高齢者一般を対象とする公的医療保険（社会保険）が存在しないアメリカでは、リスクの高い人々をできるだけ受け入れる措置が民間医療保険で講じられていた。」［19］。「戦うスタイル」を特徴とする「アメリカ・モデル」［20］ではあるが、そのアリーナでの競争は、できる限りフェアになされるべきものだったのである。少なくとも一九七〇年代までは。

4―プロイセン・モデルとアメリカ・モデルのあいだに

現在、アメリカにおける無保険者問題は深刻である。長谷川千春［21］によれば、二〇〇四年の時点で全米の無保険者は四五五〇万人にのぼり、非高齢者に占める割合（無保険率）は一七・八％にもなるという。六五歳以下のアメリカ人のおよそ五人に一人弱が医療保険に加入せず、公的医療扶助も受けていないことになる。
そうした無保険者にはさまざまなケースがあるだろう。たとえば久本貴志は次のような事例を紹介している。

ブレンダ・グラデン（五二）は一四年間、ヘクセル社の航空製造部門に一四年間勤めたが、彼女の仕事であるラミネート加工の仕事が海外に移転されることになったので、組合に加入している時給一五・九五ドルの仕事を失った。そして、現在はカイロプラクティックの職場で受付係として勤めており、時給は一一ドルである。この転職により、グラデンは組合未加入となり、医療保険と年金を失った。彼女は医療保険の保険料を支払う余裕がなくなったのである。［22］

この短い記述からもいくつかの問題点が見てとれる。グローバリゼーションの猛威、労組の組織力低下、第二次労働市場への閉じ込めとワーキングプア化などである。五一歳でワーキングプアとなり、医療保険も年金もないという状況は相当にきつい。そしてこうした状況が生み出される背景の一つに、先述したアメリカの民間医療保険における社会保険的性質の弱体化があることは間違いないだろう。

アメリカでは一九七〇年代から八〇年代にかけ、産業構造の変化とグローバリゼーションの進展に伴って医療の市場化に拍車がかかるようになった。医療費の高騰により、企業はできる限り安価な保険を被用者に提供しなければならなくなった。一方、医療保険市場でも、多くの保険業者が参入することで保険引き受けの競争が熾烈になっていった。その結果、それまで自粛されてきた、加入者のリスク要因を考慮した危険選択がおこなわれるようになるとともに、それらのリスク要因に応じた保険料率の個別設定がおこなわれるようになったのである［23］。

たとえば保険料率に関してそれまでは、地域ごとの平均医療費と加入者の家族構成のみを考慮した地域料率方式だったのが、団体ごとの保険金支払い実績にもとづいた経験料率方式に変更されるようになり、さらには性別、年齢、産業、職業、健康など多くのリスク要因が料率に反映されるようになっていったという。「リスクの高い人々をできるだけ受け入れる措置」を講じてきたアメリカの民間保険はこうしてかつての社会保険的な性格を急速に失っていくことになる。

その過程はまさにスパイラルであったようだ。「［保険者が］リスクの低い大企業に対して経験料率方式を使用して料率を引き下げると、その他の企業（とくに中小企業）の料率は上昇する。料率が上昇すると、その他の企業のなかでリスクの低い企業は、料率を引き下げてもらうために、リスクを区分する（危険要因をより多く使用する）リスク料率を要求する。（中略）保険者がリスクを区分して料率を設定し、リスクの低い企業の料率を引き下げると、残りの企業の料率は上昇する。そのために、残りの企業のなかでリスクの低い企業は、リスクをさらに区分する（危険要因をさらに使用してリスクを細分化する）リスク料率を要求する」［24］。このようにしてリスク要因はますます細分化され、リスク集団ごとのセグメントもますます細分化されていった。言い換えると、高リスク集団と低リスク集団が分断され、高リスク集団は高リスク者同士でリスクを分散し、低リスク集団は低リスク者同士でリスクを分散するようになったのである。こうした流れのなかで、雇用主提供医療保険を提供できない企業、さらにはその受給資格をもたない被用者が数多く生み出されることになったのだ。

ところで、人びとを連帯に向けて動員するプロイセン・モデルに対し、アメリカ・モデルは、個人をできるだけフェアな条件で競争させようとするやり方であった。だがここにきてプロイセン・モデルもアメリカ・モデルもうまくいかなくなってきたようである。

まずプロイセン・モデルについていうと、ウェーバーが「鉄の檻」と呼んだ軍事化された資本主義および官僚制のあり方が、二〇世紀後半のある時期から大きく変化し始めたという大前提がある。ビスマルクやウェーバーが考えた軍事化された資本主義、それは言い換えると「組織された資本主義」だった。それは、自由放任を特徴とした一九世紀の古い資本主義が一九世紀末に壁に突き当たったとき、それを乗り越えるものとして登場してきた新しいシステムであり、その特徴は「至るところにはりめぐらされた大量生産と大量流通のテクノロジー、市場を覆いつくす大企業、さらには国家によって監視・支援された国民経済」[25]にあった。ピーター・ワグナーによれば、そうした資本主義の組織化は一九世紀末に始まり、第二次世界大戦後、フォード主義／ケインズ主義的福祉国家の完成というかたちで結実する。だが、そうした資本主義の組織化、あるいはセネットのいい方を再度借りれば社会組織の軍隊モデル化は、一九六〇年代までの話であった。

セネットは、ビスマルクやウェーバーがかつて予想もしなかった変化がいま起きつつあるという。かれは具体的にそれを、①大企業において権力が経営者から株主に移ったこと、②力のある投資家が長期よりも短期の結果を求めるようになったこと、③通信と製造の新しい技術が開発されたこと、の三点にまとめている。これらによって軍隊型のヒエラルヒーが崩れ、命令系統は流動化するとともに、投資家は企業の長期的戦略の成果である配当金よりも目先の株価に反応するようになり、すばやくフレキシブルに姿かたちを変えていく企業こそが投資家や消費者に選好されるようになる[26]。「鉄の檻」が開け放たれたのである。軍隊型に組織化されたかつての福祉国家においては、福祉サービスの受給者にもまた明確なポジションが割り振られていた。だがセネットのいうようなプロイセン・モデルとは異なるこうした新しい（組織化とはもはやいえない?）組織原理への移行に伴い、社会保険を軸とした「保守主義タイプ」の福祉国家の存立基盤は大きく揺らいでいる。

だがこのことがそのままアメリカ・モデルの勝利を意味するわけではない。アメリカ・モデルは、民間保険が社会保険的な特徴を保つ限りにおいて、それなりに機能してきたからである。セネットが述べるような現在の変化は、そうしたこれまでのアメリカ・モデル（個人を可能な限り公正な条件で競争させるやり方）をも揺るがせるものである。先に見た四〇〇〇万人を超える無保険者の存在がそのことを証明しているだろう。

そのように考えるとき、日本で現在進められようとしている二階建て医療プログラムへの再編は、かなり息苦しい試みに見えてくる。たしかにこの二階建て医療プログラムはエスピン＝アンデルセンのいうような日本的福祉国家の「雑種性」を示すのだろう。どう見ても、このプログラムは、プロイセン・モデルの社会保険とアメリカ・モデルの民間保険の接合だからである。

それが息苦しいというのは、まず、このプログラムが未だに連帯と動員のプロイセン・モデルに（ポーズだけかもしれないが）固執しようとしていることにある。ビスマルクが世界に先駆けて一九世紀末に導入した社会保険が職域を土台としたものであったことからもわかるように、プロイセン・モデルは賃金労働のあり方が軍隊のように厳密に規定され、管理されていることを条件としていた。それに対しロベール・カステルは、労働における時間、場所、組織、雇用形態、賃金などが流動性とフレキシビリティを高めている現代にあって、労働者個人が企業家たることを強制される点にあらためて注意を喚起したうえで、「このように全域化された流動化は労働の世界と社会的世界との間に新しい亀裂をもたらす」[27]と述べている。労働の世界の変容を放置したまま、旧来の社会的世界（社会保険による連帯）を維持しようとしても、それはかなり苦しい。

他方、そうしたプロイセン・モデル的な部分は最小限に抑え、アメリカ・モデルを積極的に導入しようとすればどうなるか。かつてのアメリカにおいてそうであったような民間保険の社会保険的性質をはなから想像すらしないで、ひたすら利益のみを追求するならば、日本でもリスク細分化による排除のスパイラルが進行することになるだろう。そのようにして排除されていった者たちは、保険技術的には同じリスク集団に算入されながらも、現実には互いに接触する機会ももてない「アンダークラス」となる可能性もある。ここでもまた労働の世界を再構築することが何よりも重要となるのだが、日本の二階建て医療プログラムに関してそうした意識をうかがうことはできない。

いうまでもなく、この隘路をどうやって抜け出せばよいかは、きわめて困難な課題である。ただ最後に、フランスの実業家ミシェル・アルベールの、保険には相互援助と連帯という「山岳」型の伝統と、リスク管理という「海上」型の伝統があるという議論に触れておきたい［28］。

アルベールによれば、山岳型は、一六世紀以降、原初的な相互扶助団体が組織されていったアルプスの峡谷地帯に端を発し、そこではのちに保険や共済の共同体組織につながるさまざまな系列――ギルド、同業組合、職能組合、共済運動――が生まれていったという。一方、海上型は、海上における商業活動に始まる伝統で、一四世紀に発明された海上保険を原点とする。それはのちにロンドンを中心に発達し、海上のリスクから拡大して金融リスクや生命のリスクもカバーするようになっていったという。前者の伝統がのリスクを相互化／共済化 mutualiser するのに対し、後者の伝統ではセキュリティの配慮よりもリスクにおける投機と競争の管理が主となる。そしてアルベールによれば、日本社会は感受性の面においてスイスやドイツと同じように山岳型の伝統に連なるらしい。

　こうした伝統や文化を、現代的な視点から――セネットがやったように――再考してみることには少なからぬ意義があるのではないだろうか。もちろん、やれ「モデル」だ「文化」だと理屈をならべる前に、現実的で持続可能な医療保険システムをまずは考えてみるべきだ、という批判も当然あるだろう。だが、「モデル」や「文化」を無視するならば、冒頭に示した韓国人留学生たちの「韓国だったらボコボコにされるか土下座なのに」という言葉を理解することはできなくなる。

註

1 二木立『医療改革――危機から希望へ』勁草書房、二〇〇七年、四九頁

2 二木によれば、現段階においてこの三つの柱は事実上「挫折」した状態になっている。だが社会保障を二階建てに（あるいは階層化）しようとする大きな流れは根強く存在する。（二木、前掲書）。この点に関しては、伊藤周平『「構造改革」と社会保障――介護保険から医療制度改革へ』（萌文社、二〇〇二年）を参照されたい。

3 黒田勇『ラジオ体操の誕生』青弓社、一九九九年。高橋秀実『素晴らしきラジオ体操』小学館文庫、二〇〇二年

4 メトロポリタン社のラジオ体操指導員を務めたのはＹＭＣＡの宣教師だったそうで、どうやらそこには、「神の祝福」を授かるために身体を鍛えて動かそうというＹＭＣＡの宗教思想があったようである（高橋、前掲書四〇～三頁）。一方、日本の場合、逓信省簡易保険局は当初のもくろみどおり「保険思想の普及」と「死亡率の低下」を目的としてラジオ体操の導入を図るが、国民的な「社会体育」の普及を画策する文部省が関与することで、「団体精神の涵養」という第三の目的が浮上し、それがむしろ本来の目的よりも際だっていったようだ。三浦雅士は、一九世紀半ばにデンマーク、スウェーデン、ドイツといった国々で近代体育の基礎がつくられていく歴史的背景として、これらの国々がいずれもナポレオンによる国民皆兵方式の国民軍によって侵略された経験をもつことに注意を促している。この経験によって国家と国民というナショナリズム感情が芽生え、その延長上に近代体育が成立することになったという。三浦雅士『身体の零度』講談社、一九九四年、二二九頁

5 Richard Sennett. *The Culture of the New Capitalism.* Yale University Press. 2006. p.21.

6 ibid., p.31.

7 ibid., p.27.

8 黒田、前掲書二八頁

9 同書三二頁

10 Sennett. op. cit., p.23.

11 以下の論考を参照されたい。
・渋谷博史「アメリカ・モデルにおける貧困と福祉」『アメリカの貧困と福祉』渋谷博史・C・ウェザーズ編、日本経済評論社、二〇〇六年
・渋谷博史・樋口均「アメリカ型福祉国家」『アメリカの年金と医療』渋谷博史・中浜隆編、日本経済評論社、二〇〇六年
・中浜隆『アメリカの民間医療保険』日本経済評論社、二〇〇六年
・長谷川千春「アメリカの無保険者問題」、前掲書『アメリカの貧困と福祉』
・長谷川千春「雇用主提供医療保険の動揺」、前掲書『アメリカの年金と医療』

12 渋谷、前掲論文

13 実際にはメディケア、メディケイドのほかに、公的医療プログラムとして、連邦公務員や州公務員とその扶養家族を対象とした医療給付プログラムがある。

14 中浜（前掲書）によれば、二〇〇三年の段階で、六五歳未満のアメリカ国民のうち、雇用主提供医療保険の加入者は六三・八％である。続いて、連邦公務員・州公務員が加入する政府医療保険加入者が一七・一％、個人医療保険加入者が六・五％となる。そしていずれにも加入していない無保険者は一七・六％（！）である。

15 渋谷、前掲論文三頁

16 中浜、前掲書四頁

17 H・ブラウン『生命保険史』水島一也訳、明治生命一〇〇周年記念刊行会、一九八三年、四五七頁。ブラウンによれば、アメリカ合衆国で最初に簡易保険の引き受けがおこなわれたのは一八七五年のことであるが、その後、急速な発展をとげ、一八九六年には全米での簡保契約高は八億八六〇〇万ドルにまでのぼっていたという。ちなみに、日本の逓信省による簡易保険事業が始まった一九一六年に数年先立つ一九一二年の保有契約高は、三七億九〇〇万ドルとなっている。

18 中浜、前掲書五頁

19 同書八五頁

20 渋谷、前掲論文三頁

21 長谷川、前掲論文「アメリカの無保険者問題」

22 久本貴志「アメリカの貧困——労働市場の視点から」、前掲『アメリカの貧困と福祉』四〇頁

23 中浜、前掲書三章および四章

24 同書九一～二頁

25 Peter Wagner. *A Sociology of Modernity: Liberty and Discipline*. Routledge. 1994. p. 82.

26 Sennett. op. cit., pp.37 -47.

27 Robert Castel. *L'insécurité sociale*. Editions du Seuil. 2003. p.46.

28 Michel Albert. "Le rôle économique et social de l'assurance." François Ewald and Jean-Hervé Lorenzi. eds. *Encyclopedie de l'assurance*. ECONOMICA.1998.

10

ポーパリズムの統治

イギリスの救貧制度は近代的な公的扶助制度の原点だとされる。その歴史には現代の公的扶助がもつ特徴や問題が、ある意味で「剝き出し」のまま置かれているのではないか。そうした観点から、かつてのイギリスの救貧制度（とりわけ一九世紀における）について考えてみたい。

1――ワークハウス――エンゲルスとディケンズ

かつてイギリスにワークハウスという施設があった。若きフリードリッヒ・エンゲルスは一八四五年に出したルポルタージュのなかで、ワークハウスのことを、「この種の公共の慈善がなくてもまだなんとかやっていける見込みのあるすべての者を、震えあがらせずにはおかないたぐいのもの」「食事は極貧の就業労働者のそれよりもひどく、それでいて仕事はよりきつい。そうでなければ、彼らは見るもあわれな外での生活よりも、救貧院にいることを好むであろう。」［1］と書いた。

エンゲルスの同時代人チャールズ・ディケンズは、小説『オリバー・ツイスト』（一八三八）の冒頭で、この施設のことを「貧民階級ための、公設の娯楽場、金を払う必要のない飲食店であり、一年じゅうただの朝食、昼飯、おやつ、夕飯があり、遊んでばかりいて、働かないですむ、煉瓦と漆喰の極楽なのだ。」と皮肉たっぷりに書いた。そしてすぐあとに、収容される貧民たちは「救貧院にはいって、すこしずつ餓死させられるか、それとも救貧院にはいらないで、たちまち餓死させられるか、どちらか一つを選ぶ自由」を与えられるのだ、と書き加えるのを忘れなかった［2］。

ワークハウスという施設が本当にそれほどおぞましい所だったのか、いまでは直接的に知る由もない。だがそれはそれとして、とても気になるのは、エンゲルスとディケンズの二人がワークハウス入所前と入所後について相当に居心地の悪いいい方をしていたことである。二人のいい方を組み合わせると、こうなる。ワークハウスに入所すれば、最低の生活環境と緩慢な餓死が与えられる。一方、入所しなければ、最低よりわずかに良いだけの生活環境と急激な餓死が与えられる。この選択肢を前に、人はいったいどちらを選べばよいのか。そんなダブル・バインドにも似た状況をワークハウスはつくり出していたように見える。

ワークハウスは、中世末期から近代にかけイギリスに実在した貧困者のための収容施設である。収容されていたのはさまざまな理由で生活能力を一時的ないし恒久的に失った貧困者であり、そこには高齢者や傷病人、孤児などはたらけない者に加え、はたらける成人男性や女性も含まれていた。入所者には生活に最低限必要な物資が与えられるとともに、はたらける者には仕事があてがわれた。一九四八年の国民扶助法の制定により救貧法に終止符が打たれるまで、ワークハウスは長いあいだイギリスの救貧システムの要となってきた［3］。

もともとワークハウスはコミュニティとともにあった。ワークハウスだけでなく救貧事業全体が教区という地域コミュニティのなかで営まれていた。一六〇一年のエリザベス救貧法で貧困者救済の責任が教区にゆだねられたのに加え、古くから教区には教会を中心とする慈善や恩恵の慣習があったことも歴史的な背景としてある。そこに見られたのは貧困者の庇護と支配という一種の温情主義的な、あるいは家父長制的な関係であった。ワークハウスはまさにそうした慈善と恩恵、庇護と支配という関係のなかに置かれた象徴的施設だったのである。

古くから続くワークハウスのあり方に変化が生じるきっかけとなったのは、一八三四年の新救貧法制定である。これによりワークハウスの数は急増した。イギリスではこの時期からおよそ半世紀のあいだに新しく五〇〇以上のワークハウスがつくられたという［4］。そしてそれとともに、施設の運営方法も大きく変わることになった。

まず注目されるのは、ワークハウス内部における規律と監視の度合いが強められたことである。新救貧法制定以降、入所者には労働以外にもさまざまな義務や規律が課されるようになった。制服の着用、食事や礼拝などの生活時間厳守に加え、「ⓐ規律違反、ⓑ静粛が命じられた際に騒音を立てる、ⓒみだらな言辞を用いる、ⓓ他の入所者を言葉や行為によって侮辱する、ⓔ身体を洗浄しない」等々の行為にも処分が下されたという。そして何よりも、ワークハウスの入所者には外出の自由が与えられていなかった［5］。こうした監獄のようなあり方ゆえに、当時の人びとはワークハウスのことを「イギリスのバスティーユ」

と呼んだという［6］。

実際に当時のワークハウスの最新デザインは監獄を思わせるものだったらしい。当時の新救貧法反対派はその反対の理由として、「新タイプのワークハウスのアーキテクチャが典型的な監獄と外見上そっくり」なことをあげ、「その新しいデザインは貧困がまるで犯罪のように扱われるべきだといっているのであり、ワークハウスが監獄に似ているのは単なる不幸な偶然の一致ではまったくない」と主張したという［7］。

ワークハウスの内部ではまた、入所者の分類と隔離が細かくおこなわれるようになった。入所者にはそれぞれ部屋があてがわれたが、その際、年齢や性別、健康状態などによるカテゴリー化がなされ、カテゴリーごとに入る部屋が決められた。具体的には「ⓐ老齢ないし身体虚弱の男子、ⓑ労働能力ある男子および一三歳以上の少年、ⓒ七歳以上一三歳未満の少年、ⓓ老齢ないし身体虚弱の女子、ⓔ労働能力ある女子および一六歳以上の少女、ⓕ七歳以上一六歳未満の少女、ⓖ七歳未満の児童」の七つである［8］。そして異なるカテゴリー間のコミュニケーションは原則的に禁じられた。男性と女性、大人と子ども、精神障害者と健常者、病者と健康者——こうしたカテゴリー同士のコミュニケーションはいずれも身体的・道徳的な悪影響を「感染」させ、ワークハウス内の規律と秩序を乱しかねないと考えられたのである。劣悪な衣食住の条件下でなされる規律と監視や分類と隔離。エンゲルスとディケンズが描いたのは、新救貧法が制定されて間もない頃のそのようなワークハウスの姿だった。

だが、ワークハウスのそうしたあり方はやがて批判されるようになっていった。一九世紀の後半になると、ワークハウスは監獄でなく家族のような施設であるべきという考えが強まり、入所者を一か所に詰め込んだ兵舎のような建築に代わって、複数の小家屋が敷地内に点在するような様式がとり入れられていく。ワークハウスは独房でなくホームの集合体とみなされるようになり、とくに子どもたちはそこで家族のメンバーのようにしつけられ、育てられることになる［9］。しかし裏返して見れば、ここで進行したのは「家族のポリシング」（ジャック・ドンズロ）のワークハウスへの浸透であり、その意味で規律と監視、分類と隔離という特性はむしろ巧妙なかたちで持続することになったともいえよう。監獄モデルによるポリシングから家族モデルによるポリシングへ。それはワークハウスの制度が消滅する二〇世紀後半へとつながる話なのかもしれない。

いずれにせよ新救貧法以降のワークハウスは、「この種の公共の慈善がなくてもまだなんとかやっていける見込みのあるすべての者を、震えあがらせずにはおかないたぐいのもの」（エンゲルス）として、可能な限り貧困者に入所を躊躇させるような、一種の抑止のための記号技術としてあった。

2 — 新救貧法

ワークハウスのあり方を変えていくことになった一八三四年の救貧法改革は、どのような意図でおこなわれ、どのような意図された、あるいは意図されない帰結をもたらしたのだろうか。

救貧法改革にはさまざまな側面があるとされるが、きわめて大まかにいうと、その柱は①救貧システムの中央集権化、②ワークハウス外救済の禁止、③劣等処遇原則の導入、の三点であるということができる。

先に見たように、イギリスでは長いあいだ教区ごとに独自の慈善的・温情主義的な援助がおこなわれてきた。そうした伝統に対してこの改革では、救貧法委員会という中央機関を設置し、同時に多数の教区をユニオン（教区連合）というかたちで統合整理することで、中央集権的・官僚制的な救貧行政の条件を整えたのである。加えて、ワークハウス外救済——ワークハウスに入所しないで仕事を紹介してもらう、賃金を補助してもらう、など——が認められなくなった。つまり、救済を望むなら必ずワークハウスに入所せねばならないということである。さらには、入所者は税で救済してもらうのだから、その扱いは外で必死にはたらいている労働者に比べて劣等でないといけない（劣等処遇原則）、という考え方が示された。だから、「食事は極貧の就業労働者のそれよりもひどく、それでいて仕事はよりきつい」（エンゲルス）のも当然なのである。

この一連の改革は重要な帰結をもたらすことになった。まず、中央集権化・官僚制化により、貧困者たちは教区という地域コミュニティの保護／拘束から「自由」になった。貧困者はそれまで教区の権威——治安判事や教会委員、貧民監督官たち——によって家父長制的・温情主義的なやり方で統治されてきた。それがこの改革により教区の桎梏から離れることで、貧困者たちは「移動の自由」という可能性を少なくとも手にすることになったのである［10］。

ワークハウス外救済の禁止もまた大きな意味をもっていた。ワークハウス外救済（あるいは在宅救済）とは、文字どおりワークハウスへの入所を条件としない救済である。在宅で、あるいはワークハウスの外ではたらきながら救済を受ける人びとが救貧法改革以前にはかなりいた。しかもそのようなワークハウス外救済はすでに一七九五年のスピーナムランド制によって一度は制度化されていた。スピーナムランド制とは、「パン価格と家族数によって世帯の最低必要生活費を算定し、実際の所得がこの額に達しない場合には不足分を公的救済として補助しようとするプラン」である［11］。一種の賃金補助ともいえるこうした救済方法を、新救貧法は否定した。

一八三四年の新救貧法により、ワークハウスの外で救済を受けられるのは労働能力のない者に限られることになった。労働能力のある者にはワークハウス外救済を受ける権利はない。スピーナムランド制のような賃金補助の仕組みは労働者から勤労意欲を奪い、さらには労働市場における正当な賃金体系を乱すことで、経済の動きを阻害しかねない。ワークハウス外救済の禁止はこうした論理によっておこなわれた。そしてその思惑どおり、ワークハウス外救済を受ける貧困者の数は減少していった。数が減っただけでなく、その内訳にも顕著な変化が生じた。公的統計によると、一八三四年以前にはワークハウス外救済を受ける者の五分の四以上を「労働能力のある男性とその扶養家族」が占めていた。それが一八三四年以後になると、そうしたカテゴリーの男性および扶養家族の割合は激減し、かわって高齢者、傷病人の割合が全体の四割を超えるようになる。加えて寡婦、精神障害者、児童の割合も増していくのである[12]。

ここにおいて進行したことの意味は明白であろう。それは「労働能力のある男性」の「労働市場への囲い込み」である。もちろんそれは、労働能力のある男性が救済を受けたければワークハウスに入所せねばならないという、ワークハウスへの囲い込みでもあったが、そちらの選択肢は「劣等処遇」という記号技術によって抑止されていた。あのおぞましい劣等処遇を望まないのなら、どんなに苦しくとも労働市場にとどまり、最低必要生活費の獲得のためにがんばるしかないからである。この労働市場への囲い込みと、先に見た移動の自由の可能性が、近代資本制社会の成立に不可欠な自由労働市場の形成を可能にしたのである。

カール・ポランニーは主著『大転換』のなかで、「貧困者」pauperism と「政治経済学」political economy という二つの主題が「社会の発見という一つの不可分の全体を形成していた」と述べている[13]。ここで「社会」とは、「自己調整的市場」という「ユートピア」を意味する。この「社会」が「発見」される重要な歴史的契機としてポランニーが着目するのは、先に見た一七九五年のスピーナムランド制である。

ポランニーによれば、スピーナムランド制は、自由労働市場の形成に対する反動的保守勢力の最後の手段であった。賃金で最低生活費がまかなえなくても足りない分を税で補ってもらえるというこの制度は「温情主義から発して市場システムの危険から労働を保護する勢力」が打ち出したある種の妥協策という性格をもっていた、とポランニーは考える。だが制度設計者たちの意図に反し、この制度は「労働を忌避したり労働不適格を偽装したりすることを奨励したばかりでなく、人間が生活困窮者になる運命から逃れようと努力していたまさにそのときに、貧困〔pauperism〕の誘惑を増大させるものだった」。その結果、「賃金より救貧を好む」者が増え、平均賃金は低下し、「地方の人々は貧民化〔pauperized〕した」。新救貧法は、自由労働市場がまさに形成されようとする最中にスピーナムランド制のおかげで生じた、これらの混乱に対する収拾策だったのである〔14〕。新救貧法についてポランニーは述べている。

市場メカニズムは、自己を主張しつつ、その完成を声高に要求していた。すなわち、人間の労働は商品化されねばならない、と。反動的な温情主義は、この必然性に空しい抵抗をしていたわけである。人々はスピーナムランド体制に対する嫌悪と恐怖から、庇護を求めてユートピア的な市場経済のもとへと盲目的に駆け込んだのである。〔15〕

新救貧法の成立とともに「盲目的に駆け込んだ」ユートピアのなかで、「自由な貧困者」が獲得することになったのは、ワークハウスに囲い込まれ劣等処遇を受けるか、それとも、自由競争的労働市場に囲い込まれ最低生活費のため身を粉にしてはたらくか、という「選択の自由」（ディケンズ）であった。

ところで自由労働市場という「社会」の発見に不可欠だったとポランニーが考える二つの主題、すなわち貧困者と政治経済学はいかなる関係にあったのだろうか。

3—ポーパリズムの統治

先に見たようにポランニーは、スピーナムランド制において労働者が賃金補助に依存し、賃金よりも救貧を好むようになったとき、貧困 pauperism の誘惑が生まれたと述べた。また、賃金水準の低下により、地方の人びとは貧民化した pauperized とも述べた。ポランニーのいう「貧困者」や「貧困」、すなわち、ポーパリズム pauperism とは何だろうか。

ルース・リスターによれば、ポーパリズムとはもともと「救貧法の救済対象とされていた人びと、およびかれらの生活状態」を意味していた。日本語の「被救恤者《ひきゅうじゅつしゃ》」も元来そうした意味の訳語である。そのことに加えて留意したいのは、ポーパリズムが単なる貧困 poverty のどん底状態を意味するのでなく、「その人の品性や振る舞い、堕落の程度」などの「質的な違い」を帯びたカテゴリーであったことである。質的違いの基準となるのは「経済的に依存していること」であり、しかもその依存は単なる経済的なものだけでなく、当人の品性の低下とみなされるような「道徳的・心理学的」な何かを含んでいた［16］。

ポーパリズムはこのように単なる poor や poverty とは質的に異なるカテゴリーである。そしてこの質的な差異は、poor や poverty からポーパリズムへの質的転換の可能性をもたらす。ポランニーのいう貧民化

pauperization とは、貧困 poverty の状態にある貧困者 the poor がさらに堕落すること、すなわち経済的な依存状態にあるとともに、品性の劣悪化した状態に陥ることを意味していたのである。こうした文脈において為政者は、未だポーパリズムの状態にない貧困者をポーパリズムへと堕落させないこと、あるいは堕落してしまった者をポーパリズムの状態から救い出すことに心を砕くようになる。

ワークハウスはそのための施設であった。経済的困窮状態にあり、かつ堕落した——あるいは堕落の可能性を秘めた——存在である貧困者 the pauper は、ワークハウスのなかで経済的援助を受けるだけでなく、監禁、規律、分類、隔離等の処遇により品性の改善を強制される。そのような意味において、ワークハウスはモラル管理の場でもあった。ワークハウスは、モラルの堕落した貧困者 the pauper を、そうでない貧困者 the poor から隔離しておく場所であり、前者を後者へと改善させる場所だったのである。こうした経済的援助やモラル管理のようなやり方で貧困者を導こうとする実践の総体を「ポーパリズムの統治」と呼んでおきたい。

では具体的に、ポーパリズムを統治するとはどういうことか。ミッチェル・ディーンはミシェル・フーコーに倣い、統治 government を、「振る舞いを導くこと〔conduct of conduct〕のすべて」と定義している。それは「われわれの欲望や願望、関心、信念にはたらきかけ、振る舞いを方向づけようとするさまざまな技術や知の形式」を用いた「複数の権力や機関が企てる、ある程度計算され合理性をそなえた活動のすべて」であり、また、それらの活動には「明確な目的がある一方、目的は途中で変更されることもあり、相対的に予測不能な帰結や効果、結末をさまざまなかたちでもたらす」[17]。

こうした意味において、ワークハウスは、経済的援助やモラル管理といった「技術や知の形式」によって貧困者の振る舞いを導く「ポーパリズム統治」を目的とした制度であった。「技術や知の形式」には具体的にさまざまなものがあり、たとえば子どもの入所者に対して制服を着用させたり、楽隊を組織して練習に励ませるワークハウスもあったという。フェリックス・ドライヴァによれば、「ワークハウス楽団の存在は、子どもたちに対し、社会全体のなかで自分たちがどんなパートを受けもたされようとしているかをあらかじめ意識させ、規律と組織の感覚を子どもたちに植えつけようとする当局の取り組み」[18]だったということになる。

ポーパリズムの統治はただ施設でのみおこなわれたわけではない。たとえば一七九五年のスピーナムランド制もまた、賃金補助という手段によるポーパリズムの統治であったということができる。それは、賃金補助という「技術や知の形式」により、貧困者の勤労意欲や依存心といった「欲望や願望、関心、信念にはたらきかけ」、貧困者の「振る舞いを方向づけようとする」試みであった。ただその結果、皮肉にも「ポーパリズムの誘惑」に負ける貧困者が多数発生することになった。それはまさに「相対的に予測不能な帰結や効果」であっただろう。一八三四年の新救貧法は、そうした事態に対応するべく打ち出された、ポーパリズムに対する新しい統治形態であった。貧困者の振る舞いを導くポーパリズムの統治は、こうして時代ごとにかたちを変えながら――おそらく現在まで――続いてきたといえる。

ポーパリズムの統治の変遷について考えるうえで、先に見たディーンの議論は興味深い[19]。ディーンはイギリスにおける貧困者の「統治の系譜学」を試みるなかで、一六〇一年のエリザベス救貧法の時代から一八三四年の新救貧法の時代に至る流れを、重商主義時代のポリスによる統治モードから産業資本主義時代のリベラルな統治モードへの転換として跡づけている。要点をフォローしてみよう。

一七、八世紀イギリスの重商主義時代における救貧事業では、傷病人や子ども、寡婦、老人の保護から、労働能力者への仕事斡旋、さらには浮浪者や怠け者、乱暴者に対する懲罰など、さまざまな事柄が対象とされていた。だが一見してわかるように、そこには貧困者を分類する明白な原理があった。すなわち、①はたらけない者、②はたらこうとする意志のある者、③はたらこうとする意志のない者、である。あるいは、①にはパンを、②には仕事を、③には罰を、である。問題とされたのは③のはたらく意志のない者たちであった。この怠け者の貧者たちをどうやってはたらかせるか。それが重商主義時代のイギリスにおけるポーパリズムの統治の焦点だった。

怠け者の問題に対しては、仕事の斡旋、懲罰、強制移動、賃金カットなどの対応策があったが、重要なのは、これらの策がいずれも貧困状態の改善のためではなく、貧困者を有効利用し「国富」を増大させるための手段として用いられていたことである。怠惰な貧困者を勤勉な貧困者に変身させること、それは道徳的改善の問題というだけではなく、国富にとって重要な資源である「人口」の有効利用という問題であった。要するに、貧困者たちは単なる「頭数」としてとらえられていたのである。

新救貧法以降のワークハウスで規律が重んじられ、厳しいモラル管理がおこなわれたのは先に見たとおりである。それに対し重商主義時代のワークハウスは、収容者の「魂」にはたらきかけるような規律・訓練型の施設ではなく、「怠惰を勤勉に」、あるいは――ベンサム的ないい方をすれば――「屑を金に」変える一種の変換装置であった。当時「怠惰な屑」の典型とされていたのは浮浪者であり、ワークハウスは浮浪者問題への有効な対策となると期待された。乞食や怠け者たちを路上から追い払い、檻に閉じ込める。焼き印を押すなどして命令服従関係へと怠け者たちを「再コード化」する。怠け者を生まれ育った教区に強制送還し、社会秩序のなかに押し戻す。こうしたことはこれまでもおこなわれてはいた。重商主義時代のワークハウスは、こうした別々におこなわれていたやり方を、一つの空間において一気に実践できる施設として構築された［20］。

移動の抑止、家父長制的命令服従関係への閉じ込め、正しい社会秩序の維持――同時代のドイツやフランスのポリツァイ型ないしポリス型の統治とも共通するこれらのやり方は、しかし、イギリスにおいては一八世紀末までに廃れていく。イギリスでは代わって、移動の自由、家父長制的人間関係からの解放、伝統的社会秩序の解体という、新しい目的に照準を定めた統治のやり方が登場する。それはポリス型の古い統治の終わり、あるいは、秩序維持型から予防型へのポリスの転換を意味した。そうした新しい統治のあり方を、ディーンは「リベラルな統治モード」と呼ぶ。リベラルな統治モードの創案者としてディーンがあげているのは、ロバート・マルサスとジェレミー・ベンサムである。

4――リベラルな統治へ

マルサスは救貧法廃止論者であった。具体的には、救貧法による公的扶助よりも慈善事業のほうが正しい道だと考えていた。その背景にあったのは人口と生活資料（サブシステンス）のバランスに対する独特な考え方である。それによれば、人口と生活資料は「自然状態」においてもともと不均衡な関係にある。「人口は幾何級数的に増加するのに対し、生活資料は算術級数的に増加する」という『人口の原理』（初版一七九八年）冒頭の有名な言明からわかるように、生活に最低限必要な資源（サブシステンス）の総量に対し人口はそれをつねに上回るのが「自然状態」である。だから、貧困は異常な状態ではなくむしろ自然な状態である。

人口過剰とそれがもたらす貧困状態を回避するために必要なのは、道徳的要因だとマルサスは考えていた。具体的にいうと、男性が将来の妻子を食べさせることができるまで結婚を遅らせること、そのために「自立」した労働者になること、であった。マルサスの考えだと、救貧法による援助は男性労働者からそうした能力獲得の機会を奪ってしまう。その結果、人口過剰に歯止めはかからず、それによって救貧税を負担する勤勉な労働者の生活条件は圧迫され、救済の支給コストは上がり続けることになる。マルサスにとって許せなかったのは、救貧法が労働者の自立を妨げること、マックス・ウェーバーがのちに考究したような、禁欲的で合理的な生活態度を阻害することであった。貧困から脱出する努力義務を怠った者を救済する必要はない。救済はそれ以外の弱者に対する慈善だけで十分なのである。

救貧法に対するマルサスのこうした考え方を、ディーンは「稀少性の神学」と呼んでいる［21］。人口に比してサブシステンスはつねに稀少であるゆえ、貧困は必然的である。しかしまた貧困と欠乏は、それを乗り越えようとする合理的で節度ある生活態度を促し、そこから新たな富（剰余価値）が生み出されるだろう。こうした考え方は、人口とサブシステンスと富の関係を総体的にとらえようとする近代政治経済学の端緒ともなった。興味深いのは、欠乏から富が生まれるというこの「神学」を、皮肉にも救貧法廃止論者マルサスの意に反して、一八三四年の新救貧法が積極的にとり込んでいったことである。労働能力者へのワークハウス外救済の禁止。このルールは下位ルールとして複数の道徳的要請を含んでいた。自立と節約、慎重な結婚と生殖、適正な救済対象者とそうでない者の区別など。それらこそまさにマルサスが考えたのと同じ世界の実現を目指すものだった。

一八三四年の救貧法改革においてマルサスと並び大きな力となったのが、ベンサムだった。ベンサムの貧困観はある意味でマルサスのそれとよく似ていた。貧困は人間の普遍的で根源的な「自然な」運命である。しかし貧困はそこから脱却するための労働へと人間を導く。労働は富をもたらす。だから貧困の根絶はあり得ない——こうした考え方である。したがって本来なら、マルサスと同じくベンサムも救貧法廃止の立場を取るべきであっただろう。だが、ベンサムの秘書をしていたこともある「おそらく最も典型的で、最も実践的なベンサム主義者」[22]であったエドウィン・チャドウィックが、救貧法改革の中心的推進者の一人となったため、そのチャドウィックを介し、ベンサム流の「稀少性の神学」が新救貧法に入り込んだ可能性は大きい。ディーンによれば、ベンサムがマルサスと異なっていたのは、「セキュリティ」に対する強いこだわりと、貧困者の「マネジメント」における冷徹さという点においてであった[23]。チャドウィックは救貧法改革に尽力したのち、下水道や清掃などの問題を中心とした衛生改革にとり組むことになるが、そこでかれが心を砕いたのは、いかに病気（とりわけ感染症）を予防するかという問題であった。そこにはセキュリティとマネジメントを軸とするベンサム的な「予防のポリス」への志向が看取されるだろう[24]。

ベンサムにとって貧困問題はまさにセキュリティとマネジメントの問題にほかならなかった。ベンサムは人間の自然な運命としての貧困 poverty とポーパリズムを区別した。貧困は富の源泉であるのに対し、ポーパリズムは社会のセキュリティを脅かす存在であり、ゆえに厳格なマネジメントの対象でなければならない。そうしたマネジメントの一つとしてベンサムは「貧者の国〔Pauper-Land〕の地図」なるものを構想した。この地図に記入されるのはポーパー the pauper だけであり、さらにポーパーたちは細かく分類されていった。セキュリティへの脅威として分類されたポーパーたちは、ベンサム考案のワークハウス「貧者のパノプティコン」pauper Panopticon に収容され、劣等処遇というマネジメントを受けるのである。

このような新しいパノプティコン型ワークハウスのデザインと劣等処遇原理の考案により、ベンサムは新救貧法の構想に決定的な貢献をした。他人の労働をあてにして暮らす者の生活水準が、自立して生活する者のそれを上回るならば、多くの者が依存の道を選ぶようになるだろう。したがって、前者のとり分は後者のそれに比べ「適格性において劣って」less-eligible いなければならない(劣等処遇原則)。そしてその「劣等性」は監禁や制服、規律訓練などの記号技術によって示され、それらが全体として「抑止」の体制を構成しなければならない。そうやって生み出される世界をベンサムは「貧者のユートピア」として構想した。しかしそこは、ディーンの言葉を借りるなら、「すみずみに至るまでが抑圧的で、魂を萎えさせるほどの管理体制が敷かれ、市民的自由にはほとんど目が向けられず、感情の機微などないに等しい」場所だったのである[25]。

マルサスやベンサムの政治経済学によるポーパリズムの「リベラルな統治」は、しかし、すんなりと受け入れられたわけではなかった。中央集権的・官僚制的な普及を目指した新救貧法に対し、とくにイングランド北部の工業地帯では各地で抵抗運動が展開されたという[26]。他の労働運動や普選運動などとも連動しながら展開された反救貧法運動は、この「リベラルな統治」、すなわちアングロサクソン流の冷徹で無機的な統治スタイルに対する人びとの強い抵抗感を表していた。

5―日本社会とポーパリズム

最後に、日本社会とポーパリズムの統治について少しだけ考えておきたい。イギリスをはじめとする西欧においてポーパリズムのリベラルな統治は、公的扶助制度と社会保険制度が確立される前の時代における貧困問題への対応であった。時代が変わるにつれ、そうしたリベラルな統治は影をひそめてゆく。一方で、リベラルな統治は一九世紀末から二〇世紀初頭にかけ、連帯主義にもとづく社会保険を柱とした予防技術にとって代わられる［27］。他方で、リベラルな統治は二〇世紀初頭における公的扶助制度の確立により、生活保護や児童扶養手当などの国家責任による扶助という諸制度に道を譲ることになる。

日本社会においてはどうであったか。日本における救貧行政の本質をめぐって一九一七年の軍事救護法から三七年の母子保護法までの流れを緻密に分析した労作において、社会学者の冨江直子は、日本の救貧行政においては個人を超え個人を包み込む何らかの「全体性」（国家や社会）がそのつど称揚され、国家や社会と個人が対峙するような状況が回避され続けてきたことを論証している。冨江によれば、個人は国家や社会といった「全体性」との対立の契機を奪われ、それらと曖昧に一体化させられるため、そこには輪郭のはっきりした個人の「生存権」が見えてこず、むしろ国家や社会は個人を生存させる「義務」を負うものとされ、個人もまた国家や社会のために生存する「義務」を負うものとされることになった。たとえば一九二九年制定の救護法は、「日本で初めて一般救貧制度として公的扶助義務を定めた法律であるが、その規定は国家の救済義務を規定しつつ、一方で救済に対する個人の権利は否定するというものであった」［28］。個人には救済への権利が付与されるかわりに、生存への義務が課されたのである。

以後も日本社会において救貧は国家の義務という体裁をとりつつ、実は、個人に対して怠惰な生活を改めさせ国家のために尽力する義務を自覚させるという本質を保ち続けた。その際、統治のスタイルは先に見たアングロサクソン流の冷徹なものとはまったく異なったものとなった。それは統治というよりもむしろ救済として受け止められた。冨江によればそれは「共同体における一体感・人格的融合に基づく連帯として行なわれる救済」[29]であった。その背景として、マルサスやベンサムのようなあからさまに抑圧的な統治の考案者が日本社会に出現しなかったこともあっただろう。そのため日本では救済という名で貧困者が国家や社会と一体化させられることになった。ゆえに、先に見た北部イングランドのような対立や抵抗の構図も生まれにくかったのである。そうしたことを踏まえて言い換えるなら——いい過ぎかもしれないが——少なくとも戦前戦中期の日本社会にはもともとリベラルな統治がおこなわれる素地そのものがなかったということになる。そこでおこなわれてきたのは、先の冨江の言葉を転用するなら、「人格による精神的救済」という名の統治であった。

さて、第二次世界大戦後、日本の救貧行政の重要な柱となったのは公的扶助としての生活保護である。現代の生活保護において、かつての恤救《じゅっきゅう》規則のような慈恵的側面や救護法のような相互扶助的・治安維持的側面などは払拭されたとされる。生活保護利用者は国家による生存権の保障により最低生活保障の原理を通して救済への権利を有する。そこに、かつての救護法が暗に命じた生存への義務が入り込む余地はない。近年における保護率の上昇や相変わらずの捕捉率の低さといった問題などはあれ、生活保護は最後のセーフティネットとしての命脈は保っているように見える。

だがその一方で、日本社会ではいつの頃からか、とりわけSNSなどを中心とした匿名の場において、いわゆる「受給者バッシング」の動きが目立つようになってきた[30]。バッシングにはいくつかのタイプがあるようだが、多いのはいわゆるワーキングプアによる生活保護受給者へのバッシングである。主として目につくのは不正受給の糾弾であるが、加えて、ワーキングプアである自分たちが生活保護における最低生活費を下回る収入ではたらかざるを得ない現状に対する、義憤とも私憤ともつかぬ感情をぶつけるような発言も多いという。さらには、そうした感情が生活保護受給者の人格攻撃へと転じることもあるという（受給者を「ナマポ」呼ばわりするなど）。ここにあるのはワーキングプア対生活保護受給者という対立の構図である。そして、このある意味不毛ともいえる対立において被害者の位置に立つのはつねにワーキングプアである［31］。

ここに先に見た一九世紀イギリスの新救貧法における劣等処遇原則とワークハウス外救済禁止の現代における反転した姿を見て取ることができる――そうつぶやくのはいい過ぎだろうか。被害者である現代日本のワーキングプアたちは、生活保護（という名の見えないワークハウス）に頼ることなく、最低生活費以下の賃金で暮らさざるを得ないという「劣等処遇」のもとに置かれている。それはまた、「ワークハウス外救済」を禁じられているということ、すなわち自力で手にするわずかの賃金にいっさいの給付金や補助金を上乗せされることなく生きていかねばならない状況のもとに置かれていることでもある。そうした過酷な状況において、ワーキングプアたちは生活保護受給者という「人格的に劣った貧者」pauper を一方的に攻撃することで溜飲を下げるしかない。そこに見て取れるのは、かつての日本的救貧政策の本質であった「人格による精神的救済」という統治形態の、現代における無残にも零落した姿なのだろうか。

註

1 エンゲルス『イギリスにおける労働者階級の状態』下巻、一條和生・杉山忠平訳、岩波文庫、一九九〇年、二三二頁

2 チャールズ・ディケンズ『オリバー・ツイスト』上巻、中村能三訳、新潮文庫、二〇〇五年、二三頁。「ワークハウス」workhouse は、エンゲルスやディケンズの日本語訳にもあるように従来「救貧院」と訳される場合が多かった。また、「労役場」あるいは「感化院」という訳語も当てられてきた。ただ本稿では、こうした貧困者を「救済」する、「労働」させる、「改心」させる、という特徴すべてが当てはまるという意味で、そのまま「ワークハウス」という呼び方をしたい。つまり、ワークハウスはただ入所者を労働させるだけの場所ではなかった。

3 もちろん、ワークハウスのような収容施設がイギリスだけに存在したというわけではない。ワークハウスは、ミシェル・フーコーのいう一七世紀から一八世紀にかけての「大いなる閉じ込め」の時代、すなわち、イギリスのみならず大陸においても各所に監獄や施療院、感化院などの監禁施設が数多くつくられていった時代に始まる、イギリスを舞台にした一つのエピソードにすぎないともいえよう。すでに一六世紀において「貧乏人、悲惨な者、自分自身の生存に責任をもつことのできない者」は「中世紀が認知しなかったような形象をおび」るようになり、貧困は「賛美」の対象から「憎悪」の対象へと位置を変えた、とフーコーはいう（『狂気の歴史——古典主義時代における』田村俶訳、新潮社、一九七五年、七五頁）。その背景にフーコーはプロテスタンティズムの興隆を見ているが、同じくプロテスタンティズムの影響下に成立したとされるエリザベス救貧法にも、同様の認識／実践の変容が反映されていたことは想像に難くない。ワークハウスもまた、西欧におけるそうした大がかりな知の変動の一例だったのかもしれない。

4 Felix Driver. *Power and Pauperism: The Workhouse System 1834-1884*. Cambridge University Press. 1993. p.79.

5 大沢真理『イギリス社会政策史』東京大学出版会、一九八六年、一一八頁

6 Driver. op. cit., p.1.

7 ibid., p.61.

8 大沢、前掲書同頁

9 Driver. op. cit., p.105.

10 具体的に中央集権化・官僚制化は、全国に一万五〇〇〇ある教区をおよそ六〇〇のユニオン（教区連合）にまとめ、ユニオンごとに保護委員会を設けることによっておこなわれた。それに先立ち、一七世紀から続く「定住法」が一八世紀末には緩和されていたが、新救貧法により、もともと貧困者がその教区にセツルメント（定住場所）をもつことを条件としていた教区の救済責任が軽減され、貧困者と教区をつないでいた地理的結びつきは弱まることになった。詳しくは大沢（前掲書）を参照。

11 大沢、前掲書五二頁

12 Mitchell Dean. *The Constitution of Poverty: Toward a genealogy of liberal governance*. Routledge. 1991. pp.167-8.

13 Karl Polanyi. *The Great Transformation: the political and economic origins of our time*. Beacon Press. 1957. p.103.（［新訳］『大転換』野口建彦・栖原学訳、東洋経済新報社、二〇〇九年、一八三頁）
14 ibid., pp.80-99.（同訳書一三九～七二頁）
15 ibid., p.102.（同訳書一七五～六頁）
16 Ruth Lister. *Poverty*. Polity. 2004. pp.104-5. また、ミッチェル・ディーンによれば、「ポーパリズムとは貧困者 the poor が堕落した状態であり、それは、貧困者から自己責任能力を奪うことで、労働よりは慈善や救貧の受給を選ぶよう仕向け、軽率な生殖によって自分たちの胃袋を満たせる以上に人口を増加させ、犯罪に手を染める傾向を助長し、上位者からの命令に耳を貸さないようにさせ、風土病や伝染病が発生しやすい生活環境を助長したのである」（Mitchell Dean. *Governmentality: Power and Rule in Modern Society*. Sage. 1999. p.126.）。このようにポーパリズムは、単なる経済的貧困を示すだけでなく、労働、性、道徳、衛生といった〈生〉の多面的領域を包括する概念だった。
17 ibid., p.11.
18 Driver. op. cit., p.3.
19 Dean. 1991. op. cit.
20 ibid., pp.63-4.
21 ibid., p.89.
22 見市雅俊「衛生経済のロマンス――チャドウィック衛生改革の新しい解釈」『1848 国家装置と民衆』阪上孝編、ミネルヴァ書房、一九八五年、七七頁
23 Dean. 1991. op. cit., p.187.
24 ibid., ch.11.
25 ibid., p.180.
26 ドライヴァによれば、「一八三七年五月にハダーズフィールドとブラッドフォードのあいだにあるハーツヘッドムアで大規模な反救貧法デモがおこなわれた。ウエストライディングのあちこちから大群衆が色とりどりの旗を数多く掲げ当地に結集した。デモは救貧法改革の是非を問いただすためにおこなわれただけでなく、もっと幅広い政治的民衆動員のプロセスを意味していた。そのことをはっきりと示すかのように、一本の旗には二つのスローガンが書かれていた。一つは「救貧法改正法案反対――バスティーユ懲罰反対」、もう一つは「普通選挙権を――投票用紙を」である」。
Driver. op.cit., p.121.
27 こうした流れについては本書Ⅲ部を参照されたい。
28 冨江直子『救貧のなかの日本近代――生存の義務』ミネルヴァ書房、二〇〇七年、七三頁
29 同書二七三～九頁。なお冨江のこの労作において最も注目に値するのは、「生存の権利」と「シティズンシップ」とのかかわりをめぐる議論である。それによれば、戦前の日本における救貧は、国家や社会といった「全体性」への参加という「シティズンシップへの過程」を意味しており、「生存の権利」の本来の意味、すなわちシティズンシップの外部に確保されるべき、「シティズンシップから自由な《権利》」とはまったく異なるものだったのである（傍点・冨江）。
30 日本でそうしたバッシングの動きが目につくようになったのは、ツイッターなどが普及し始めた二〇〇〇年代後半くらいからであろうか。そうした場で生活保護受給者に向けたバッシング発言を繰り返す主役となったのは「若い母子家庭の母親や求職中の若者」だったという。大山典宏『生活保護 vs ワーキングプア――若者に広がる貧困』PHP新書、二〇〇八年、七三頁
31 こうした構図が生まれる理由として、日本におけるワーキングプアの定義の曖昧さがあるように思われる。道中隆によれば、日本ではワーキングプアという言葉によって単なる低賃金労働者を指す場合もあれば、生活保護の最低生活費（保護基準）以下の賃金で働いている場合を指す場合もあり、さらには「就労し稼得のある生活保護受給者」も広義のワーキングプアに含まれる場合があるという。道中隆『生活保護と日本型ワーキングプア――貧困の固定化と世代間継承』ミネルヴァ書房、二〇〇九年、一六頁および四七頁

Ⅲ 保険

Ⅰ部とⅡ部の論考がそれぞれ比較的連続した期間に書かれたのに対し、Ⅲ部に置かれた二つの章はそれぞれ一〇年のあいだを隔てて書かれている。共通するテーマは保険である。

保険というテーマはⅠ部とⅡ部のテーマにつながる。保険は慈善でも純粋な贈与でもなく、まさに現代社会における「見知らぬ者」への贈与だ、というつながりである。マルセル・モースもアソシエーションを現実化するものとして近代の保険制度に大きな関心と期待を抱いていた。だがⅢ部では、そうした期待とは裏腹に保険にはアソシエーションを破壊する面もまたあることを論じた。保険のそうした両義性を意識することで、アソシエーションの考え方を再考できるかもしれないと考えたからである。

一一章「社会の発見——保険と調査」(二〇〇七)は、社会調査という実践の歴史的背景をテーマとしている。社会調査の原点の一つとして一七世紀イギリスの政治算術学派に目を向け、そこに保険技術的な思考の萌芽を見るとともに、そうした思考にもともとアソシエーションや社会的つながりを壊す力が潜在していたことを論じた。また、その一方で「社会」という表象が一八世紀末から一九世紀にかけて形成されたこと、さらにその後現代にかけ、保険技術によって「社会」が壊され始めていることを論じた。

一二章「保険の優しさと残酷さ——社会的なものの解体」(二〇一九)は、フランソワ・エヴァルドの議論を柱として保険という仕組みの社会的な意味について考えようとした。一九世紀における自由主義から連帯主義への流れのなかで保険という仕組みが社会的に活用されていったこと、この仕組みの根底に統計学的あるいは保険的理性があったことなどを検討し、さらには一見「社会的なもの」であるかに見える保険という制度が、実はその保険的理性の力によって「社会的なもの」を解体する力を秘めた不気味なものであることを論じた。

11

社会の発見——保険と調査

社会調査は近代社会の産物である。社会調査は近代社会という対象から無数の情報と知識をとり出すとともに、それらの情報や知識の活用を促すことで、近代社会の形成に大きな貢献をしていった。ところで、社会調査はなぜおこなわれるようになったのだろう。あるいは、そもそも社会調査の対象である「社会」とは何なのだろう。そのようなことを踏まえて社会調査の歴史を振り返るとき、その入口と出口に見え隠れするのが保険である。それはどういうことなのか。以下は、そうした問題意識とともに試みられた——少し風変わりな——社会調査の歴史をめぐる試論である。

1——死亡表と政治算術

近代的な社会調査は一九世紀に始まるといわれる。一八世紀後半から一九世紀にかけ、西欧社会では、産業化や都市化による社会変動のうねりが人びとの生活世界を一気に流動化させ、貧困、犯罪、教育、階級対立などの社会問題が急激に深刻化した。それらの問題を発見し、精査し、解決の道を探るために社会調査はおこなわれるようになった。フレデリック・ル゠プレによる労働者世帯の家計調査、チャールズ・ブースによるロンドンの貧困調査、ベンジャミン・ロウントリーによるヨークの貧困調査など、一九世紀の先駆者たちによる社会調査はいずれもそうした時代の状況を背景として考案され、実施された。

だがこれらの先駆者にはさらに先駆者がいた。かれらに先立つことおよそ二〇〇年前、一見すると似たような調査がすでにおこなわれていたのである。統計学の歴史には必ず出てくる話であるが、一七世紀の中頃、イングランドの商人ジョン・グラントがロンドン市内の死亡者と出生者の分析を試みていた。その分析をもとにグラントは、一六六二年に『死亡表に関する自然的および政治的諸観察』という本を刊行する［1］。グラントはどのようにして出生と死亡の数を調べあげたのか。当時ロンドンではペストの流行を期に一六〇三年以降、教区ごとの死亡者数と出生者数が毎週発表されるようになっていた。市民は年に四シリング払うと死亡週報を入手することができ、毎週、誰が埋葬されたか、誰が洗礼を受けたかなどを知ることができたのである。グラントが利用したのはそのデータだった。グラントはこれら教区ごとの死亡者および出生者のデータをとりまとめ、独自に「死亡表」と呼ばれる統計表をいくつも作成した。死亡者の年齢、性別、死因。結婚した者、洗礼を受けた者の数。とくにペストによる死者については週ごとの詳細な表をつくった。これらの統計表をもとにグラントは、ペストによる死亡傾向の分析だけでなく、たとえば、女児より男児のほうが高い出生率を示す、新生児の三六%は六歳までに死亡する、ロンドンには年間に六〇〇〇人の人口流入があるといった事実を発見していった。

グラントの「死亡表」は、かれの友人であるウィリアム・ペティにも強い影響を与えた。一定区域の人口を数量的にとらえようとするグラントのやり方に感化されたペティは、人口を統治する手段としてそれを用いようとした。たとえばかれは、当時イギリスの植民地だったアイルランドの統治にそれを応用しようと試みている。人や資源の布置を数量的にとらえ、統治しようとするこのやり方をペティは政治算術と呼んだ。その著書『政治算術』(一六九〇)のなかでペティはいう。「私は、比較級や最上級のことばのみを用いたり、思弁的な議論をするかわりに、(中略)自分のいわんとするところを数(*Number*)・重量(*Weight*)または尺度(*Measure*)を用いて表現し、感覚にうったえる議論のみを用い、自然のなかに実見しうる基礎をもつような諸原因のみを考察するという手つづき(Course)をとった」[2]。ちなみにグラントやペティをまとめて政治算術学派と呼ぶことがあるが、かれら政治算術学派は、「思弁的でない」やり方で社会をとらえようとしたことにより、社会調査の源流の一つとなったのである。

ところで、「思弁的」ではなく「数量的」に表現するやり方の新しさはどこにあったのだろうか。グラントは著書の序言で次のようなことを言っている。「毎週の死亡表を継続講読している人々の大部分」は、やれ埋葬された死者が増えた減ったとか、やれどんなめずらしい死に方をしたといったことにしか関心がなく、「それらの表をほとんど利用しない」。自分は「もっと大きな利用」や「何らか他の利用」をするのだ、と[3]。では、世間の人びととグラントの違いはどこにあったのか。科学哲学者のイアン・ハッキングは、その違いを両者の「認識論的基準」の有無に見ている[4]。ハッキングによれば、データの利用に際して、政治算術学派には認識論的基準があったのに対し、かれら以前の論者にはそれがなかったか、あるいはあったとしても混乱していた。たとえばペストの流行をどうとらえるか。当時、ペストの流行と空気の腐敗には何か関係があること、さらには、ペストが流行するときにネズミの群れが出現することは一般に知られていた。当時の一般的な考えでは、ネズミの群れの出現は、腐敗した空気の徴候 sign であるとともに、その原因 cause でもあった。つまり空気の腐敗によってネズミが出現したこと（因果論）と、ネズミの出現によって空気の腐敗が認識できたこと（認識論）は、同一のことがらだった。いわば、空気の腐敗とネズミの出現という二つの現象がなめらかな類似の関係をなしていたのである。

政治算術学派はそれと違う見方をした。かれらにとり、「ネズミの出現」は「腐敗した空気の徴候」以外の何ものでもなかった。言い換えると、かれらは因果論と認識論を切り離し、もっぱら認識論にのみ関心を向けたのである。さらに、ネズミの出現は空気が腐敗したことの徴候の一つにすぎず、それ以外にも別に複数の徴候がありうるとかれらは考えた。徴候を徴候としてのみ受け止めること、さらには、ありうる複数の徴候の一つとしてとり扱うこと。それは、一つの徴候が指し示しているものを「蓋然性」として観察することにほかならない。つまりネズミの出現は、空気の腐敗という事実を「確率的」に示しているのである。「認識論的基準が因果論とは独立したかたちで把握されたとき、はじめて確率と統計が可能になる」［5］。ここからわかるように、現代的ないい方をすると、グラントやペティらの観察はある意味で恣意的な、あるいは人為的な構築であった。かれらの試みの核心は、対象から独立した恣意的な記号の体系をつくりあげることにあったともいえるのである［6］。

ロンドンの教区における市民一人ひとりの生と死。それはまさに本人にとって一回限りの出来事であり、ほかの何ものともとり替えることのできない固有の事実である。グラントはそのことを脇に置いて、教区全体の死亡傾向や出生傾向という記号の体系を見出すことに専心した。新生児の三六%が六歳までに死ぬとしても、死んでいった一人の子どもの存在と三六%という数字には何ら直接的つながりはない。つながりがないからこそ、グラントは恣意的な記号の体系として三六%という数字を提示することができたのである。そして、ペティの政治算術は、こうして数量的に表現された生命や富を増減させる統治技術として考案されたのである。

社会を数量的に把握する先駆的試みをおこなったグラントやペティは、近代的な経済学や統計学の源流ともいわれる。しかしかれら政治算術学派の意義はそれだけにとどまらなかった。グラントの死亡表やペティの政治算術はのちにオランダの年金制度やイギリスの保険制度にも大きな影響を与えることになる。古くからある海上保険やギルド的な相互扶助の仕組みが、本格的な年金や生命保険の制度に発展するうえで、とくにグラントの死亡表は大きな貢献をした。後述するように、かれら政治算術学派の試みは、保険を介した社会の統治という、近代社会の仕組みそのものを予告していたのである。

2 ― 社会の発見と保険社会の成立

では、政治算術学派のやったことを社会調査と呼べるだろうか。どうもそれはできそうにない。なぜなら、グラントやペティによる調査研究は、ル＝プレやブースらによる近代的社会調査の実践とある一点で決定的に異なっていたからである。政治算術学派のやったことはたしかに「調査」ではあったが、「社会の調査」

ではなかった。元来、政治算術から派生した統計学 statistics が国家の科学 state science であったことからわかるように、かれらの調査はあくまで国家（あるいは一定の行政区域）の内に生きる人口を統治するための技術であった。そこには「社会」という枠組みが欠けていた。「社会の調査」という認識と実践が生まれるためには、国家とは区別された「社会」という表象が必要だったのである。

「社会」とは何か。ピーター・ワグナーは、「社会」が、一八世紀末から一九世紀中頃にかけて新しく形成された表象であったと指摘している［7］。一八世紀までの古典的な自由主義思想（政治学や政治哲学、道徳科学など）においては、一方に公領域としての政体（国家）を置き、他方に私領域としての個人（あるいは家族）を置いた二項図式が一般的であった。これに対し一九世紀になって新しく登場してきた第三の表象が「社会」だったとワグナーはいう。もちろん、国家と個人（あるいは家族）という二極のあいだに、そのどちらにも属さない人間結合のレベルがあることは一九世紀以前から知られてはいた。たとえばフランスでは、職業集団のような、国家でも個人でもない小単位のことを社会 société と呼びならわしてきた。しかし一八世紀末から一九世紀にかけての急激な社会変動により、そうした伝統的集団や結社の多くは解体を余儀なくされることになる。一方、それらの集団を解体に追い込んだ社会変動の波は――カール・マルクスならば「交通」と呼んだであろうような――人、もの、情報のダイナミックな流通・衝突・結合の空間を西欧社会にもたらしていった。この新しい空間を指すものとして、「社会」という言葉の意味が拡大されていったのである。

重要なのは、この第三の表象が、国家と個人という第一、第二の表象をモデルにしてはじめて発想可能だったことである。ワグナーによれば、社会という表象は、国家対個人という古典的自由主義のモデルがなければ生まれ得なかった。その理由をワグナーは、アダム・スミスやマルクス、アレクシス・ド・トクヴィルら近代的社会科学の創始者たちが、その社会秩序イメージに関しては依然として――アリストテレスの国家論から古典的自由主義思想に至る――古い政治哲学の枠内にとどまっていたことに求めている。新しい表象はけっして無から生まれない。それはつねに古い表象を組み替えることで構築可能となる。そうした制約から、一九世紀の思想家や社会科学者もまた自由ではなかった。「初期の社会学における「社会」の発見/発明は、政治哲学内部における出来事でもあったのであり、それゆえ社会学は政治哲学の変形された経験バージョンともみなしうるのである」[8]。政治哲学のパラダイムから生まれたことにより、「社会」という表象は、変化しつつある生活世界の諸相をとらえようとする実証志向に加え、「社会秩序はこうあらねばならない」とする旧来の政治哲学の規範志向をあらかじめ内在させることになった。ワグナーによれば、社会学(あるいは社会科学)はそれ以来「社会」という表象を――過程、相互作用、システムなど――さまざまなかたちで変奏しながら現在に至るわけであるが、そこにはつねにこの実証志向と規範志向の緊張関係がつきまとうことになったのである。

社会調査はまさにそうした実証志向と規範志向の混淆物だった。革命と産業化によって混乱に陥った社会を再組織化すること。そのために社会の現状をできる限り実証的に把握すること。初期社会学におけるこうした問題意識から生まれた社会調査は、よりよき社会秩序を構想するための道具、あるいは文字どおり「政治哲学の経験バージョン」としてスタートした。そこで注意したいのは、一七世紀のグラントやペティが恣意的な記号の体系のみに目を向けたのに対し、一九世紀に始まる近代的社会調査は、記号=データの裏側に何らかの隠れた本質を想定せざるを得なかったことである。社会調査の実証的まなざしは、「混乱した社会」という記号の背後に、過去に失われた、あるいは将来実現すべき「組織された社会秩序」という本質が隠れている、という意識につきまとわれることになる。実証志向と規範志向の交錯がもたらした、「社会は組織化されなければならない」という意識。近代の社会調査を一七世紀の政治算術から隔てることになったのは、この意識だった。

一九世紀の後半以降、西欧社会は実際に組織化されていった。それを具体的に押し進める大きな力となったのが保険であった。ここでグラントを再び思い出そう。グラントの研究が年金保険や生命保険の確立に重要な貢献をしたことはすでに述べた。正確な死亡表がないと保険料や保険金の額を算定できず、保険の制度そのものが成り立たない。死亡表（現代の呼び方では生命表）は保険制度にとって不可欠のデータである。死亡表は、エドモンド・ハリー、ヨハン・ジュースミルヒらによる改良を経て、近代の保険技術の土台をつくり出すことになる。だが先に見たように、もともとグラントら政治算術学派には社会の組織化という意識はなかった。では、なぜ保険という仕組みによって社会の組織化が可能になったのだろうか。

ある時期まで、保険（とりわけ生命保険）という仕組みは社会の組織化を阻害するとみなされていた。生命保険会社が世界に先がけてつくられたのはイギリスだが、そのあとを追ったフランスでは、生命保険制度の生成期である一八世紀末から一九世紀初頭において、人命を保険の対象とすることへの強い反感が見られたという。生命保険は人命の損失を期待した一種の賭けごとであり、公序良俗に反すると考えられていた。ところが一九世紀の後半になり、価値転換が起きる。保険に対する否定的見解は影をひそめ、保険という制度は善いもの、あるいは義務的なものだとする見方が一般的になっていくのである。ドイツのビスマルクによる先駆的な社会保険制度導入にも影響され、フランスでは一八九八年に労働災害補償法が成立する。またそれに先立つ二〇年ほどのあいだには民間の保険会社も次々と設立されていった。

このような歴史的経緯のなかにフランソワ・エヴァルドは「保険社会」の成立を見ている。

奇妙な価値転換により、フランス革命と当時の法律家によって禁じられていた保険は、革命からほんの一世紀たらずで、政治技術の一つに格上げされることになった。実際、第三共和制期の共和主義者たちは、こうして社会的なものへと姿を変えた保険を、まさに現代の社会契約の基礎にすえたのである。あれこれの保険義務を伴った「保険社会」の時代が始まったのだ。［9］

保険に対するこうした評価の変化は、「社会」という表象の浸透と結びつけて考えることができる。労働災害を例にとろう。工場で機械の操作を誤り、腕にケガをしたとする。古典的な自由主義の考えでは、このケガは本人の過失によるものであり、責任はすべて本人に帰せられる。工場主が慈善精神で治療費や見舞金を出すのは勝手だが、本人の過失を「社会」が肩代わりする必要はないということになる。国家と個人があるだけなのだから、個人の過失に「社会」が関与する余地はもともとないのである。ところが一九世紀の後半、エヴァルドのいう「保険社会」の時代になってからは状況が変わった。まず、その労働者はそもそもなぜ腕にケガをしたのか。もちろん本人のミスもある。しかしそのようなミスを余儀なくさせた労働環境や、そうした労働環境を放置した工場主にも責任がある。さらには作業の安全を無視させてまで企業間の競争をあおる資本主義社会のあり方にも問題があるのではないか。つまり、労働災害に伴う責任は、個人ではなく「社会」にあるのではないか、という見方に変わってくるのである。

こうした見方は、鉄道事故から流行病さらには自然災害に至るまで、あらゆる事故や災害には「社会」が関与するという見方につながっていく。事故や災害は単なる個人の過失ではなく、「われわれが社会に生きていることの証し」［10］とみなされるようになる。「社会」という表象が、事故や災害によって具体的な輪郭を与えられることになるのである。加えて事故や災害は、社会全体で見るとほぼ一定の発生率を示すという点でも「社会的」である。一つひとつの事故や災害は偶然の出来事であるにもかかわらず、たとえば工場で腕にケガをする労働者の数は毎年ほぼ一定である。社会全体での発生率があらかじめわかっているから、被害に対して保険で対処することもできる。つまり被害者に対して「社会」が事後的にケアやサポートをおこなうことができる。こうして「社会」は事故や災害を引き起こす責任者であるとともに、被害者を保険によって救済する責任者ともなる。

ところで、エヴァルドのいう「保険社会」というのは必ずしも具体的な保険制度が増殖している社会ではない。そうではなく、「保険の技術とカテゴリーを通して社会の問題を考え、社会を制御しようとする社会」、言い換えると、すべてを「リスク」のカテゴリーで認識し処理する社会、「それ自体がリスクであるものなどどこにもないのに、すべてがリスクとなる」社会である［11］。そこでは、生活のあらゆる局面がリスクの相貌とともにあらわれる。そこに生じるのは、保険によってリスクに備えようとすればするほど、リスクが増えていくという奇妙な事態である。そして、それら増大していくリスクに対して社会がセーフティ・ネットを提供すべきだとするのが「保険社会」なのである［12］。

以上のような一九世紀後半以降の流れを、エヴァルドは、自由主義から連帯主義への転換としてとらえる。「自分の不運を他人に転嫁することの禁止」［13］こそが自由であるとする自由主義から、すべての不運が社会全体によって受け止められるべきだとする連帯主義への転換である。いうまでもなくそれは「社会」という表象があってはじめて可能なことだった。そして、「社会」という表象は、リスクに備えた連帯というかたちを得たことで、具体性を帯びることになった。「組織された社会」は「保険社会」として姿をあらわすことになったのである。

3 ― 組織された社会と社会調査

保険社会の成立は「社会問題」という意識の浸透とも連動していた。一九世紀後半から二〇世紀の中頃にかけて保険社会がかたちをなしていく過程で、農村の窮乏、労働者の貧困、都市における生活環境の悪化など、さまざまな社会問題が可視化するようになる。連帯主義を土台とする保険社会のなかで、それらは文字どおり「社会の問題」として受け止められていくことになる。とはいえ、もちろん、それらの問題自体は保険社会の成立以前からあった。だが、連帯主義に先立つ自由主義の時代には、社会問題への意識が希薄なものでしかなかったか、あるいは問題自体が可視的ではなかったのである。ワグナーはいう。

> 自由主義の見方からすると「社会問題」などそもそも発生すべきものではなかった。個人の意思と選好による自動的適応が、あらかじめその種の厄介な不均衡を除去してくれると思われていたからである。ところが、貧困や苦しみが蔓延し、国富の増加分が大多数の人びとにはいつまでもお預けにされ、多くの人びとが、慣れ親しんできた社会的世界から引き離されることで不確実性があたり一面にはびこるようになり、その結果、多くの人びとがいよいよ団体行動に訴えはじめるようになったとき、そうした自由主義的見方は妥当性を失うことになった。[14]

自由主義が社会問題に対応できなくなったとき、エヴァルドのいう自由主義から連帯主義への転換が生じた。ワグナーによれば、それは「自由主義的近代」から「組織された近代」への転換だった。一八世紀末から一九世紀中頃にかけて西欧社会で形成された初期の自由主義的近代においては、個人の自立と自己達成が何よりも重視された。当時のアッパー・ミドルクラスの道徳文化をモデルとするこの自由主義の思想と実践は、やがて下層階級や西欧以外の社会にも浸透していくことになる。近代化とはまずこの自由主義が定着する過程を意味していた。言い換えるとそれは、アッパー・ミドルクラスの道徳文化が下層階級や伝統的社会の文化を壊し、あるいは使いものにならなくさせることで、普遍性を獲得していく過程でもあった。

ところがその過程で——アッパー・ミドルクラスから見ると——きちんと自立し、自己達成していくことのできない、あるいは「自分の不運を他人に転嫁」せずに生きていくことのできない、大量の人口がいることが問題とされるようになった。つまり労働者と農民である[15]。大半の社会問題の主役はかれら労働者と農民であった。固有の文化を根こそぎにされたこれらの人口をいかにして規律に従わせるか、さらには、生産から消費に至るまでの実践を組織化することで、いかにして安定した社会秩序をつくり出すか。そのことが、解決すべき大きな課題となっていったのである。こうして近代は、「自由主義的な」ものから、規律化と組織化を志向する「組織された」ものへと転換することになる。

この社会の規律化と組織化は、自由放任を特徴とする古い資本主義から、「至るところにはりめぐらされた大量生産と大量流通のテクノロジー、市場を覆いつくす大企業、さらには国家によって監視・支援された国民経済」[16]を特徴とする「組織された資本主義」への転換を可能にした。一九世紀末に始まるこの資本主義の組織化は、第二次世界大戦後、とりわけ一九六〇年代を頂点として、フォード主義／ケインズ主義的福祉国家の完成というかたちで結実することになる。それは、賃金労働がもたらす税収および社会保険料によって福祉国家が成り立ち、逆に福祉国家が国民の生活を支えながら再び国民を労働へと駆り立ててゆく、というサイクルの完成であった。

では、規律化や組織化は具体的にどのようにしてなされていったのだろうか。ワグナーはそれを「実践の慣習化」conventionalizationという概念で説明する。慣習化とは、「起こりうる出来事や行為、解釈のバリエーションを制限することで不確実性を減少させる手段」であり、それによって「社会的世界を扱いやすくするための集合的営み」[17]である。毎日職場に通ってはたらく。賃金を受け取る。そこから税金や社会保険料を払う。あるいは、結婚する。子どもを学校に通わせる。そういったもろもろの実践が慣習化されることで、社会は組織化されてゆく。二〇世紀に入り急激に複雑さを増していく産業社会のなかで、人びとの実践は伝統的社会とは違った意味で「慣習化」されていった。

重要なのは、そうした「実践の慣習化」が社会全体に行きわたるためには「実践の表象」が不可欠だったということである。表象representationは、現実のなかにある複雑性や不確実性を削ぎ落とすことにより、社会的世界の理解を容易にするとともに、行為のためのわかりやすい指針を提供する。工場ではたらくという表象。学校に通うという表象。結婚するという表象。そうした表象があってはじめて、通勤や通学、婚姻などの実践は慣習化されることになる。それらの表象は、映画や小説、音楽、新聞、教科書など、さまざまなチャンネルを通して国民国家という「想像の共同体」(ベネディクト・アンダーソン)のすみずみにまで浸透することで、社会の組織化を可能にしていった。社会調査は、その重要なチャンネルの一つとなったのである。

ワグナーが指摘するように、統計学と経験的社会調査の興隆期である一九世紀末から一九三〇年代にかけ、観察された部分社会のデータがどこまで全体社会について一般化できるかが、盛んに論議された。いわゆるデータの代表性representabilityの問題である。観察された諸個人の行動や意見がはたして全体の傾向をどこまで反映ないし代表しているのか。それらの議論はのちに――第二次世界大戦後、とりわけ一九六〇年代になって――選挙における投票行動の予測、消費者の購買行動の予測、社会保険における保険数理の基礎づけなど、社会の組織化に不可欠なもろもろの技術を可能にしていった。しかるべき候補者や政党による一定の得票数が「民意」を反映しているという信念、マーケティングで明らかにされた数字が消費者の真の「好み」や「利益」を示しているという信念、さらには、統計的に確かめられた出生率や死亡率、賃金水準などのデータが年金・医療の妥当な「給付水準」を決定するという信念。組織された社会の根幹をなす民主的選挙制度と自由市場と社会保障は、こうした信念があってはじめて安定したメカニズムとなる。社会調査はそれらの信念を醸成し、政治と経済と社会とが安定した関係にあるという印象をもたらすうえで、重要なはたらきをしたのである。

さらに注意したいのは、そうした調査が計画され実施される際に、調査対象者が「有権者」「消費者」「国民」などとして新しくカテゴリー化されていったことである。近代以前には存在しなかったそれらのカテゴリーが構成されていく際に、ギャラップ調査をはじめとする各種の意識調査や、さまざまな分野でのマーケティング調査、人口動態や世帯、医療関連のデータを扱う公式統計などがはたした役割は大きい。そしてそれらの統計や調査はさらに、ホワイトカラー、高齢者、単身者、障害者、失業者など、さまざまな新しいカテゴリーをつくり出していった。そうした主体のカテゴリーはやがて固定され、自明視されることになった。その過程で、「会社ではたらく」「年金生活を送る」「求職活動をする」といった新しい実践もまたカテゴリー化され、自明視されていった。これらの統計調査は、小説や映画のように情動に訴えることなく、客観性と中立性という淡々とした姿を保ったまま、社会の組織化に不可欠な表象を次々と供給していったのである。

民主主義、自由市場、社会保障を柱とするフォード主義／ケインズ主義的福祉国家。そこに生きる多様な主体が繰り広げる無数の実践。公式統計やマーケティング調査に加え、シカゴ学派を源流とする各種のモノグラフやアーバン・エスノグラフィー、さらにはコミュニティ調査、地域調査、生活史調査など、質的／量的、ミクロ／マクロの区別を問わず、ほとんどの社会調査はそうした主体と実践の多様性をとらえようと試みてきた。それらの主体と実践はたしかに多様ではあったが、いずれも程度の差はあれ福祉国家の枠内で規律に服せしめられ、組織化されたものだった。もちろん、規律化され組織化された主体や実践だけが調査対象になったわけではない。そこから「逸脱」した事例もまた重要な対象とされた。だがそれらの逸脱事例はいずれも、何らかのかたちで事後的に規律化され組織化されるべきものとして扱われたのである。放浪、非行、離婚、インナーシティといった逸脱的な記号＝データの裏側には、あくまでも「組織された社会秩序」という本質が想定されていた。こうして、社会科学（および社会調査）の枠組みの根幹にあった実証志向と規範志向の緊張関係は、戦後、社会の組織化とともに解消していった。先に見たように、組織化の頂点は一九六〇年代だった。フォード主義／ケインズ主義的福祉国家の完成期であり、国家と社会と社会科学とが安定した関係を築き上げたかに見えたこの時代において、主体と実践をめぐる表象も安定していた。

ところが一九六〇年代の終わり頃になり、組織された社会はゆらぎ始めた。一九六〇年代末から七〇年代にかけ、先進産業諸国はそれまでになかった新しい局面をむかえることになる。投票率の低下、高度成長の終わり、少子高齢化の開始といった予測外の事態が明らかになり、福祉国家の危機が叫ばれるようになる。同じ時期、国家と社会と社会科学の関係にも亀裂が入る。国家と社会に対する批判や異議申し立ての声が高まるなかで、社会科学の標榜する中立性や客観性に疑問が投げかけられ、社会科学が国家と社会に対してとり結んでいる関係がけっして自然でも中立的でもないことが明らかにされるようになる。それと並行するように、たとえば社会学では構造機能主義のような支配的パラダイムが王位から退き、もろもろのミニ・パラダイムが林立するようになる。社会科学、とりわけ社会学においてそれはまさに「せまり来る危機」（アルヴィン・グールドナー）の時代の到来であった。

社会調査もまた批判の矢面に立たされることになった。社会調査の想定する対象者が、実は反省能力を欠いた受動的な人形にすぎないのではないかという批判。調査主体と調査対象者の関係に内在する非対称性ないし権力関係や、調査における倫理の欠如に対する批判。社会調査の背後にある利害関心や認識枠組そのものに対する批判。そうした批判が相次ぐ一方、調査票の回収率は低下し、対象者のあいだにも調査拒否の態度が広がっていく。一九六〇年代末から現在まで続くこうした困難は、国家と社会と社会科学のあいだに入った亀裂に起因する社会科学の危機を背景としていた。

とはいえその後、社会科学の危機や社会調査の困難は決定的な破局をむかえることなく、現在に至っている。危機と困難を反省によって乗り越える努力が不可欠だという考えが六〇年代末から広がり、社会科学や社会調査の自己反省は七〇年代以降の流行ともなった。再帰性 reflexivity の契機をもたない社会科学や社会調査は批判されるのが常識となっている。問題は、そうした展開にもかかわらず、このところ「社会的なもの」の消失が語られるようになってきたことである。つまり社会科学と社会調査の対象がなくなりつつあるのではないかという意識の広がりである。もちろん、社会科学や社会調査が社会の組織化とともに発展してきたと考える限り、組織された社会のゆらぎとともに、その調査研究対象自体がゆらいでいくのも当然といえば当然なのかもしれない。たとえば、完全雇用を理想とするフォーディズム的福祉国家においては意味があった「失業者」や「求職行動」という表象は、雇用と労働のフレキシブル化が進むポスト・フォーディズムの時代にあって、かつての意味を失いつつある。これまでの社会の表象がゆらいできたことは、リスク社会（ウルリッヒ・ベック）や、個人化された社会（ジークムント・バウマン）といった、「社会」を示す言葉としては形容矛盾とも思えるような表現が受け入れられるようになったことからも理解される。

そうした「社会的なもの」の消失ないし退潮を具体的に示すのが、保険社会の変容である。高度成長が終わった一九七〇年代以降、各種の社会保険制度が引き締めや縮小の対象になり、保険社会は袋小路に入り込んでいった。「社会」の表象と「連帯主義」のもとに始まった社会保険制度は、「社会」の表象のゆらぎと新自由主義の台頭とともに形骸化しつつある［18］。ではエヴァルドのいう保険社会は消滅の道を歩みつつあるのだろうか。たしかに年金や医療保険のような社会保険制度は危機に瀕している。だが社会保険が形骸化する一方で、皮肉なことに、保険という仕組みそのものはますます強力になってきているのである。先に見たように、保険社会とは「それ自体がリスクであるものなどどこにもないのに、すべてがリスクとなる」社会であった。逆説的であるが、「社会的なもの」の退潮とともに、保険社会のそうした性格が剝き出しになりつつあるのである。それは「保険の専制」とでも呼ぶべき事態である。

そのことを典型的に示す事例の一つが、このところ盛んに指摘されるようになってきた、逸脱者管理における規律訓練型から保険技術型への移行である。両者のやり方は対照的である。規律訓練型管理は逸脱者を一人の個人としてとらえ、その個人に教育や訓練を施しながらノーマルな存在へとつくり変える。学校や刑務所をはじめ、近代的制度の多くはこのやり方を踏襲してきた。他方、保険技術型管理は逸脱者を一人ひとりの個人として認識せず、ひとまとめのリスク・グループとしてとらえ、リスクの要因と程度に応じてそのつど確率的に対処する。このやり方はアングロサクソン系社会を中心に世界に広まりつつある。

パット・オマリーは、前者から後者への移行の理由として、前者に比べ後者のほうが効率的である点をあげる[19]。オマリーによれば、前者のやり方では逸脱者の探索・収容・教育訓練に多大なコストがかかり、さらには逸脱者からの強い抵抗を招く可能性があるのに対して、後者のやり方は、逸脱者に一人のノーマルな個人であることを強要せず、リスク要因の断片としてのみ扱うため、規律化や組織化の手間は省けるし、逸脱者からの抵抗も少ない。こうして保険技術は人口のソフトかつ効率的な管理を可能にする。まさにそれは「社会的なもの」の消失に対応した統治技術である。この統治技術は逸脱者管理にとどまらず、他の多くの社会領域にも適用されつつある。だがそれにしても、統合された人格や組織された社会秩序を想定しない点において、こうした統治技術の台頭は、ある意味でグラントやペティの時代への逆戻りを示しているようにも見える。新しい死亡表と政治算術の時代が始まっているかのようである。

社会調査は、記号＝データの背後に「統合された人格」や「組織された社会秩序」を想定する点で、基本的には規律訓練型のやり方であった。しかし、「組織された社会」の解体や「社会的なもの」の退潮とともに、保険の専制という状況に近づきつつある現在、社会調査のあり方は保険技術型へと傾いてゆくことになるのだろうか。規範志向を捨て去り、新たな死亡表と政治算術の構築を目指すことになるのだろうか。それはわからない。ただグラントの死亡表が、亡くなっていく子どもの死そのものとは徹底して無関係であったように、保険の制度は「死そのもの」にいっさい手を触れることなく、死に対する抽象的な恐怖のみを引き延ばしてゆく［20］。保険のそうした特徴は、社会学や社会調査のあり方が今後どうなるにせよ、変わることはない。

註

1 ジョン・グラント『死亡表に関する自然的および政治的諸観察』久留間鮫造訳、第一出版、一九六八年

2 ウィリアム・ペティ『政治算術』大内兵衛・松川七郎訳、岩波文庫、一九五五年、一二四頁

3 グラント、前掲書三二頁

4 Ian Hacking. *The Emergence of Probability*. Cambridge University Press. 1975.

5 ibid., pp.104-5.

6 ここに、かつてミシェル・フーコーが論じた、一六世紀から一七世紀にかけての西欧社会における認識構造の変化を見てとることもできるだろう。物と記号が類似の関係にあった（つまりネズミの出現と空気の腐敗が連続した関係にあった）一六世紀までとうって変わり、一七世紀になると物と記号は切り離されるようになる。そこにかたちづくられていったのは、記号と記号とが織りなす恣意的で透明な表象空間だった。「十七世紀以後、自然と約束ごととにあたえられる価値は逆転する。すなわち、自然的なものとしての記号《シーニュ》は、物から取りだされた一要素以上の何ものでもなく、認識によって記号《シーニュ》として成立せしめられたものにすぎない。（中略）反対に、約束ごとによる記号《シーニュ》を設定する場合、いつでも、単純で、記憶しやすく、無数の要素に適用でき、それ自体分割と合成が可能なように、それを選ぶことができるであろう」（『言葉と物――人文科学の考古学』渡辺一民・佐々木明訳、新潮社、一九七四年、八六～八七頁）。グラントやペティにとり、ネズミの出現は約束ごととしての記号にすぎなかった。それらが約束ごとであるがゆえに、蓋然性にもとづいた普遍的計算が可能になったのである。

7 Peter Wagner. *A History and Theory of the Social Sciences*. SAGE Publications. 2001.

8 ibid., p.132.

9 François Ewald. "Les valeurs de l'assurance." Ewald. and Jean-Hervé Lorenzi. eds. *Encyclopedie de l'assurance*. ECONOMICA. 1998. p. 408.

10 Ewald. *L'État providence*. Editions Grasset & Fasquelle. 1986. P.19.

11 ibid., p.20.

12 その意味で、エヴァルドのいう保険社会はウルリッヒ・ベックのいうリスク社会とも似た面をもつ。エヴァルドの保険社会論をこれ以上詳述する余裕はないが、とりあえずベックのリスク社会論との関連では川野英二「『保険社会』と『リスク社会』の間に――社会学におけるリスク研究」『年報人間科学』一九号一四七～六三頁（大阪大学人間科学部社会学・人間学・人類学研究室編、一九九八年）を。また、社会の表象との関連では園田浩之「社会の誕生――フランソワ・エヴァルドの思想史に依拠して」『ポイエーシス』二〇号一～二三頁（九州大学大学院比較社会文化研究科社会学系［編］、二〇〇五年）を参照されたい。

13 Ewald. 1986. op. cit., p.64.

14 Wagner. *A Sociology of Modernity: Liberty and Discipline*. Routledge.

1994. p.59.

15 これに女性、子ども、老人、障害者、外国人などを加えることもできる。後述するように、社会調査はこれらの新しいカテゴリーをつくり出すことにも関与していった。

16 Wagner. 1994. op. cit., p.42.

17 ibid., p.76.

18 保険社会の形骸化については八章「持続可能な社会保障?——エコロジー的近代化型福祉国家のゆくえ」を参照されたい。

19 Pat O'Malley. "Risk and responsibility." Andrew Barry, Thomas Osborne and Nikolas Rose. eds. *Foucault and Political Reason*. University of Chicago Press. 1996. pp. 189-207.

20 丹生谷貴志「クローンのファンタズマ——フーコー以後の「社会福祉」」『三島由紀夫とフーコー〈不在〉の思考』青土社、二〇〇四年

12

保険の優しさと残酷さ——社会的なものの解体

なぜ、保険がないと生きていけない時代になったのだろうか。医療保険や失業保険、年金保険などの社会保険。さらには、がん保険や自動車保険といった各種の民間保険。われわれは普段あまりそれと気づくことなく、さまざまな保険にとり囲まれて生きている。

生きていけない？　たしかに、生きていけない、といういい方はおおげさに聞こえるかもしれない。だが、たとえば年金について見ると、いまの高齢者世帯における平均収入の八割は年金によるとされているわけで、生活保護という最後のセーフティネットに頼らないとした場合、文字どおり、年金なしでは高齢期を「生きていけない」時代になっているのだ。

保険とは何か。それは、将来起こりうるリスクに備えて加入者それぞれが支払った保険料を原資とし、リスクが現実化した加入者に対して、その原資から保険金が支払われる仕組みである。たとえば失業保険。

失業保険加入者のうちには、実際に失業する者もいれば失業しない者もいる。言い換えると、給付金を得る者と得ない者がいる。その際生じているのは、失業していない者から失業した者への保険料の移転である。こうも言い換えられるだろう。失業保険という制度においては、失業のリスクが現実となる者と、ならない者とが連帯し、後者から前者への保険料の贈与がおこなわれる。この仕組みはその他の医療保険や年金保険についても同様である。

連帯と贈与。その意味で保険は「社会的なもの」の典型ともいえるだろう［1］。「社会的なもの」の具体的装置としての保険は優しい顔つきをしている。だがその一方、保険の歴史を振り返ってみるとき、そうした「社会的なもの」としての保険が、保険とは別の「社会的なもの」を解体していったことに気づかされる。この解体作業は現在も進行中である。保険は残酷でもある。

「社会的なもの」としての保険の優しさと残酷さ。それが、この小論で考えてみたいことだ。導きの糸になるのは、フランソワ・エヴァルドの議論である［2］。だがそれを検討する前に、あるよく知られた小説に目を向けてみたい。アルベール・カミュの『ペスト』である。

1 ― ペスト

カミュの小説『ペスト』は面白い。保険という制度の優しさと残酷さが――カミュの意図とは別に――この小説のなかに垣間見られるからである。もちろん、具体的な保険の話は出てこない。だが、ペストにより宙吊りにされた時間を描いたこの小説のなかに、「保険」という主題を読み取ることも可能であるように思えるのである。不条理や、神なき世界や、反抗や、といったおなじみの主題には目をつむり、保険という、一見すると味気なく散文的な事象に焦点を当てながらこの小説を読むと、どうなるだろうか［3］。

よく知られているように、この小説は、ペストという古来知られてきた忌まわしい感染症に突如襲われ、外部世界から遮断されることになったとある現代都市のなかで、極限状況に生きる人びとの姿を描いている。出版は一九四七年。第二次世界大戦直後の上梓ということもあり、ペストと闘う人びとの姿に、カミュもかかわった戦時下のレジスタンス運動の記憶が重ねられたり、ペストによる大量の死者に、ナチのホロコーストによるユダヤ人犠牲者の比喩が見出されたりしたことも周知の話である。

舞台は北アフリカのアルジェリア第二の都市オラン。まだフランスの植民地だった頃である。「見たところただ平穏な町」オランだが、あるとき、その町からネズミの姿が消える。気がつけば、大量の人間が次々と病死していく事態に町は陥っていた。町はペスト地区の宣告を受け、強制的に閉鎖されることとなる。外界から閉ざされた町のなかで途方に暮れ、あるいは死の恐怖におののく人びと。そうした人びとのなかにやがて、団結してペストと闘おうという有志があらわれる。有志たちは何か月ものあいだ、ねばり強く奮闘する。気がつけばいつの間にかペストは収束し、町にはネズミたちの姿が再び見られるようになっていた。

小説のなかに、一つ印象的な場面がある。町が閉鎖されてしばらく経ってからのこと、物語の語り手である医師リウーが、知り合いの新聞記者ランベールから、非難ともとれる言葉を投げかけられる場面だ。一日も早く町から脱出し、残してきた恋人と再会したいランベールは、町にとどまりながらペスト患者の治療に専心するリウーにいう。「あなたは抽象の世界で暮らしているんです」。

抽象？　感染をくい止めようと日夜身を粉にしてがんばっている自分のどこが「抽象的」なのか。あとでリウーは自問自答する。「ペストが猛威を倍加して週平均患者数五百に達している病院で過される日々が、果たして抽象であったろうか。なるほど、不幸のなかには抽象と非現実の一面がある。しかしその抽象がこっちを殺しにかかって来たら、抽象だって相手にしなければならないのだ」。

医師リウーにとり、ペストとは抽象以外の何ものでもなかった。リウーは考える。「まったく、ペストというやつは、抽象と同様、単調であった」。たとえば、ある患者は「どこか抽象的な様子で泣きわめき(中略)リウーは際限なく繰り返される同じような場合の連続よりほかには、なんにも期待できなかった」。罹病と死という単調なデータの際限ない連続。リウーにとっては、それこそがペストであった。リウーはさらにこうも考える。「抽象と戦うためには、多少抽象に似なければならない」。ペストの抽象性をつかまえ、抗い、打ち勝つためには、こちら側にも相応の抽象性が必要だ。そのためにリウーが用いた「抽象に似たもの」、それは統計であった［4］。

この小説のなかで、統計はある種の進行役のようなはたらきをする。最初、ペストの兆候が目につき出した頃、リウーはただ「統計表をじっとみつめ」「ポケットのなかでしきりに統計表をいじ」るだけだった。ペスト地区宣言により町が閉鎖されたあと、知事が「〔統計を〕日ごとに通信社に通達し、それを毎週報道するよう依頼」してから、医師リウーも毎日、各種の統計を検討することに追われるようになる。しかし、その努力も功を奏さず、統計が上昇する局面を町はむかえる。そして、病疫の極限において、リウーはこのまま「もし統計が上昇し続けたならば」町は死屍累々となることを悟るに至る。だがやがて「統計は病疫の衰退を明らかに」するようになり、さらには「統計は実に低位に下がり」、災厄は終焉をむかえる。しかし、その段階に至ってもまだ、「統計に示された良好な兆候にもかかわらず、まだ勝利を叫んだりしないほうがいい」との不安をリウーは口にせざるを得ない。

このように、ペストの猛威や動静は統計によってのみ知られ、人びとは統計の報告に一喜一憂する。この小説においてペストの認識は、統計を欠いては（それと、ネズミの姿を欠いては）不可能であるようにさえ見える。そして、この小説のなかに「保険」という主題を読み取ることができる理由は、災厄の抽象的なリスクに統計というもう一つの抽象で立ち向かおうとするリウーらの努力のなかに、保険という制度の本質を見出すことができると思われるからである。医師リウーはペストという抽象に対し、統計を用いた蓋然性の計算という、ある種の「保険的理性」によって立ち向かっている。物語の結末近く、リウーがまだ一抹の不安にとらわれているのは、リウーが保険的理性のもち主だからだ。そのような理性にとり、リスクの蓋然性がゼロになることはけっしてないからである。

考えてみれば、この小説の舞台そのものが保険を想起させる。強制的に閉鎖され外部から遮断されたオランの町。それは、特定のリスクに備えて加入する保険の組合のようなものにほかならない。閉じられた町のなかで、いわば保険の加入者のあいだに感染症が広がる。人から人へ、という意味において、感染症というリスクは――失業や高齢化などと同じく――社会的である。この社会的リスクに対して団結し、献身的に振る舞う人びと。それこそ連帯と贈与ではないか。その意味で、この小説は保険の優しさを描いている。

だがその一方で、医師リウーに対して新聞記者ランベールが向けた非難を忘れてはならないだろう。リウーを「抽象的」だと断ずるランベールにとって、人間の生死とは、一人ひとりの人間における、一回きりの、かけがえのない厳粛な何かであって、統計のような保険的理性ではけっしてつかむことのできないものなのである。おそらくだが、ここでランベールが直感したのは、保険の残酷さではないか。

なぜ、保険がないと生きていけない時代になったのか、という冒頭の問い。その問いに対して、ここではとりあえず次のように答えることができるだろう。それは、われわれ現代人が、オランの町の住人のように、強制的に閉鎖され外部から遮断された空間に閉じ込められたからである。つまり、保険という制度、誰もそこから逃れることのできない制度に、無理矢理閉じ込められたからである。しかも、オランの町とは異なり、この制度に外部はない。

2――山の保険と海の保険

保険とは、医師リウーが考えたように、社会的リスクという抽象に立ち向かうための、もう一つの抽象である［5］。さらにいえば、そうした「社会的なもの」としての保険には、優しさと残酷さという二つの顔がある。

保険の優しさに目を向けた論者の一人に、民族学者のマルセル・モースがいる。周知のように、モースは、未開社会や伝統的社会において、見返りを期待しない（あるいはそれを期待する素振りを見せない）贈与が、社会の構成原理として大きな意味をもっていたことを明らかにした。モースの慧眼は、現代人の目からすると見返りを求めない「純粋」なものに見える未開社会の贈与が、実は利己的な、いわば「不純」な行為でもあることを見抜いた点にあった。贈与という行為において、人は利他的に振る舞いつつ、利己的欲求をも同時に満たす。贈与とは、人間の利他性と利己性が交叉する、あるいは倫理と経済が交叉する、ある種のハイブリッドにほかならない［6］。

モースによれば、しかし、近代社会の到来とともに「ハイブリッド」は解体される。近代社会とは、一方で私的な愛を根拠とする利他的関係の幻想が、他方で私的な利害関心を根拠とする利己的関係の暴力が支配する、両極化した社会にほかならない。そこにおいて倫理と経済は乖離したままとなる。そのような視点に立つモースが、倫理と経済のハイブリッドとしての贈与行為を近代社会において再興するための手段として注目したのが、「保険」であった［7］。

モースが具体的にイメージしているのは、当時（一九二〇年代）のフランスやドイツで充実し始めた社会保険である。たとえば雇用保険。そこにモースは、雇用主と労働者間の連帯と贈与の関係を見出す。本来、雇用関係は契約によって成立する労働と賃金の交換関係であり、そこに贈与のような「倫理」が入り込む余地はない。だがモースの考えでは、社会保険を導入することにより、雇用主と労働者のあいだ、労働者と労働者のあいだに連帯と贈与の関係が成立する。つまり、「倫理」が再興されるのである。どういうことか。

社会保険の導入により、雇用主は労働者にただ賃金を支払うだけでなく、失業や疾病、退職などに備えた安全・安心・保障 sécurité を贈与する義務を負う。この贈与は、労働者が雇用主に労働を贈与したことへのいわばお返しである。労働者は労働者で、社会保険に加入することにより、労働者同士の連帯を実現する。自分の納付した保険料が誰か別の労働者に支払われるからである。雇用主と労働者、労働者と労働者のあいだには、こうして連帯と贈与の関係が確立されることになる。モースはいう。社会保険の導入により「わたしたちはしたがって、集団倫理へと再び立ち戻っているのである。」［8］。

このように、モースの目には保険の優しさが映っていたわけだが、しかし、保険には残酷さというもう一つの顔があることを忘れてはならない。それを知るために、簡単に保険という仕組みの歴史に目を向けてみよう。

　近代的な保険制度が生まれたのは西欧社会においてであるが、西欧社会では元来、キリスト教の教義により、利殖という行為が禁じられてきたという歴史がある（たとえばその始原として、ルカによる福音書六章を参照）。人にお金を貸して利益を得ることが非難されるのであるから、人の不幸（死や病気、ケガなど）を金銭に換算し、ましてや商品として売買するような制度など、許されるはずがなかったのである。それが、近代社会になり、なぜ受け入れられるようになったのか。さらには、受け入れられただけにとどまらず、われわれの「生のすべて」を覆い尽くすまでになろうとしているのはなぜなのか［9］。

　フランス総合保険（ＡＧＦ）グループの名誉会長ミシェル・アルベールは、今後生じるであろう二つのタイプの資本主義の戦いについて論じた啓蒙書のなかで、保険には山と海という二つの起源がある、との興味深い指摘をおこなっている［10］。「保険の最古のものは、アルプスの山々の村人たちが、十六世紀に相互救援の会社を組織したときに始まる。このアルプスの伝統的組織から保険、共済の共同機関が派生した。ギルド、同業組合、職業組合、相互扶助運動等である」。それは「危険をみなで分かち合う方法」であり、「各人が、リスクの生じる確率とは関係のない料金を負担する。つまり連帯観念があるのであり、それは、社会の内部へ再配分の形で移転する」。

　もう一つの起源は海にある。それは「ベニスの船の船荷に賭けられた、冒険的な貸付金」に端を発し、やがて資本主義の中心地ロンドンで花開くことになる保険形態である。前者のアルプス型の保険がリスクを分かち合い、結果を社会で再配分するのとは対照的に、この形態の特性は、リスクを見越しながら個人が儲けるために貸しつけるという、その投機性の強さである。アルベールによれば、アルプス型保険の領域が「責任分担や連帯」であるのに対し、このアングロサクソン型保険の領域は「金融や株式市場」にある。互いに異質な原理にもとづくこの二つの資本主義が、これからは競合関係に入っていくだろう、というのがアルベールの議論の骨子である。

相互扶助を目的とするアルプス型の保険と、利殖を目的とするアングロサクソン型の保険。あるいは山の保険と海の保険。この二つのタイプに、保険の優しさと残酷さの起源を見出すことは容易であろう。いうまでもなく、前者に優しさを、後者に残酷さを、という構図である。

保険史の教科書を見る限り、たしかにそうした構図は理解される。山の保険の原点である中世のギルドは、その目的として、「病気にかかった会員の扶助と生活、死者のための葬儀、魂の救済のための礼拝と祈願」を掲げていた。それはのちに「病弱者への扶助と死亡給付金の支払い」という保険思想をもたらすことになる。他方、海の保険の原点は、ローマ時代からあったとされる「海上貸借」だが、この制度において、貸し手は借り手である航海者に高額の利子で資金を貸しつけた。なぜなら、元本と利子が戻ってくるのは、航海が無事達成されたときに限られるからである。このハイリスク・ハイリターンの考え方は、ほぼ賭博のそれに近い。こうした考え方はさらに中世イタリアで、旅行保険（旅行者が生きて帰ったら元本と利子が支払われる）や、女奴隷保険（女奴隷を妊娠させた、さらには出産で女奴隷を死亡させた場合、その人物が、奴隷主に対して賠償責任を負う）といった、「人間の生命に関する賭博保険」を生むことになる［11］。たしかに、山の保険は優しく、海の保険は残酷だ。

ところで、キリスト教が禁じてきた利殖行為が、海の保険においては野放し状態であるように見えるのはなぜか。エヴァルドはこういう。

保険は資本の娘である。所有が土地と結びついたまま、個人が家族や宗教、同業組合による絆に囲まれたままの封建経済において、保険というセキュリティ形式は不要だった。これに対し、財産が動産化され、資本が流通し始め、流通に危険がともなうことが明らかになるや、保険が必要となる。保険の最初の形態が海上保険であったことは、偶然ではない。[12]

海は、封建制における頑固な所有関係や人間関係の支配が及ばない、自由な領域である。エヴァルドは続いて、ジャン・アルペランの言葉を引用する。「海、それは、社会的、政治的ヒエラルヒーから逃げていく。海はいかなる国家の、あるいは政府の権威にも従わない。海ほど封建的でないものはない」。こうして、資本を安全に守るため考案された海上保険という制度は、教会による利殖行為の禁止をかいくぐる恰好の手段ともなったのである[13]。

キリスト教による利殖行為の禁止は、山の保険においては遵守されてきたものの、いつの間にか海という領域において大胆に侵犯され、いまやわれわれの「生のすべて」を覆うようになった[14]。海の保険の残酷さは、資本の残酷さでもある。モースが「贈与論」において夢見たのは、そうした状況においてなお、山の保険の原理を再興することだったといえるだろう。

3 — 自由と過失

エヴァルドの『福祉国家』*L'État providence* は、保険について思想史的に考えるうえできわめて重要な著作だ［15］。エヴァルドの主著であり、師であったミシェル・フーコーに献げられたこの大著は、なんというか、生涯にこういう本を一つだけ書けたらあとは余生、というような作品である。

エヴァルドはこの本のなかで、一九世紀から二〇世紀にかけて生じた、自由主義から連帯主義へという統治技法の変化をめぐり、興味深い考察をおこなっている。権力は人びとをどのように統治するか。封建制において人びとは人格的な支配にしたがっていた。いわゆる「経済外的強制」という統治技法がそこでは用いられた。近代になると、人びとはそうした支配から脱却し「自由」になる。あるいは自由であることを強制されるようになる。

自由であるということ。いうまでもなくそれは、何をしてもかまわないということではない。いや、何をしてもかまわないのだが、その自由には少なくとも二つの原則が伴わなければならない。責任と自己管理である。

一九世紀の自由主義思想の考えでは、基本的に万人は自由に考え、自由に振る舞うことを妨げられない。だが忘れてならないのは、そうした自由な思考や行為には必ず何らかの責任が伴うことである。責任という裏づけのない自由はホッブズ的な無秩序な競争状態をもたらし、社会は大混乱に陥るだろう。では、ここでいう責任とは何か。それは、みずからの行為がもたらした害の原因はすべて自分自身にあるということ、そして、その害の原因を他人に押しつけてはならないということである。たとえば工場で働いていてケガをした。それは当人の過失であって、ケガをした責任は当人にしかない。みずからのケガの責任を他人に押しつけることはできない。

この責任という原則が、自己管理というもう一つの原則を要請するのは見やすいところである。労働者はみずからのはたらきぶりに責任をもたなければならない。そのことはたとえば、作業中にケガをしないよう、つねに注意深くみずからの振る舞いを自己管理、あるいは自己監視しなければならないということでもある。自分の過失は自分で引き受けねばならないが、その前に、過失の可能性そのものをできる限り最小化する必要がある。それが責任ある態度というものである。

そして、この自己管理（あるいは自己監視）という原則を万人がわきまえることにより、社会の統治はうまくいくと自由主義者たちは考えた。自分の過失を他人に転嫁しないこと。自分の過失を最小限に抑えること。それが自由主義者のいう自由であるとすれば、自由とは、はじめから自明なもの、あるいは自然なものとして与えられた何かではなく、自由主義者たちによって構築された一つのタイプの「合理性」といってもよい（のちにマックス・ウェーバーが示した「目的合理的行為」のタイプと言い換えることもできるだろう）。自由主義者たちは、この「合理性」を用いて社会が巧妙に統治されると考えた。エヴァルドのいうように、それは社会の統治が完遂されるための「制御原理」として機能するはずであった［16］。

ところが、この「制御原理」がうまく機能したかというと、さすがにそうはいかなかった。産業革命以降、工場労働が一般化していくなかで、一人ひとりの労働者がどれほど自己管理や監視に心を砕いたとしても、必ず一定の割合で労働災害が発生することが知られるようになってきた。あるいは、万人が勤勉と蓄財を心がけ、なんとか貧困に陥らないよう努力したとしても、富を奪い合う競争社会において勝者と敗者は必ず生まれ、一定数の貧困層がつねに生み出されることも周知の事実となってきた。そうした現実を前にして、労災の被害者や貧者に対し、ケガや貧困はお前の過失によるものだ、すべてはお前の責任なのだ、と冷たくいい放ってこと足れりとするわけにはいかなくなってきたのである。統治する側のそうした冷淡な態度は社会不穏をもたらし、社会の統治は失敗に終わることも十分にありうるだろう。

自由主義者たちはもちろんそのことを心得ており、対応策は用意されていた。「慈善」である。労働者や貧者が自己の責任を自覚し、自己管理に励むという「徳」を要求されているのと同様に、資本家や富者は、ケガをしたり貧困に陥った弱者に対して何らかの援助をするという「徳」を要求される。後者の「徳」を現実化する手段こそ慈善であるわけだが、重要なのは、自由主義の考えによると、援助される側にとってこの慈善を受けることが法的権利ではないということである。というのは、援助されることが権利となってしまうと、労働者や貧者は働かなくなり、自己管理という「徳」が失われてしまうと考えられたからである。

このように、一九世紀の自由主義は一方でドライな契約関係を柱としつつ、他方で「徳」という人格的関係を重要な柱としていた（二〇世紀後半に日本でも広まった新自由主義が一方で「自己責任」や「自己マネジメント」を強要しつつ、他方で「絆」や「こころ」を強要するのも同じことである）。ここでいう人格的関係は、家父長制やパターナリズムの上に立つものである。それはまさにパトロン関係 patronage 以外の何ものでもないのだが、皮肉なのは、労働災害や貧困という過失をもたらしたもともとの原因が、ほかならぬ工場主や富者である自分たちパトロンのつくり出したシステム——危険な労働環境や搾取体制——であるのを、かれら自身が意識しないままいることであった。こうしたパトロン関係がいずれうまく機能しなくなることは明らかであった。

自由主義の限界とパターナリズムの限界。一九世紀の後半になり、労働争議や社会主義運動などが盛んになるにしたがい、それまでの自由主義思想やパターナリズムが強調した道徳の限界が次第に明らかになっていく。

そうした限界に直面した資本主義が生み出した新しい制御原理、それが連帯主義であった。そして、連帯主義を現実に作動させる新しい統治技術、それこそが保険とりわけ社会保険であった。

4 ― 責任・連帯・正義・真理

一九世紀のある時期に至り、保険が一つの倫理として機能するようになったとエヴァルドはいう。とはいえ、その倫理は、モースのいう倫理とは異なっている。エヴァルドがいっているのは、経済から倫理へ、残酷な保険から優しい保険へ、というような簡単な話ではない。

エヴァルドのいう保険の倫理は四つの価値からなる。すなわち、責任、連帯、正義、真理である。エヴァルドによれば、この四つの価値は保険という制度において、いわば「魔方陣」のようなものとして機能する［17］。

まず、「責任」について。先に見たように、自由主義思想においてはもともと、人は自分の過失に対してすべての責任を負うものとされた。ゆえにまた、過失をできるだけ避けるよう、つねに注意深くあらねばならなかった。災厄を招くことになる運命に対し、人は個人として立ち向かわねばならなかった。

ところが、これも前節で見たとおり、一九世紀の終わりが近づくにつれ、責任は個人の手から社会へとゆだねられるようになる。生きるためのセキュリティは個人ではなく社会によって提供されるようになった。言い換えれば、人びとは自由に生きることより、社会によって保障されつつ生きることを選んだのだとエヴァルドはいう。

自由から保障へ。重要なのは、そのような変化の背景として、過失や事故に対する人びとのとらえ方に変化が生じていたことである。一九世紀の後半。それは、たとえば病気の社会性が認識されていった時代にほかならない。パスツールやコッホらの開拓した細菌学が明らかにしたように、感染症のような病気は、細菌やウイルスが人から人へ移転することで引き起こされる。つまり社会的である。

あるいは事故。たとえば、一九世紀初頭に始まる鉄道の普及は、鉄道事故の普及でもあったわけだが、ほかにも工場生産が普及するにつれ、工場での事故やケガが頻繁に報告されるようになる。そのうちに、工場での事故の発生にある種の規則性があることがわかってくる。毎年同じような数の事故やケガが報告されるということは、それらの事故やケガが一定の労働環境のもとで発生するわけだから、原因は労働者の過失というより、その労働環境にあるのではないのか。こうして、事故もまた社会的であるという認識が定着するのである［18］。

この時期、病気や事故の「意味論」に以上のような大きな変化が生じたことにより、それらをもたらした責任が個人から社会にゆだねられるようなった。そうしたことの帰結の一つが社会保険の登場であった。病気や失業、貧困の責任（の一端）は社会にある。そのリスクに対しては、社会がつねに気を配る必要があるのだ。

社会が、社会の責任において、社会的なリスクに備えるということ。そのためには、社会がばらばらの個人の集塊ではなく、なんらかの理念や規則にしたがって有機的なまとまりを有している必要がある。つまり「連帯」である。

一九世紀後半、とりわけフランスにおいて、連帯主義 solidarisme の思想が台頭する［19］。その背景にあったのは、工業化や都市化がもたらした当時のさまざまな社会問題であり、あるいは個人主義が野放図に蔓延する一方、社会主義思想が日に日に激化していくような当時の政治状況であった。そうした憂慮すべき状況において、人は何よりもまず連帯しなければならない。社会的リスクには連帯して立ち向かわなければならない。それが連帯主義である。

では、連帯とはどういうことか。それは、個人と個人が結びつくこと、あるいは全体と部分、社会と個人が結びつくことである。では、どうやって結びつくことができるのか。エヴァルドによれば、それを可能にするものこそ保険であった。では、どうやって結びつくことができるのか。エヴァルドによれば、それを可能にするものこそ保険であった。リスクに備えて互いに連帯するやり方は、もちろん、家族や宗教、同業組合など、過去にもあったわけだが、保険は、そうしたリアルタイムの接触によって成り立つ共同体とは異なり、空間的・時間的に隔離した人びとを連帯させることができる画期的な仕組みである。それは、国家とは異なる次元において、近代社会のなかを浮遊し続ける自由な個人を結びつける、言い換えると、個人主義と共同体主義の限界を同時に乗り越える方向を一挙に指し示すのである［20］。

保険はまた「正義」としても機能する。保険において、加入者は失われた何かを金銭によって補償されるわけだが、そこで給付される金銭は、かつての慈善のような、パトロンによる気分次第の恣意的な額の設定や割り振りとは違って、きちんとした規則にしたがって分配される。そこには正義（公正 justice）が、つまり、分配の正義が貫徹している。その根底にあるのはいうまでもなく平等の観念である。

なるほど、平等というのはもともと困難な条件ではある。平均寿命を上回る者もいれば下回る者もいる。資産のある家に生まれる者もいれば、そうでない者もいる。現実の世界において、機会の平等も結果の平等も容易には保証されないことは、誰もが知っている。だが、エヴァルドによれば、保険は「分配の公正」équité を実践することで平等を可能にする。どういうことか。

保険において「分配の公正」は、リスクに応じた保険料の差として示される。たとえば生命保険の場合、保険料は年齢や病歴、職業の違いによって異なる。リスクが高ければ保険料は高額になり、低ければ低額になる。つまり、同程度のリスクについては同程度の保険料を課す、というかたちで加入者を平等に扱うこと。これが保険における公正であり、平等であり、正義である。これに対し、慈善や援助という実践においては、こうした正義は不可能なのである。

　最後に、保険は「真理」と関係することになる。エヴァルドのいう「真理」とは、リスクの正しい把握のことである。われわれは普段、事故や病気、自然災害など、あまり起きてほしくない災厄の可能性に対して目を塞ぎがちだ。あるいは、そうしたリスクがたまに頭に浮かんだとき、それを否定したり、その可能性を低く見積もったりしがちである。歳をとることや死ぬことのような、必ず起きることについても同様である。加齢や死というまぎれもない「真理」。われわれは日々、「真理」から目をそらしながら生きている。

　エヴァルドによれば、保険は、そんなわれわれに、容赦なく「真理」を突きつけてくる。保険に加入することで、被保険者は失業や病気などのリスクについて意識させられる。さらには、そのリスクが保険者によって厳密に算定され、正確に値段がつけられたものであることを意識させられる。つまり、被保険者は真理に向き合うことになるのである。保険者にとってもまた、被保険者がリスクを正しく把握してくれること、すなわち真理に向き合ってくれることはとても大切である。というのは、失業や病気のリスクを被保険者がきちんと受け止め、そうならないよう合理的行動を心がけてくれるなら失業や病気は減り、保険料の支払いも減って、利益が増えることになるからだ。その意味で保険者もまた真理と向き合うことを求められる。安定した利益をあげるために、保険者は、正確な統計データの入手をはじめとした正しいリスクの把握に努めなければならない。こうして保険者と被保険者は、真理を仲立ちにして互いに向かい合うことになるのである［21］。

　さて、保険とは、責任・連帯・正義・真理という以上の四つの価値を頂点に置く、ある種の「魔方陣」のようなものであり、それぞれは互いに呼びかけ合いながら、一つの強固なまとまりをなしている。そうしたいい方でエヴァルドが強調するのは、われわれ現代人が、世界と他者という「不確かなもの」を前にする際、とるべき姿勢、あるいはとらざるを得ない姿勢を、これら四つの価値からなる「魔方陣」が決定してしまう（あるいは決定してくれる）ということである。

　われわれの生は偶然性に充ち満ちている。そうした構えにおいて生きるとき、世界や他者は確率論的な相のもとに立ちあらわれることになる。そこでは責任も、連帯も、正義も、そして真理さえも、確率論的なものになる。エヴァルドによれば、保険はそうした相において生きる者たちに対し、そのつど最適な解を与えてくれる。保険がないと生きていけない、というのは、そういう世界にわれわれが生きているということである。そして、かつての神や道徳が力を失い、不確実性が周囲を覆う「不条理」な「神なき世界」にあって、「保険的理性」に頼りながら、リスクに立ち向かおうとした医師リウー。その姿には、不確実性を前にした現代人の一つの典型を見ることができるかもしれない。

5——「社会的なもの」による「社会的なもの」の解体

「あなたは抽象の世界で暮らしているんです」という新聞記者ランベールの言葉。それは、保険という「魔方陣」のなかで生きているわれわれに向けられた言葉ともとれるだろう。

　ところで、ランベールは保険の残酷さを直感していたに違いない、と先に述べた。ここで注意したいのは、ランベールの感じとった残酷さが、海の保険のそれではないということである。かれと対立するリウーは、連帯と贈与、つまり山の保険の世界に身を置いていたからだ。ランベールはさらに、山の保険のもつ残酷さをも感じとっていたのではないか。海の保険であれ山の保険であれ、保険という仕組みそのものがもつ残酷さというものがあるのではないか。

一九世紀の後半にドイツやフランスで導入されていった社会保険は、山の保険における相互扶助という特性と、海の保険における利殖という特性をともにとり込んだ、新しい社会統治の技術であった。それは、流動的で不確実性の高まった、言い換えると確率論的な様相をまとうようになった時代に、人びとに対して最適な解を提供するものであったといえるだろう。

社会保険の先駆的導入者として名高いのは、周知のようにドイツ帝国の首相ビスマルクであるが、ビスマルクの同時代人であるフランスのナポレオン三世もまた、社会保険による近代社会の統治という意味では、興味深い人物である。奇妙な「茶番劇」(カール・マルクス)によって皇帝へと成り上がったナポレオン三世だが、そのかれは、社会正義を追求する理想家としての顔ももっていたとされる。たとえばかれは、「不幸な出来事(早死や廃疾を生ぜしめる事故)によって生じる貧困、あるいは単に老齢によって生じる貧困から労働者を保護する制度を設立したいと考えていた。」[22]。皇帝の熱心な要請により、一八六八年の七月に「死亡保険金庫」および「災害保険金庫」が設立される。普仏戦争の敗北による第二帝政の崩壊まであと二年という時期である。

保険金庫 Caisse d'Assurance というのはもともと、革命以前からあった火災金庫や雹害金庫などのような、何かの災害や事故に備えてお金を出し合う相互組合的な仕組みであり、のちの社会保険の前身ともいえる制度である。ただ、残念ながらナポレオン三世が肩入れしたこの二つの保険金庫は、保険制度への国民の無理解や不信感もあり、成功しなかった。エヴァルドはいう。「ナポレオン三世はビスマルクよりもずっと早くから、社会保険を理解する知性を有していた。かれが社会保険を（中略）一八六八年の法というきわめて不十分なかたちでしか実現できなかったとすれば、それは、当時の政治状況がいまだに自由主義のテーゼに強くとらわれていたせいである」［23］。

ナポレオン三世はなぜ保険金庫という相互組合的、あるいは共済組合的な仕組みを導入しようとしたのか。ダニエル・ドゥフェールによれば、それは、フランス第二帝政期に進展した労働運動の骨抜きをはかるためであった［24］。

第二帝政期のフランス（一八五二－七〇）、そこでは新しい労働運動のかたちが次々と生まれるようになっていた。たとえばストライキ基金、共同基金、アソシエーション運動などである。それらの運動には共通して相互扶助的、相互組合的、共済組合的な特性、ひとことでいえば「相互主義」mutualism の特徴が見られた。もう一つの特徴が「アソシエーショニズム」である。旧来の封建的人格関係から解放されたと思ったら、今度は資本家によるパターナリズムの支配下に置かれるようになった労働者たち。かれらが再度、雇用者による支配からも自由になり、労働者による新しいアソシエーションをみずからの手でつくっていこうとする運動である。

ナポレオン三世の試みは、そうした運動の「裏をかき」、それらの運動を「脱相互化・脱共済化」demutualize させることを狙ったものだった。

保険金庫は一見すると相互組合的、共済組合的である。だが、労働者から徴収したお金を管理するのは国家である。国家がそれを管理すれば、労働者によるストライキ基金や共同基金にはお金が回ることはない。保険金庫はまた、当時の自由主義にまだ残っていたパトロン関係の解体も狙っていた。労働者に何か災難があったとき、それまでは雇用主の慈善や温情に頼るしかなかったが、保険金庫により、労働者は法的権利としてそこから直接に給付を受けられるようになる。こうして、ナポレオン三世は社会保険を利用し、アソシエーショニズムとパターナリズムという敵を一挙に潰そうとしたのである。

保険にはなぜそのような破壊力があるのか。ドゥフェールはいう。まず、保険は労働者の横のつながりを壊し、労働者を中心の権力者（たとえば経営者や国家）にのみ結びつけることができる。保険により、労働者には決まったリスクについてだけ保険料を納付させることができる（使い道は労働者の好きにさせない）。保険料の定期的な支払いを義務化することで、労働者を勤勉かつ従順にさせることができる。

さらに重要な特徴が保険にはある。保険の制度設計は保険数理に通じた専門家にしかできない。このことにより、アソシエーショニズムの主役である労働者も、パターナリズムの主役である雇用主も――保険数理とは無縁であるゆえ――保険の敵ではなくなる。保険が相手にするのは人間ではなくリスクであり、保険の前にいるのは単なる「人口」にすぎない。この「人口」というのっぺらぼうを対象とすることで、専門家によるリスク計算を武器に、権力の介入領域は全域化されるのである。

ナポレオン三世が有していたとエヴァルドのいう「社会保険を理解する知性」とは、こうしたことに感づく知性である。「社会的なもの」による「社会的なもの」の解体。そうした残酷さを保険はもっている。ドゥフェールもいう。「社会主義者、ナポレオン三世、ビスマルク、グラッドストーン。かれらは皆、そのことを理解していたのだ」[25]。

現代において、「社会的なもの」による「社会的なもの」の解体という事態はさらに苛烈になってきているようだ。現代の保険の残酷さは正義の顔つきをしている。たとえばドイツの犯罪社会学者ヘニング・シュミット＝ゼミッシュは、そのことについて「保険数理的正義」といういい方をしている[26]。シュミット＝ゼミッシュによれば、これまで犯罪者を罰する場合、たとえば一定期間拘留する場合、そこでは拘留期間を利用して当人に規律訓練をおこない、いわば良い社会人へとつくり変え、社会に再度迎え入れることが前提とされていた。その際、その人の社会的属性、たとえば生育歴とか交友関係といったことが仔細に調べられた。そのうえでの規律訓練であり、そうした一連の処遇が正義であった。

ところが、近年の「保険数理的正義」は、そうしたことにほとんど無頓着である。当人の社会的属性にはほとんど目を向けず、ただ、いつ、どこで、どんな悪事がおこなわれたかというデータのみが重要となるのである。そのデータは蓄積されればされるほどよく（ビッグ・データ！）、あとはそれらのデータを保険数理の技術を用いて分析し、今後のリスク管理に役立てるだけである。ここでおこなわれているのは犯罪リスクの統計的な推計と、リスク集団の洗い出しである。つまり、ドゥフェールのいうように、「保険数理的正義」という視点において、相手にされているのは人間ではなくリスクなのである。

このような手続きにおいて、犯罪者の人格はたいした問題ではない。繰り返すが、いつ、どこで、何がおこなわれたか、という断片的データの蓄積と分析が重要なのだ。シュミット＝ゼミッシュは例として、近年のアメリカ合衆国における薬物検査をあげている。旧来、アメリカでも、薬物検査は特定の違反者をつきとめ、違反者を更生させることを目的としていた。ところが近年では、「薬物検査は、互いに関わりのある個々の人間の社会的危険性やリスクのばらつきを知るための指標として、もっぱら用いられている。その際、薬物使用を個々の違反行為として処理することが問題ではない。薬物使用の事実確認をすることで、諸個人がリスク集団のなかに位置づけられさえすればよいのである」[27]。

こうした「保険数理的正義」が幅をきかし、人間ではなくリスク、あるいは少なくともリスク集団の洗い出しが当たり前のことになってくると、次に考えられるのはそうしたリスクやリスク・グループの囲い込みである。実際、薬物使用の完全な根絶が困難であることに悩まされてきた当局は、ある特定の場所にリスク集団を囲い込もうと考え始めているという。そこは周りの市民社会から隔絶された「異なるものの場所」Ort der Andersheit であり、そのなかでの薬物使用は合法的とされる。そのようにしてリスクを囲い込み、市民生活のセキュリティを守るというやり方である。その場所にいるのは人間ではなく、リスクである。「君たちがあらかじめ決められた空間でそれをするなら、何でも好きなことをしてもかまわない。それで君たちも僕たちから安全でいられるし、僕たちも君たちから安全でいられるのだから」[28]。オランの町に囲い込まれたペストのように、「異なるものの場所」に囲い込まれた薬物使用のリスク。

さて、この「異なるものの場所」はたしかに「不条理な」「神なき世界」だ。それもここまでくると、カミュというよりカフカの世界である。こうした世界をもたらすうえで、保険というものの不気味な破壊力が作用してきたことを、この小論では考えてみたかった。そして最後に、こじつけめくが、カフカが二四歳から三八歳までボヘミア王立労働者傷害保険協会に勤務し、昼間は労働事故の査定と保険料支払いの計算をこなし、夜は勤勉に小説を書き続けていたというエピソードが、あらためてとても気になるのだ。

カミュはカフカについてこう述べている。「カフカの作品とともに、ぼくらは人間の思考の果てにまで運ばれてしまうのだ。」[29]。そうした「人間の思考の果て」を示す一例として、一九一四年の作品『流刑地にて』に登場するあのおぞましい処刑機械をあげることができるかもしれない。池内紀は『カフカの生涯』で、この「奇妙な処刑機械」のアイディアが、労働者傷害保険協会におけるカフカの仕事経験から生まれた可能性について示唆している[30]。カフカは労災事故の査定や保険金の計算だけでなく、安全な労働環境、とりわけ機械の安全性の向上にかかわる仕事もしていた。そのようなカフカが、セキュリティの零度を示すこの悪夢のような装置を描いたこと。その背景に、労働者傷害保険協会一等書記官カフカが見てきた、数多くの悲惨な労災事故があったことは想像に難くない。

だが、それだけではないのかもしれない。無数の労災事故を扱い続けるうちに、カフカの心には、保険協会そのものに対する疑念が生まれていったらしい。保険協会に申請に来る労災の被害者たちについてカフカはこういったという。「この人たちはなんておとなしいんだろう。この人たちは協会にお願いしにやってくる。協会を襲って何もかもぶち壊そうとするのではなく、協会にお願いしにやってくる」[31]。

カフカは保険という制度の残酷さを認識していたのではないか。

註

1 「社会的なもの」と連帯、贈与という主題については一章「見知らぬ者への贈与」、二章「不純な贈与」、三章「無償の愛と社会喪失」を参照されたい。

2 かつてコレージュ・ド・フランスでミシェル・フーコーの助手をつとめ、フーコー没後、フーコーの講義録の編集責任者となったフランソワ・エヴァルドは、保険の思想史的研究を専門とする研究者である。保険をめぐるエヴァルドの思索は、フーコーが晩年関心を寄せていた「統治性」という視点に立つ、とても啓発的で興味深いものなのだが、エヴァルドの凄さは、かれがそうした思索にふける知識人であることにとどまらず、保険業界の実務者たちとも深く交流しながら、きわめて実践的な活動を続けている点にある。エヴァルドのそうした生き方に師フーコーの生前の姿を重ねて見ることは可能だろう。だがその一方、市田良彦によれば、主著『福祉国家』*L'État providence* 執筆後のエヴァルドは、福祉国家の危機の乗り越えを画策するフランス経団連と手を携え、「政治を国家の手から奪い取ってリスクと「結婚」させる」ことを目指すようになる。ここにも、新自由主義に関心を向けていた晩年の師フーコーの思考の残響を聴き取ることができるかもしれない。市田良彦『革命論――マルチチュードの政治哲学序説』平凡社新書、二〇一二年、一九五～六頁

3 アルベール・カミュ『ペスト』宮崎嶺雄訳、新潮文庫、一九六九年（引用はすべてこの訳書から）。「不条理」や「神なき世界」などの主題については、中条省平『１００分 de 名著 アルベール・カミュ『ペスト』』（ＮＨＫ出版、二〇一八年）を参照。

4 中条省平は先のテキストで、「抽象」をめぐるここでのランベールとリウーの対立を「幸福と理念の対立」とみなしている。閉鎖された町から脱出し、残してきた恋人と再会するのを切望するランベールの「幸福」と、あくまで町に残り、ペストに立ち向かおうとするリウーの「理念」とが、ここでは衝突しているわけである。また中条は、「抽象」という言葉にはペストのような途方もない災厄のもつ「非現実性」という意味もあると論じている（中条、前掲書三四～六頁）。たしかに文脈からすると、そうした理解が自然だ。だがここではあえて「抽象」という語が「統計」を指してもいると拡大解釈してみたい。統計は具体的現実を相手にするための道具だが、そのあり方は「理念的」であり、「非現実的」でもあるからである。たとえば「平均身長」は、一人ひとりの現実の人間のなかにではなく、あくまで理念として存在する、という意味で。

5 ここで、念のため、保険について基本概念を確認しておきたい。たとえば『有斐閣経済辞典第四版』では保険を次のように定義している。「火災、盗難、死亡など特定の偶然な事故に遭遇する危険にさらされている多数の人を集め、その加入者から事故発生率に応じて算出した金銭の拠出をうけて共同の資金を作っておき、現実に事故に遭遇した加入者にその資金から給付を行う制度」（金森久雄・荒憲治郎・森口親司編、有斐閣、二〇〇二年、一二五〇頁）。すなわち、①何らかの「偶然の事故」が予想され、かつ、その事故の「確率」（リスク）が統計などによって知られていること。②そのリスクにかかわる「多数のひと」が集団でお金を出し合うこと。

③そのリスクが現実となった人に、必要に応じて「金銭による充足」がなされること。この三つが保険の要点である。キーワードは、偶然・集団・金銭だ。

6 Marcel Mauss. "Essai sur le don: forme et raison de l'échange dans les sociétés archaïques." *Sociologie et Anthropologie*. PUF. 1950 (1923-24). p.267.(「贈与論——アルカイックな社会における交換の形態と理由」『贈与論 他二篇』森山工訳、岩波文庫、四一八〜九頁)

7 ibid., pp.260-2.(同訳書四〇〇〜三頁)

8 ibid., p.262.(同訳書四〇三頁)

9 エヴァルドらは、現代社会において保険が「生のすべて」を覆い尽くすようになった事態を、ヘンリー・フォードの言葉の引用によって印象的に示している。自動車王フォードはこういったとされる。「ニューヨークをつくったのは人ではない。保険だ。保険がなかったら摩天楼は建たなかったろう。あんな高いところで——転落死して、家族を貧困に陥れるかもしれない危険をおかしながら——働くのを受け入れる労働者などいるはずがないからだ。保険がなかったら、どんな資本家もあれほどのビル建設に何百万ドルも出資しなかっただろう。たった一つの吸い殻でビルは焼け落ちることもあるからだ。保険がなかったら自動車で街中を走り回る者などいないだろう。かしこいドライバーなら、いつでも通行人をはねるかもしれないことを知っているのだから」。François Ewald and Jean-François Lequoy. "Le secteur assurantiel français." Ewald and Patrick Thourot. eds. *Gestion de l'entreprise d'assurance*. DUNOD. 2013. p.7.

10 ミシェル・アルベール『資本主義対資本主義』久水宏之監修、小池はるひ訳、竹内書店新社、一九九六年、一二四〜七頁

11 H・ブラウン『生命保険史』水島一也訳、明治生命一〇〇周年記念刊行会、一九八三年、一三一〜三八頁

12 Ewald. *L'État providence*. Editions Grasset & Fasquelle. 1986. p.182.

13 ibid.

14 「生きることのすべてにかかわりたい」「生きるを創る」。前者は日本を代表する大手保険会社の、後者は日本で疾病保険を売りまくる外資系保険会社のキャッチコピーである。

15 Ewald. 1986. op. cit.

16 ibid., p.64.

17 Ewald. "Les valeurs de l'assurance." Ewald and Jean-Hervé Lorenzi. eds. *Encyclopédie de l'assurance*. ECONOMICA. 1998. p.410-1.

18 エヴァルドはそうした統計的規則性の発見に際し、一九世紀のベルギーの統計学者アドルフ・ケトレがはたした役割を強調する。ケトレのいわゆる「平均人」l'homme moyen の概念は、「全体」masse としての個人の集合から統計的にとり出された一つの「タイプ」ないしは「参照点」であり、それまで人間を定義する際に用いられてきた「人間性」とか「自然状態」といった理念とはまったく異なる。個人の振る舞いや社会の状態は、旧来の「自由」や「道徳」とは別次元に見出される、各種の「統計的規則性」にしたがうものとされるのである。人のアイデンティティを道徳や形而上学によって確認する時代から、統計によって確認する時代へ。現代社会がそれと同じ時代に属することはいうまでもない。Ewald. 1986. op. cit., p.160.

19 これについて詳しくは重田園江『連帯の哲学I——フランス社会連帯主義』(勁草書房、二〇一〇年)を参照。

20 「保険はそれ自体、結果的に、全体と部分、社会と個人の関係を客体化させる。連帯という未来の教義のなかに再発見されることになるのは、この関係である。空間的、時間的に離れた人びとと連帯することにより、個人の義務は社会の義務として客体化されるのだ」。Ewald. 1998. op. cit., p.414.

21 エヴァルドは、この四つの価値が必ずしもうまく機能するわけではないことにも言及している。とりわけ「正義」については、保険者が高リスク者の加入を拒否する場合もありうること、「真理」については、クライアントが保険者に嘘の情報を伝える場合もありうることが問題として指摘され

る。ibid., p.418., pp.421-2.

22 P・J・リシャール『フランス保険制度史』木村栄一・大谷孝一訳、明治生命一〇〇周年記念刊行会、一九八三年、八六頁

23 Ewald. 1986. op. cit., p.213.

24 Daniel Defert. "'Popular life' and Insurance Technology." Graham Burchell, Colin Gordon and Peter Miller. eds. *The Foucault effect: studies in governmentality*. Harvester Wheatsheef. 1991.

25 ibid., p.234.

26 Henning Schmidt-Semisch. "Selber schuld: Skizzen versicherungsmathematischer Gerechtigkeit." Ulrich Bröckling, Susanne Krasmann and Thomas Lemke. eds. *Gouvernementalität der Gegenwart*. Suhrkamp. 2000.

27 ibid., p.180.

28 ibid., p.181.

29 アルベール・カミュ『シーシュポスの神話』清水徹訳、新潮文庫、一九六九年、二四一頁

30 池内紀『カフカの生涯』白水社、二〇一〇年、一二二〜三頁

31 Klaus Wagenbach. *Franz Kafka*. Rowohlt. 1964. pp.66-8.

参考文献

Ⅰ部　贈与

- Bateson, Gregory. 2000. "The Cybernetics of the 'Self': A Theory of Alcoholism." Steps to an Ecology of Mind. University of Chicago Press.（グレゴリー・ベイトソン「〈自己〉なるもののサイバネティクス――アルコール依存症の理論」『精神の生態学』佐藤良明訳、新思索社、二〇〇〇年）
- Beck, Ulrich. 1986. Risikogesellschaft: Auf dem Weg in eine andere Moderne. Suhrkamp.（ウルリッヒ・ベック『危険社会』東廉・伊藤美登里訳、法政大学出版局、一九九八年）
- Beck, Ulrich and Beck-Gernsheim, Elisabeth. eds. 1994. Riskante Freiheiten: Individualisierung in modernen Gesellschaft. Suhrkamp.
- Boas, Franz. 1966. Kwakiutl Ethnography.（Helen Codere. ed.）University of Chicago Press.
- Caillé, Alain. 2007. Anthropologie du don: Le tiers paradigme. La Découverte.
- Castel, Robert. 1995. Les metamorphoses de la question sociale. Gallimard.（ロベール・カステル『社会問題の変容』前川真行訳、ナカニシヤ出版、二〇一二年）
- Castel, Robert and Haroche, Claudine. 2001. Propriété privée, propriété sociale, propriété de soi: Entretiens sur la construction de l'individu moderne. Fayard.
- Castel, Robert. 2009. La montée des incertitudes: Travail, protections, statut de l'individu. Seuil.（ロベール・カステル『社会喪失の時代――プレカリテの社会学』北垣徹訳、明石書店、二〇一五年）
- Douglas, Mary. 1992. "No Free Gifts: Introduction to Mauss's Essay on The Gift." Risk and Blame. Routledge.
- Finley, Moses I. 1982. The World of Odysseus. The New York Review of Books.（M・I・フィンリー『オデュッセウスの世界』下田立行訳、岩波文庫、一九九四年）
- Godbout, Jacques T. and Caillé, Alain. 1992. L'esprit du don. La Découverte.
- Godelier, Maurice. 1996. L'énigme du don. Librairie Arthème Fayard.（モーリス・ゴドリエ『贈与の謎』山内昶訳、法政大学出版局、二〇〇〇年）
- Graeber, David. 2001. Toward an Anthropological Theory of Value. PALGRAVE.

- Graeber, David. 2011. Debt: The First 5000 Years. Melville House.(デヴィッド・グレーバー『負債論――貨幣と暴力の5000年』酒井隆史・高祖岩三郎・佐々木夏子訳、以文社、二〇一六年)
- Lévi-Strauss, Claude. 1949. Les structures élémentaires de la parenté. PUF.(クロード・レヴィ＝ストロース『親族の基本構造』福井和美訳、青弓社、二〇〇〇年)
- Lévi-Strauss, Claude. 1974. "Introduction: Histoire et ethnologie." Anthropologie structurale. Plon.(クロード・レヴィ＝ストロース「歴史学と民族学」『構造人類学』荒川幾男・生松敬三・川田順造・佐々木明・田島節夫訳、みすず書房、一九七二年)
- Malinowski, Bronislaw. 1978. Argonauts of the Western Pacific: An Account of Native Enterprise and Adventure in the Archipelagoes of Melanesian New Guinea. Routledge & Kegan Paul.(ブロニスワフ・マリノフスキー『西太平洋の遠洋航海者』増田義郎訳、講談社学術文庫、二〇一〇年)
- Mauss, Marcel. 1950(1923-1924). "Essai sur le don: forme et raison de l'échange dans les sociétés archaïques." Sociologie et Anthropologie. PUF.(マルセル・モース「贈与論――アルカイックな社会における交換の形態と理由」『贈与論 他二篇』森山工訳、岩波文庫、二〇一四年)
- Mauss, Marcel. 1997. Écrits politiques: Textes réunis et présentés par Marcel Fournier. Fayard.
- Mauss, Marcel. 1997. "Appréciation sociologique du bolchevisme." Écrits politiques: Textes réunis et présentés par Marcel Fournier. Fayard.(マルセル・モース「ボリシェヴィズムの社会学的評価」『国民論 他二篇』森山工編訳、岩波文庫、二〇一八年)
- Mauss, Marcel. 1997. "Gift, Gift"(Eng.trans.) Alan D. Schrift. ed. The Logic of the Gift. Routledge.(マルセル・モース「ギフト、ギフト」『贈与論 他二編』森山工訳、岩波文庫、二〇一四年)
- Polanyi, Karl. 1957. The Great Transformation: the political and economic origins of our time. Beacon press.(カール・ポランニー〔新訳〕『大転換』野口建彦・栖原学訳、東洋経済新報社、二〇〇九年)
- de Rougemont, Denis. 1972. L'amour et l'Occident. Librairie Plon.(ドニ・ド・ルージュモン『愛について――エロスとアガペ』上下巻、鈴木健郎・川村克己訳、平凡社ライブラリー、一九九三年)
- Titmuss, Richard M. 1970. The Gift Relationship: From Human Blood to Social Policy. George Allen & Unwin.
- カイエ、アラン(2011)『功利的理性批判――民主主義・贈与・共同体』藤岡俊博訳、以文社
- ギャンブル、アンドリュー(1990)『自由経済と強い国家――サッチャリズムの政治学』小笠原欣幸訳、みすず書房
- サルトゥー＝ラジュ、ナタリー(2014)『借りの哲学』高野優監訳・小林重裕訳、太田出版
- デーヴィス、ナタリー・Z(2007)『贈与の文化史――16世紀フランスにおける』宮下志朗訳、みすず書房
- デリダ、ジャック(1989)『他者の言語――デリダの日本講演』高橋允昭編訳、法政大学出版局
- ニーダム、ロドニー(1977)『構造と感情』三上暁子訳、弘文堂
- ハーヴェイ、デヴィッド(2007)『ネオリベラリズムとは何か』本橋哲也訳、青土社
- バンヴェニスト、エミール(1983)『一般言語学の諸問題』岸本通夫ほか訳、みすず書房
- バンヴェニスト、エミール(1987)『インド＝ヨーロッパ諸制度語彙集Ⅰ』前田耕作監修・蔵持不三也・田口良司・渋谷利雄・鶴岡真弓・檜枝陽一郎・中村忠男訳、言叢社
- ホーマンズ、ジョージ・C　シュナイダー、デヴィッド・M(1968)青柳真智子訳「交叉イトコ婚と系譜――レヴィ＝ストロース学説批判」『文化人類学リーディングス』祖

父江孝男編訳、誠信書房
・ポランニー、カール(1980)『人間の経済I――市場社会の虚構性』『人間の経済II――交易・貨幣および市場の出現』玉野井芳郎・栗本慎一郎・中野忠訳、岩波書店
・ベディエ、ジョゼフ編(1985)『トリスタン・イズー物語』佐藤輝夫訳、岩波文庫
・伊藤幹治(2011)『贈答の日本文化』筑摩書房
・市野川容孝(2006)『社会』岩波書店
・今村仁司(2016)『交易する人間(ホモ・コムニカンス)――贈与と交換の人間学』講談社学術文庫
・岩田正美(2008)『社会的排除――参加の欠如・不確かな帰属』有斐閣
・岩野卓司(2014)『贈与の哲学――ジャン＝ジャック・マリオンの思想』明治大学出版会
・岩野卓司(2019)『贈与論――資本主義を突き抜けるための哲学』青土社
・荻野昌弘(2005)『零度の社会――詐欺と贈与の社会学』世界思想社
・柄谷行人(2021)『ニュー・アソシエーショニスト宣言』作品社
・香西豊子(2007)『流通する「人体」――献体・献血・臓器提供の歴史』勁草書房
・桜井英治(2011)『贈与の歴史学』中公新書
・桜井英治(2017)『交換・権力・文化――ひとつの日本中世社会論』みすず書房
・丹下隆一(1984)『意味と解読――文化としての社会学』マルジュ社
・麦倉哲(1996)「高齢ホームレスの実態と福祉ニーズ」『ヒューマンサイエンス』早稲田大学人間総合研究センター編、コロナ社
・麦倉哲(2006)『ホームレス自立支援システムの研究』ふるさとの会編、第一書林
・モース研究会(2011)『マルセル・モースの世界』平凡社新書
・森嶋通夫(1988)『サッチャー時代のイギリス』岩波新書
・柳父章(1982)『翻訳語成立事情』岩波新書
・矢野智司(2008)『贈与と交換の教育学――漱石、賢治と純粋贈与のレッスン』東京大学出版会
・山田広昭(2020)『可能なるアナキズム――マルセル・モースと贈与のモラル』インスクリプト
・湯浅博雄(2020)『贈与の系譜学』講談社選書メチエ
・若森みどり(2014)「贈与――私たちはなぜ贈り合うのか」『現代の経済思想』橋本努編、勁草書房

- Albert, Michel. 1998. " Le rôle économique et social de l'assurance." François Ewald and Jean-Hervé Lorenzi. eds. Encyclopedie de l'assurance. ECONOMICA.
- Bauman, Zygmunt. 2001. Community: Seeking Safety in an Insecure World. Polity.
- Bauman, Zygmunt. 2001. The Individualized Society. Polity.
- Beck, Ulrich. 1986. Risikogesellschaft: Auf dem Weg in eine andere Moderne. Suhrkamp.（ウルリッヒ・ベック『危険社会』東廉・伊藤美登里訳、法政大学出版局、一九九八年）
- Beck, Ulrich. 2000. "Wohin führt der Weg, der mit dem Ende der Vollbeschäftigungsgesellschaft beginnt?." Ulrich Beck. ed. Die Zukunft von Arbeit und Demokratie. Suhrkamp.
- Castel, Robert. 2003. L'insécurité sociale. Editions du Seuil.
- Dean, Mitchell.1991. The Constitution of Poverty: Toward a genealogy of liberal governance. Routledge.
- Dean, Mitchell.1999. Governmentality: Power and Rule in Modern Society. Sage.
- Dean, Mitchell.1999. "Risk, calculable and incalculable." Deborah Lupton. ed. Risk and Sociocultural Theory: New Directions and Perspectives. Cambridge University Press.
- Defert, Daniel.1991. "'Popular life' and Insurance Technology." Graham Burchell, Colin Gordon and Peter Miller. eds. The Foucault Effect: studies in governmentality. Harvester Wheatsheaf.
- Driver, Felix. 1993. Power and Pauperism: The Workhouse System 1834-1884. Cambridge University Press.
- Esping-Andersen, Gøsta. 1990. The Three Worlds of Welfare Capitalism. Princeton University Press.（イエスタ・エスピン＝アンデルセン「日本語版への序文」『福祉資本主義の三つの世界』岡沢憲芙・宮本太郎監訳、ミネルヴァ書房、二〇〇一年）
- Ewald, François. 1986. L'État providence. Editions Grasset & Fasqulle.
- Ewald, François. 1991."Insurance and Risk" Graham Burchell, Colin Gordon and Peter Miller. eds. The Foucault Effect: Studies in governmentality. Harvester Wheatsheaf.
- Ewald, François. 1998. "Die Rückkehr des genius malignus: Entwurf zu einer Philosophie der Vorbeugung." Soziale Welt. 49.
- Hajer, Maarten A. 1995. The Politics of Environmental Discourse: Ecological Modernization and the Policy Process. Oxford University Press.
- Hajer, Maarten A. 1997. "Ökologische Modernisierung als Sprachspiel: Eine institutionell-konstruktivistische Perspektive zum Umweltdiskurs und zum institutionellen Wandel." Soziale Welt. 48.
- Katz, Stephen. 1996. Disciplining Old Age: The Formation of Gerontological Knowledge. University Press of Virginia.

・Lister, Ruth. 2004. Poverty. Polity.
・Polanyi, Karl. 1957. The Great Transformation: the political and economic origins of our time. Beacon Press.（カール・ポラニー［新訳］『大転換』野口建彦・栖原学訳、東洋経済新報社、二〇〇九年）
・Sennett, Richard. 2006. The Culture of the New Capitalism. Yale University Press.
・Wagner, Peter. 1994. A Sociology of Modernity: Liberty and Discipline. Routledge.
・エスピン＝アンデルセン、イェスタ（2000）『ポスト工業経済の社会的基礎』渡辺雅男・渡辺景子訳、桜井書店
・フォックス、ロビン（2000）『生殖と世代継承』平野秀秋訳、法政大学出版局
・フーコー、ミシェル（1975）『狂気の歴史──古典主義時代における』田村俶訳、新潮社
・ブラウン、ハインリッヒ（1983）『生命保険史』水島一也訳、明治生命一〇〇周年記念刊行会
・リッター、ゲルハルト（1993）『社会国家──その成立と発展』木谷勤ほか訳、晃洋書房
・伊藤周平（2000）『介護保険と社会福祉』ミネルヴァ書房
・伊藤周平（2001）『介護保険を問いなおす』ちくま新書
・伊藤周平（2002）『「構造改革」と社会保障──介護保険から医療制度改革へ』萌文社
・植村信保（1999）『生保の未来』日本経済新聞社
・大沢真理（1986）『イギリス社会政策史』東京大学出版会
・大山典宏（2008）『生活保護vsワーキングプア──若者に広がる貧困』ＰＨＰ新書
・小野隆弘（1994）「80年代ドイツ社会国家における「労働」と「生活」の境界変容──ウルリッヒ・ベックにおける個人化テーゼと制度理解」『制度・市場の展望』岡村東洋光・佐々野謙治・矢野俊平編、昭和堂
・小幡正敏（2002）「保険社会とエイジング──動員から個人化へ」『エイジングと公共性』渋谷望・空閑厚樹編、コロナ社
・重田園江（2000）「リスクを細分化する社会」『現代思想』二八巻一号、青土社
・環境と開発に関する世界委員会（1987）『地球の未来を守るために』大来佐武郎監修、福武書店
・黒田勇（1999）『ラジオ体操の誕生』青弓社
・経済企画庁編（1979）「日本型福祉社会を目指して」『新経済社会七ヵ年計画』大蔵省印刷局
・佐口卓（1977）『日本社会保険制度史』勁草書房
・芝田英昭（2000）「福祉の市場化と社会福祉における公的責任再考」『賃金と社会保障』二〇〇〇年一〇月下旬号、旬報社
・渋谷博史（2006）「アメリカ・モデルにおける貧困と福祉」『アメリカの貧困と福祉』渋谷博史・C・ウェザーズ編、日本経済評論社
・渋谷博史・樋口均（2006）「アメリカ型福祉国家」『アメリカの年金と医療』渋谷博史・中浜隆編、日本経済評論社
・鍾家新（1998）『日本型福祉国家の形成と「十五年戦争」』ミネルヴァ書房
・新川敏光（2002）「福祉国家の改革原理──生産主義から脱生産主義へ」『季刊社会保障研究』三八巻二号、国立社会保障・人口問題研究所

・神野直彦(1993)「〈日本型〉税・財政システム」『現代日本経済システムの源流』岡崎哲二・奥野正寛編、日本経済新聞社
・高橋秀実(2002)『素晴らしきラジオ体操』小学館文庫
・冨江直子(2007)『救貧のなかの日本近代――生存の義務』ミネルヴァ書房
・中浜隆(2006)『アメリカの民間医療保険』日本経済評論社
・二木立(2007)『医療改革――危機から希望へ』勁草書房
・二宮厚美(2002)「小泉構造改革と戦後福祉構造の転換――保育の民営化・営利化・市場化を中心に」『賃金と社会保障』二〇〇二年二月合併号、旬報社
・野村正實(1998)『雇用不安』岩波新書
・長谷川千春(2006)「雇用主提供医療保険の動揺」『アメリカの年金と医療』渋谷博史・中浜隆編、日本経済評論社
・長谷川千春(2006)「アメリカの無保険者問題」『アメリカの貧困と福祉』渋谷博史・C・ウェザーズ編、日本経済評論社
・挽地康彦(2002)「〈前－福祉国家〉のポリティカル・アナトミー――ミシェル・フーコーの〈統治性〉概念にそくして」『ソシオロゴス』二六号、ソシオロゴス編集委員会
・久本貴志(2006)「アメリカの貧困――労働市場の視点から」『アメリカの貧困と福祉』渋谷博史・C・ウェザーズ編、日本経済評論社
・広井良典(1999)『日本の社会保障』岩波新書
・見市雅俊(1985)「衛生経済のロマンス――チャドウィック衛生改革の新しい解釈」『1848 国家装置と民衆』阪上孝編、ミネルヴァ書房
・三浦雅士(1994)『身体の零度』講談社
・水町勇一郎(2001)『労働社会の変容と再生――フランス労働法制の歴史と理論』有斐閣
・道中隆(2009)『生活保護と日本型ワーキングプア――貧困の固定化と世代間継承』ミネルヴァ書房
・八代尚宏(2002)「社会福祉法人の改革――構造改革の潮流のなかで」『社会福祉研究』八五号、公益財団法人鉄道弘済会『社会福祉研究』編集室
・八代尚宏・伊藤由樹子(1995)「高齢者保護政策の経済的帰結」『「弱者」保護政策の経済分析』八田達夫・八代尚宏編、日本経済新聞社
・横山寿一(2002)「新局面に入った福祉の産業化――老人介護ビジネスを中心に」『賃金と社会保障』二〇〇二年二月合併号、旬報社
・横山寿一・篠崎次男・二宮厚美(2001)「座談会：福祉・医療の市場化はどこに着地するか」『賃金と社会保障』二〇〇一年六月合併号、旬報社

- Defert, Daniel. 1991.“‘Popular life’ and Insurance Technology.” Graham Burchell, Colin Gordon and Peter Miller. eds. The Foucault effect: studies in governmentality. Harvester Wheatsheef.
- Ewald, François. 1986. L’État providence. Editions Grasset & Fasquelle.
- Ewald, François. 1998. “Les valeurs de l'assurance.” François Ewald and Jean-Hervé Lorenzi. eds. Encyclopedie de l’assurance. ECONOMICA.
- Ewald, François and Lequoy, Jean-François. 2013.“Le secteur assurantiel français.” François Ewald and Patrick Thourot. eds. Gestion de l’entreprise d’assurance. DUNOD.
- Hacking, Ian. 1975. The Emergence of Probability. Cambridge University Press.
- Mauss, Marcel. 1950（1923-1924）.“Essai sur le don: forme et raison de l’échange dans les sociétés archaïques.” Sociologie et Anthropologie. PUF.（マルセル・モース「贈与論――アルカイックな社会における交換の形態と理由」『贈与論　他二篇』森山工訳、岩波文庫、二〇一四年）
- O’Malley, Pat.1996. “ Risk and responsibility.” Andrew Barry, Thomas Osborne and Nikolas Rose. eds. Foucault and Political Reason. University of Chicago Press.
- Schmidt-Semisch, Henning. 2000.“Selber schuld: Skizzen versicherungsmathematischer Gerechtigkeit.” Ulrich Bröckling, Susanne Krasmann and Thomas Lemke. eds. Gouvernementalität der Gegenwart. Suhrkamp.
- Wagenbach, Klaus. 1964. Franz Kafka. Rowohlt.
- Wagner, Peter. 1994. A Sociology of Modernity: Liberty and Discipline. Routledge.
- Wagner, Peter. 2001. A History and Theory of the Social Sciences. SAGE Publications.
- アルベール、ミシェル（1996）『資本主義対資本主義』久水宏之監修、小池はるひ訳、竹内書店新社
- カミュ、アルベール（1969）『ペスト』宮崎嶺雄訳、新潮文庫
- カミュ、アルベール（1969）『シーシュポスの神話』清水徹訳、新潮文庫
- グラント、ジョン（1968）『死亡表に関する自然的および政治的諸観察』久留間鮫造訳、第一出版
- フーコー、ミシェル（1974）『言葉と物――人文科学の考古学』渡辺一民・佐々木明訳、新潮社
- ブラウン、ハインリッヒ（1983）『生命保険史』水島一也訳、明治生命一〇〇周年記念刊行会
- ペティ、ウィリアム（1955）『政治算術』大内兵衛・松川七郎訳、岩波文庫
- リシャール、P・J（1983）『フランス保険制度史』木村栄一・大谷孝一訳、明治生命一〇〇周年記念刊行会
- 市田良彦（2012）『革命論――マルチチュードの政治哲学序説』平凡社新書
- 池内紀（2010）『カフカの生涯』白水社

・重田園江（2010）『連帯の哲学Ⅰ――フランス社会連帯主義』勁草書房
・川野英二（1998）「『保険社会』と『リスク社会』の間に――社会学におけるリスク研究」『年報人間科学』一九号、大阪大学人間科学部社会学・人間学・人類学研究室編
・園田浩之（2005）「社会の誕生――フランソワ・エヴァルドの思想史に依拠して」『ポイエーシス』二〇号、九州大学大学院比較社会文化研究科社会学系［編］
・中条省平（2018）『１００分de名著 アルベール・カミュ『ペスト』』ＮＨＫ出版
・丹生谷貴志（2004）「クローンのファンタズマ――フーコー以後の「社会福祉」」『三島由紀夫とフーコー〈不在〉の思考』青土社

初出一覧

I部　贈与

一章「見知らぬ者への贈与」『武蔵野美術大学研究紀要』四七号（武蔵野美術大学、二〇一六年）を加筆改訂

二章「不純な贈与」『游魚』五号（木の聲舎、西田書店、二〇一七年）を加筆改訂

三章「無償の愛と社会喪失」『游魚』六号（同、二〇一九年）を加筆改訂

四章「アルカイックな贈与――クラとポトラッチ再考」書き下ろし

五章「贈与という賭け」書き下ろし

六章「贈与、この社会的なもの」書き下ろし

II部　セキュリティ

七章「ＡＡＡの高齢者――動員し選別する保険」『現代思想』二〇〇二年六月号（青土社）

八章「持続可能な社会保障？――エコロジー的近代化型福祉国家のゆくえ」『現代思想』二〇〇二年一二月号（同）

九章「二階建ての医療――プロイセン・モデルとアメリカ・モデルのあいだに」『現代思想』二〇〇八年一二月号（同）

一〇章「ポーパリズムの統治」『現代思想』二〇二二年九月号（同）を加筆改訂

III部　保険

一一章「社会の発見――保険と調査」『社会調査と権力――「社会的なもの」の危機と社会学』（世界思想社、二〇〇七年）

一二章「保険の優しさと残酷さ――社会的なものの解体」『游魚』七号（木の聲舎、西田書店、二〇一九年）を加筆改訂

あとがき

ニーチェは『道徳の系譜学』のなかで「負い目」をめぐり、さんざんこっぴどいことを書き連ねている——わたしたちの第一原因であり債権者である神への「負い目」の意識。それがわたしたちの内に良心の疚しさを生み出し、その疚しさがわたしたち自身に向けた攻撃へと転じることで、無私や自己犠牲といった非利己的な精神なるものの価値が捏造された。そのような債権者と債務者の呪われた契約関係から、あるいはそこに生じるルサンチマンから、わたしたちは解放されるべきだ。

そのような考えにはなるほどと思えるところもたくさんある。若い頃読んだときは興奮した。だが、何かを贈与されたことの負い目は、必ずしも人びとをルサンチマンの息苦しさに閉じ込めるのではなく、そこから人びとを解放し、さらには新たなつながりをつくっていくような、むしろ積極的なはたらきをする面もあるのではないか。というよりむしろ、そうしたはたらきを、人びとは、はるか昔から戦略的に活用してきたのではないか。贈与とセキュリティをめぐるこの本では、負い目のそのような可能性について考えてみようとした。

さて、この本をまとめようとした意図や背景については、「はじめに」のところですでに述べておいた。また、内容の概略については各部の「解題」で簡単に示してある。なので、ここではいくつか留意していただきたい点についてだけ触れておく。

この本は体系的な意図のもとに準備された書き下ろしの書物ではない。「はじめに」でも述べたように、およそ二〇年という長い間に書かれた文章を編んだものである。それゆえ、論旨の重複や繰り返しがところどころ含まれてしまった（とくにモースについての記述がそうである）。どうかご寛恕いただきたい。

また、Ⅱ部の各章は一〇年から二〇年ほど前に書かれているため、そこで取り上げた事実やデータ、とりわけ社会保障制度に関するものは、当然ながら今では当時と変わっている場合も少なくない。さらに、Ⅱ部では（とくに八章では）各種の報告書や行政関連文献が用いられているが、今回の出版にあたり、それらについて現物資料の該当箇所をくまなく再チェックすることは残念ながらできなかった。そのような報告書・行政関連文献のチェックやデータのリニューアル、あるいは事実認識の誤り等については、あらためてご指摘いただければ幸いである。

ただ、そのような瑕疵があるのを自覚しつつ、Ⅱ部に収められた昔の文章への大幅な加筆訂正はとくにおこなわず、最小限にとどめた。時間が足りなかったというのが正直なところだが、それだけでなく、これらが書かれた二〇〇〇年代初めの状況は未だに続いているし、その当時の状況を文章にとどめておくことにも意義があると考えたからである。

それほど多忙にすごしてきたわけではないのだが、というより、相当に怠惰な日々を生きてきたとの自覚は強くあったのだが、それでもなお、そろそろ少しは真面目な人間になり、これまでに書いたものを何かのかたちにしてまとめなければ、と思っていた。そんな折、武蔵野美術大学出版局の掛井育さんから連絡をいただいた。「突然のご連絡を差し上げ恐縮です」という書き出しに始まり、これまでに書いたものを「一冊の本として出版局から上梓できれば」との提案につながる、とてもありがたいお誘いのメールだった。二〇二一年四月のことである。以前『游魚』に寄稿させていただいた文章(本書二、三、一二章)が、たまたま掛井さんの目にとまったのだそうだ。こんなうれしい話はない、とお誘いに乗ったことがきっかけである。そのようなきっかけを与えてくださり、さらに、緻密な編集作業に心を砕いてくださった掛井さんには、深く感謝の意をささげたい。また、『游魚』に執筆の機会を与えてくださった安達史人さんにも同じように深い感謝の意を表する次第である。

美術大学の学生を相手に社会学を講義するという仕事はとても楽しく、くわえて、同僚との会話もそれと同じくらい楽しいものだな、とつねづね感じてきた。聴講してくれた学生や、つきあってくださった同僚の皆さんに心からお礼を申し上げたい。最後に、妻のみゆきに、ささやかな感謝の気持ちを伝えたいと思う。

二〇二二年一〇月三日

付記　この本は武蔵野美術大学の出版助成を受け刊行された。

小幡正敏（おばた・まさとし）

一九五八年静岡県生まれ
早稲田大学大学院文学研究科博士後期課程単位取得退学
武蔵野美術大学教授
社会学
著書に『社会学のまなざし』（橋本梁司監修、武蔵野美術大学出版局、二〇〇四年）、『社会学史の展開』（分担執筆、学文社、一九九三年）など。
訳書に、アンソニー・ギデンズ『近代とはいかなる時代か――モダニティの帰結』（共訳、而立書房、一九九三年）。ウルリッヒ・ベック、アンソニー・ギデンズ、スコット・ラッシュ『再帰的近代化――近現代における政治、伝統、美的原理』（共訳、而立書房、一九九七年）など。